21世纪经济管理精品教材·工程管理系列

房地产策划

训练与实战

唐永忠◎编著

清华大学出版社

北京

内 容 简 介

本书系统地介绍了参加房地产策划竞赛全过程的基本知识和方法。全书共分 11 章，第 1 章对房地产策划竞赛进行了概述，然后从第 2 章开始按照房地产策划竞赛的全过程的各个阶段展开讲解，包括竞赛参赛队组建建议、知识储备、小组成员磨合、市场调研、做好竞赛全过程相关工作记录、策划报告撰写与修改、创意与亮点的形成与确定、成果展示中的多媒体运用、房地产策划竞赛中的讲解与回答、房地产策划竞赛工作总结。正文后面还有附录，包括一份完整房地产策划团队工作报告范例及其评析，首届全国房地产创新创业邀请赛资料等内容。

本书采用知识与范例相结合的方式，使读者既学习知识，又可借鉴范例。每章都配有知识体系、导读、小结和进一步学习的建议。

本书可作为高等院校房地产开发与管理相关专业本科生的教材和参考用书，亦可供相关领域的企业和政府决策人员参考。

图书在版编目(CIP)数据

房地产策划：训练与实战 / 唐永忠编著．—北京：清华大学出版社，2017
(21 世纪经济管理精品教材·工程管理系列)
ISBN 978-7-302-47183-7

Ⅰ.①房… Ⅱ.①唐… Ⅲ.①房地产－策划－高等学校－教材 Ⅳ.①F293.35

中国版本图书馆 CIP 数据核字(2017)第 108487 号

责任编辑：吴 雷
封面设计：李召霞
责任校对：宋玉莲
责任印制：李红英

出版发行：清华大学出版社
http://www.tup.com.cn，http://www.wqbook.com
地 址：北京清华大学学研大厦 A 座 **邮 编**：100084
社 总 机：010-62770175 **邮 购**：010-62786544
投稿与读者服务：010-62776969，c-service@tup.tsinghua.edu.cn
质量反馈：010-62772015，zhiliang@tup.tsinghua.edu.cn
印 装 者：清华大学印刷厂
经 销：全国新华书店
开 本：185mm×260mm **印 张**：17.5 **字 数**：392 千字
版 次：2017 年 6 月第 1 版 **印 次**：2017 年 6 月第 1 次印刷
印 数：1～3000
定 价：40.00 元

产品编号：072267-01

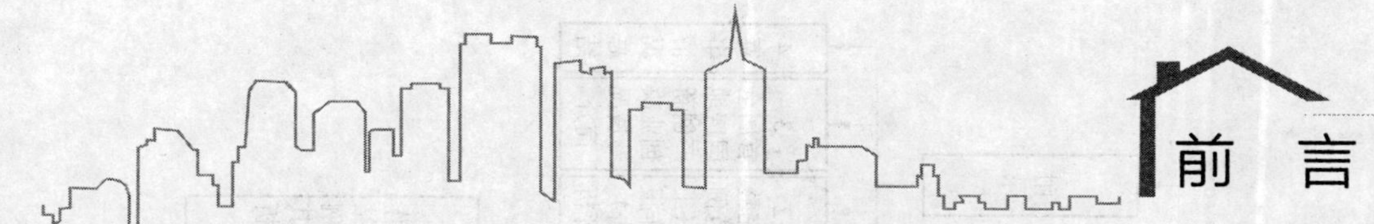

前言

2012年，教育部新颁布的《普通高等学校本科专业目录和专业介绍(2012年)》，将房地产开发与管理从原来隶属的工程管理专业中分离出来，成为独立的本科专业。2013年，住房和城乡建设部受教育部委托，根据2012年新版《高等学校本科专业目录》，增设了"房地产开发与管理和物业管理学科专业指导委员会"(以下简称房教委)，房地产开发与管理终于有了自己独立的专业指导委员会。2016年，房教委决定设立全国高校房地产创新创业大赛，以推动专业建设。

全国高校房地产创新创业大赛，就是将房地产开发项目策划报告作为创新创业的作品而组织的全国高校在校学生大赛。本书及其姊妹教材(《房地产策划：范例与创意》)的编写，目的就是给广大参赛同学提供可资学习与借鉴的指导教材。本书的撰写目标就是指导拟参加全国高校房地产创新创业大赛的同学们如何通过全过程的积极工作，力争在全国高校房地产创新创业竞赛中取得佳绩。

本书分为两大部分，正文部分和附录部分。正文部分，包括11章。附录部分，包括四个附录。

全书知识结构见图0.1。

本书正文部分11章分别是：房地产策划竞赛概述、房地产策划竞赛参赛队组建建议、房地产策划竞赛参赛知识储备、房地产策划竞赛小组成员磨合、房地产开发项目市场调研、做好房地产策划竞赛全过程相关工作记录、房地产策划报告撰写与修改、房地产策划创意与亮点的形成与确定、房地产策划成果展示中的多媒体运用、房地产策划竞赛中的讲解与回答、房地产策划竞赛工作总结。

本书正文部分均在开篇设置了本章知识体系与本章导读，便于本书读者快速了解本章内容。在每章结尾部分，设置了本章小结和本章进一步学习建议，包括理论学习建议和实践学习建议。

本书正文部分，除了讲解相关基础知识、理论知识外，同时采用知识讲解和范例介绍与评析的方式，既讲解了参加全国高校房地产创新创业竞赛的全过程中每个阶段工作所必须要掌握的基本知识，也介绍了优秀的范例供同学们学习与借鉴。

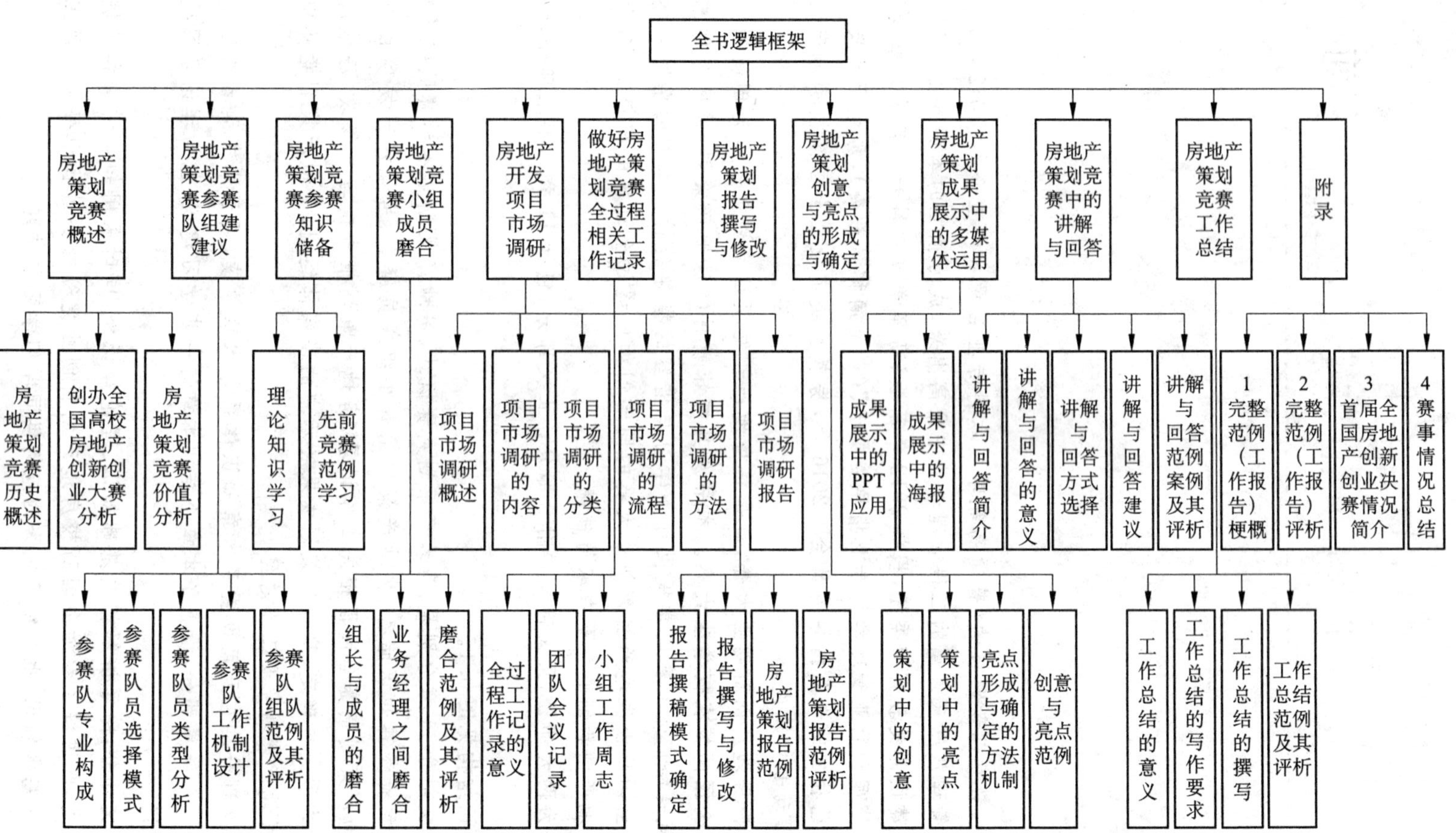

图0.1 本书知识结构示意图

本书附录部分的附录1是一份完整的房地产策划团队策划竞赛全过程工作报告范例梗概，附录2是对其的全面评析，附录3是首届全国房地产创新创业邀请赛情况简介，附录4是对首届全国房地产创新创业邀请赛情况的总结。

虽然本书主要目的是指导全国高校房地产创新创业大赛的参赛同学，但同时也可以作为我国各个高校房地产专业与工程管理专业房地产项目策划课程、房地产开发与管理课程的教学指导书。

此外，本书也可以作为房地产开发企业和房地产策划企业培训初级策划人员的教学指导书。本书的编写是在住房和城乡建设部受教育部委托成立的“房地产开发与管理和物业管理学科专业指导委员会”指导下完成的。同时，本书在编写过程中，得到了房教委和国内多所高校房地产专业教师的支持，在此向他们表示感谢。

另外，北京交通大学工程管理专业自2010年起，一直在本书作者的指导下，参加北京市和全国的高校在校学生房地产策划大赛，本书所列的范例，均为他们的优秀作品，在此向他们表示感谢。

在本书的资料收集与编写过程中，我所指导的三位2016级的工程与项目管理专业学术型硕士研究生——郭庆侨、李晶晶和倪明珠参与了本书的编写工作，其中，李晶晶帮助绘制了全书和书中正文部分的框架图。在此，向我的这三位研究生表示感谢。

限于作者学术水平和实践经验，书中不足之处在所难免，敬请读者批评指正。

编　者

2017年5月

目 录

1 房地产策划竞赛概述

本章知识体系

本章知识体系见图 1.1。

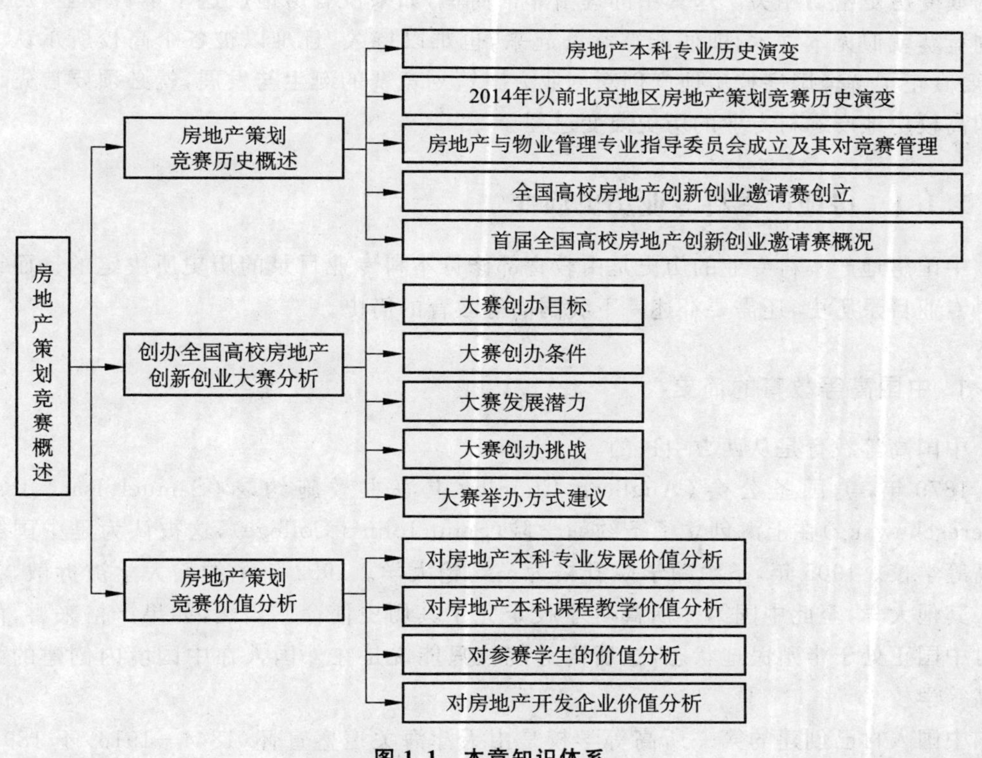

图 1.1　本章知识体系

本章导读

本章是全书的宗旨概括，通过学习本章内容，可以让拟参加全国高校房地产创新创业方案策划竞赛的同学从整体上知晓这种全国性竞赛的历史，深刻理解参加此项竞赛的意义，在此基础上增强同学们参赛的动力与积极性。

对于拟参加全国高校房地产创新创业方案策划竞赛的各个参赛队同学来说，首先应该对房地产策划竞赛有总体的认识，而其中最首要的是要对全国房地产策划竞赛的形成历史有个大概的了解。

1.1 房地产策划竞赛历史概述

对于中国各大高校的房地产专业教育来说，房地产策划竞赛的历史与房地产本科专业的演变历史密切相关。这其中的理由非常简单，如果没有房地产这个本科专业，房地产策划竞赛就似无本之木，即便能够举办起来，也难以持久，且难以被各个高校所承认。因此，要真正了解全国高校房地产创新创业方案策划竞赛的诞生与发展，就必须要首先了解我国高校房地产本科专业的历史演变过程。

1.1.1 房地产本科专业历史演变

中国房地产本科专业的历史是由教育部修订本科专业目录的历史所决定的。而讲述本科专业目录历史，还需要补述一下我国高等教育的简史。

1. 中国高等教育的简史

中国高等教育是从西方引进的。

1879 年，美国圣公会(Anglican Church)上海主教施约瑟(Samuel Isaac Joseph Schereschewsky)在上海创立了圣约翰学院(Saint John's College)，这被认为是中国第一所高等学校。1905 年，圣约翰学院升格为圣约翰大学。1952 年圣约翰大学被拆散，各系并入其他大学，至此中国第一所高等学校走完了其历史使命。当然，如果严格来讲，由于当时中国正处于半殖民地状态，这所高等院校只能说是在外国人在中国境内创建的第一所高等学校。

中国人自己创建的第一所高等学校是由天津海关道盛宣怀(1844—1916)于 1895 年创建的天津北洋西学学堂。该学堂于 1913 年升格为国立北洋大学。1951 年，北洋大学与河北工学院合并，定名为天津大学。

无论是从圣约翰学院算起，还是从北洋学堂算起，中国高等教育的历史都超过了

120年。

如果中国高等教育正常发展,中国本科专业目录的发展历史就应伴随着中国高等教育的发展历史而发展。遗憾的是,这120多年间,中国经历了太多的巨大变革,因此,中国高等教育也随之经历了巨大的变革。直到1978年的改革开放,中国高等教育才算真正步入稳定的发展轨道。

2. 教育部关于本科专业目录的修订历程

改革开放以来,中国共进行了四次大规模的学科目录和专业设置调整工作。

第一次修订目录于1987年颁布实施,修订后的专业种数由1 300多种调减至671种,解决了以往所造成的专业设置混乱的局面,专业名称和专业内涵得到整理和规范。

第二次修订目录于1993年正式颁布实施,专业种数为504种,重点解决专业归并和总体优化的问题,形成了体系完整、统一规范、比较科学合理的本科专业目录。

第三次修订目录于1998年颁布实施,修订工作按照"科学、规范、拓宽"的原则进行,使本科专业目录的学科门类达到11个,专业类71个,专业种数由504种调减至249种,改变了过去过分强调"专业对口"的教育观念和模式。

第四次修订目录于2012年颁布实施,新目录的学科门类由原来的11个增至12个,新增艺术学门类;专业类由原来的71个增至92个;专业由原来的635种调减至506种,其中基本专业352种,特设专业154种。

3. 房地产本科专业的第一次创立

1987年由国家教育委员会发布的本科专业目录,分为普通高等学校理科本科基本专业目录和普通高等学校社会科学本科专业目录两个部分。无论在哪个目录,都没有房地产专业。

直到1993年由国家教育委员会发布的本科专业目标,才正式出现了房地产专业。

这一版本科专业目录,不再分理科和社会科学,而是设哲学、经济学、法学、教育学、文学、历史学、理学、工学、农学、医学十大门类,下设二级类71个,504种专业。

这一版第二个门类是经济学门类,编号是02。其第二个大类是工商管理大类,编号是0202。其第六个专业就是房地产经营管理专业(注:可授经济学或工学学士学位),编号是020208。

这是中国本科专业目录中首次正式列出房地产专业。

4. 房地产本科基本专业地位的取消

房地产专业的命运并不是一帆风顺的。

1998年,国家教育委员会更名为教育部。在这一年,教育部发布了第三次修订的本科专业目录。

在这一版本科专业目录中,将管理学从经济学门类中独立出来,成为新的第11个门类。大类依然是71个,但基本专业数量从第二次修订的504种锐减为249种,但保留特设专业 290 种，包括工科本科引导性专业 9 种，目录外专业 281 种。

在这一版本科专业目录中，房地产经营管理就被取消了基本专业资格，大部分并入新设立的工程管理专业（编号 110104），小部分并入新设立的工商管理专业（编号 110104，在 1993 年版中作为目录外专业，编号是 020214W）。只是考虑到已经有一些高等学校开办了房地产专业，在这一版本科专业目录中，将房地产经营管理（编号 110106W）作为目录外专业。

5. 房地产本科基本专业地位的恢复

2012 年，教育部发布了第四次修订的本科专业目标。

在这一版本科专业目录中，又将艺术学从文学门类中独立出来，成为新的第 12 个门类。大类增加到 92 个，基本专业数量增加到 352 个，同时保留特设专业 154 个。

在这一版本科专业目录中，房地产经营管理又被授予了基本专业资格，从原来的工程管理专业中独立了出来，编号是 120104，隶属于管理学门类（编号 12），管理科学与工程大类（编号 1201）。

从 1978 年改革开放算起，经过 34 年，中国高等学校本科房地产专业经历了一次反复之后，终于再次成为独立发展的基本本科专业。

1.1.2 2014 年以前北京地区房地产策划竞赛历史演变

虽然我国高等学校本科房地产专业发展历史非常曲折，但由于在 1998—2012 年中国房地产产业发展迅猛，还是有不少高校创办了房地产专业，或者是设置了房地产课程。房地产学科竞赛作为对应房地产课程重要的配套教学方式，被一些房地产课程授课教师认识到。正是在这种背景，在房地产专业还没有被认可的情况下，房地产学科竞赛就以草根方式发展起来。

如果追根溯源，北京地区的房地产策划竞赛可以追溯到 2008 年。

1. 北京地区房地产策划竞赛的渊源

2008 年上半年，当时的北京建筑工程学院（2013 年升格为北京建筑大学）在校内首先创办了北京建筑工程学院房地产策划竞赛，将其作为房地产开发与经营课程的配套教学方式。

北京建筑工程学院凭借其在北京市房地产行业的人脉，创建了一种后来被一直采用的房地产策划竞赛模式，即由房地产企业赞助，以房地产赞助企业提供一个实际房地产地块，提供该地块的全部基本数据，然后让参赛同学以该地块为项目，进行虚拟的房地产策划，撰写房地产策划报告，最后由大学教师和房地产企业中高级管理者共同担任评委，对各个参赛队进行评选。

2. 北京地区校际房地产策划竞赛的形成

2008 年的北京建筑工程学院房地产策划竞赛举办得很成功，这也给了北京建筑工程学院巨大的信心，于是其将房地产策划竞赛发展为校级竞赛。在 2009 年上半年，北京建筑工程学院邀请了北京交通大学参赛，形成了两校对抗赛。

在 2010 年上半年，又正式引入冠名制度。北京建筑工程学院将 2010 年举办的这一届赛事命名为第三届“顾问城”杯房地产策划大赛。

3. 北京地区房地产策划竞赛的创建与发展

连续三届赛事的成功，北京建筑工程学院与北京交通大学竞赛组织者决定将赛事规模扩大到全北京市设置房地产相关课程的高校。

在 2010 年下半年，第四届“首开”杯北京市房地产策划大赛举办，这是北京地区房地产策划大赛的创建。本届赛事共有来自北京地区的清华大学、中国人民大学、北京理工大学、北京交通大学、中央财经大学、北京化工大学和北京建筑工程学院 7 所高校及大连交通大学的 59 支竞赛队参加了本届大赛的初赛。经专家严格评审，共有 16 个队进入决赛，决赛队伍分别来自清华大学、中国人民大学、北京交通大学、中央财经大学、北京建筑工程学院 5 所高校。

这届赛事取得了成功，标志着北京地区高校房地产策划竞赛举办的条件已经完全成熟。

在此基础上，由北京建筑工程学院与北京交通大学推进的北京地区高校房地产策划竞赛又连续举办了 4 届，延续到了 2014 年下半年。

4. 北京地区房地产策划竞赛的停滞

由北京建筑工程学院发起，北京交通大学积极响应的北京地区房地产策划竞赛在 2014 年陷入了停滞。根本原因在于其民间性，而这又具体表现在以下两点。

第一点，赛事的民间性。由于这项赛事并不是由官方机构主办，北京地区诸多开办房地产课程的高校并不认可这项赛事。

第二点，发起高校的草根性。中国高校还是很在意一所高校在业内的地位的，北京地区房地产策划竞赛的发起高校——北京建筑工程学院，既不是“985”高校，也不是“211”高校，难以成为北京地区房地产策划大赛公认的主导者。

从中国国情来看，无论是北京地区高校房地产策划竞赛还是全国高校房地产策划竞赛，都需要由官方机构来主办，才既有合法性又有持续性。

1.1.3 房地产与物业管理专业指导委员会成立及其对竞赛管理

在中国内地大区，对所有本科专业，理论上都需要设立专业指导委员会作为教育部授权的该专业的官方管理机构。

随着普通高等学校本科专业目录(2012 年)的颁布，房地产专业重建。设置该专业的专业指导委员会就提到了议事日程上。

1. 房地产与物业管理专业指导委员会的成立

2013 年 5 月 10 日，住房和城乡建设部受教育部委托，以“建人函〔2013〕99 号”文件印发了《新一届高等学校土建学科教学指导委员会章程及组成人员名单》。根据 2012 年新版《高等学校本科专业目录》，新一届教学指导委员会增设了“房地产开发与管理和物业管理学科专业指导委员会”，负责“房地产开发与管理”和“物业管理”两个本科专业有关专业建设和人才培养的研究、指导、咨询和服务工作。全国高等学校房地产开发与管理和物业管理学科专业指导委员会由 18 位专家组成，主持学校为清华大学。

2. 房教委对房地产策划竞赛的管理

从房教委创立起，它就是教育部（委托住房和城乡建设部）授权中国高校本科房地产专业的官方管理机构。在这种背景下，由房教委来主办北京地区乃至全国高校的房地产策划竞赛，就变得顺理成章。

由房教委创办全国高校房地产策划竞赛具有在 2010—2014 年举办的所有北京地区高校房地产策划竞赛所没有的优势，就是其官方性，而这又具体表现为以下两点。

第一点，赛事的官方性。房教委是教育部授权的中国房地产本科专业官方管理机构，其主办赛事的官方性毋庸置疑。

第二点，发起高校的权威性。房教委的主持学校为清华大学，这是中国高校房地产本科专业的首席高校，其权威性能够得到全国开设房地产本科专业或开设房地产本科课程的高校所公认。

1.1.4 全国高校房地产创新创业邀请赛创立

房教委创立后，就对创办全国高校房地产策划竞赛进行了积极的探索。鉴于直接举办全国高校房地产策划竞赛难度极大，房教委决定先在北京地区进行尝试，待取得成功之后，再设法向全国推广。

1. 首届北京高校房地产开发邀请赛的创办

2015 年上半年，首届北京高校房地产开发邀请赛创办。启动仪式于 2015 年 3 月 29 日在清华大学旧经管报告厅举行。本届赛事受到了广大同学的踊跃报名，共有 28 支参赛团队报名参赛，其中，清华大学占 7 支，北京大学占 3 支，中国人民大学占 5 支，中央财经大学占 9 支，北京交通大学占 4 支。

本届赛事取得了成功，达到了预期目标。这激励了房教委将这项赛事拓展到全国的信心。

2. 全国高校房地产策划竞赛举办方式的选择

由于历史缘故，全国开设本科房地产经营与管理专业的高校并不多，就连房教委主持单位的清华大学都没有正式开设这一本科专业，其房地产相关本科课程依然依托于工程管理专业。

不过，全国开设房地产本科课程的高校却数量众多，据不完全统计，仅北京地区就超过 20 所高校，以此类推，全国应超过 200 所。

在这种情况下，举办覆盖所有开设房地产本科课程高校的全国高校房地产策划竞赛，工作量无疑是十分巨大的，其中所要解决的问题也必然是繁多的。

因此，房教委决定先举办邀请赛，通过邀请赛为举办真正意义的全国高校房地产策划竞赛积累经验和相关数据。

此外，在国务院积极推进大众创业万众创新的大背景下，将房地产策划竞赛升级为房地产创新创业邀请赛，也是一种与时俱进。

不过，虽然名称不断进行变化，但房地产创新创业竞赛的基本模式与房地产策划竞赛的基本模式是一致的，从本质上看，房地产创新创业竞赛依然是房地产策划竞赛。在这一点上，本书后续内容中，将房地产策划竞赛和房地产创新创业竞赛当成同义语。

1.1.5 首届全国高校房地产创新创业邀请赛概况

关于首届全国高校房地产创新创业邀请赛的详细介绍，参见本书附录三——首届全国房地产创新创业邀请赛情况简介，这里只概略说明。

首届“全国高校房地产创新创业邀请赛”(以下简称“邀请赛”)，由“教指委”主办，清华大学土木水利学院房地产研究所联合清华大学建筑学院住宅与社区研究所(以下简称“清华团队”)和李德义麻省理工学院(MIT)地产创业实验室(以下简称“李德义实验室”)协办，本次大赛紧紧围绕创新、协调、绿色、开放、共享、企业责任全新理念，以旧城改造为主题，为中国高校学生提供参赛平台。

首届大赛采取全部直接邀请的参赛模式。邀请 14 支重点高校种子队直接进入总决赛。由大赛组委会在 2016 年 5 月 1 日—6 月 4 日，邀请 14 所全国重点高校，每所高校在 10 月 22 日前，选送一支种子参赛团队直接进入全国总决赛。

2016 年 10 月 29 日—11 月 3 日，组委会组织企业专家和高校教师对各参赛高校作品进行初评，并于 11 月 4 日，在大赛官方网站公布初评结果。

决赛时间是 2016 年 11 月 5 日，地点在清华大学。采用作品 PPT 展示和现场答辩的形式，现场打分(占 80%)和初评得分(占 20%)相结合计算最终得分，赛后经组委会确认后，公布成绩并确定决赛名单。

首届“邀请赛”奖励机制如下：

- 设立特等奖 1 名，颁发 15 000 元现金奖励
- 设立一等奖 2 名，颁发 5 000 元现金奖励
- 设立二等奖 3 名，颁发 2 000 元现金奖励
- 设立三等奖 8 名，颁发 1 000 元现金奖励
- 设立《最具创新能力奖》《最佳表达能力团队奖》《最佳设计奖》《最具社会价值奖》《最具环保精神奖》等各种单项奖，颁发 1 000 元现金奖励。

此外，获得本届全国高校房地产创新创业邀请赛冠军的参赛队，将被麻省理工学院(MIT)邀请参加第二年的寒假训练营(2周)。

本次大赛于2016年6月启动，经过4个多月的激烈角逐，最终来自清华大学、北京大学、北京交通大学、中国人民大学、中央财经大学、天津城建大学、哈尔滨工业大学、东北财经大学、沈阳建筑大学、上海财经大学、东南大学、华南理工大学、西安建筑科技大学13所高校的代表队，在经过各个受邀请参赛高校严格的校内选拔，最终代表各自高校进入首届全国高校房地产创新创业邀请赛的决赛。

最终，清华大学的参赛队获得了综合特等奖，来自东北财经大学和北京大学的团队获得了综合一等奖，来自北京交通大学、华南理工大学和中央财经大学的团队获得了综合二等奖。最具创新能力奖、最佳表达能力奖、最佳方案设计奖、最具社会价值奖、最具可持续性奖和最佳经济分析奖分别由来自哈尔滨工业大学、北京交通大学、中央财经大学、西安建筑科技大学、上海财经大学和华南理工大学的团队获得。

1.2 创办全国高校房地产创新创业大赛分析

从现有发展形势来看，创办全国高校房地产创新创业大赛的条件基本成熟，只是需要不断探索。

1.2.1 全国高校房地产创新创业大赛创办目标

创办全国高校房地产创新创业大赛，应该实现如下两个方面的目标。

1. 推动房地产本科专业的发展

目前，房地产本科专业发展面临着严峻的挑战。一方面，这个专业曾经历过反复；另一方面，自2014年起，中国房地产产业发展步入停滞状态，人们对房地产专业就业前景持有怀疑态度。

推动房地产本科专业的发展，有多方面的措施，而学科竞赛可以作为其中极为重要的抓手。房地产学科竞赛所特有的竞技性、团队性、实践性等特点，不仅能够积极吸引学生参赛，而且能够全面锻炼参赛选手的综合素质，包括学习能力、团队配合能力、实地调研能力、撰写能力、制作能力、展示能力，也能够吸引房地产开发企业参与其中，同时也可以引起全国各个相关高校的关注，使其加大对房地产本科专业的认识水平和支持力度。

此外，竞赛也是全国房地产本科专业教师一个非常好的交流平台，通过竞赛，全国各个高校房地产本科专业的教师可以相互学习、相互交流，形成对中国房地产本科专业发展的共同认识。

因此，以房地产策划竞赛作为房地产本科专业发展的突破口，促进房地产本科专业的发展，应该是创办全国房地产策划竞赛的重要目标，甚至是首要目标。

2. 引领中国房地产业的未来发展

在经历过非常态的超高速增长之后，中国房地产产业应回归到正常的发展状态。中国房地产产业未来应如何发展，不仅是房地产开发企业需要思索的事务，也是房地产人才培养机构，即各个高校应思考的事务，毕竟，今天的房地产本科专业大学生，就是未来房地产开发企业高级管理者的主要来源。

而且，房地产策划竞赛所特有的创新性，恰好又可以作为一些房地产产业发展理念的探索平台，通过竞赛，激发全国高校房地产相关专业大学生的创意，可以为这些房地产产业发展理念提供各种可能的备选方案。

1.2.2 全国高校房地产创新创业大赛创办条件

通过对多年参加与组织房地产策划竞赛的体会和思索，本书作者认为，创办全国高校房地产创新创业大赛需要以下几个条件。

1. 需要得到教育部和财政部的联合资助

根据 2012 版本科专业目录，中国共有基本专业 352 个，特设专业 154 个。从理论上讲，每个本科专业都需要创办本学科的全国高校学科竞赛。在学科竞赛的级别中，国家级是最重要的级别。国家级的学科竞赛会得到所有相关高校的高度重视。

国家级学科竞赛是由教育部和财政部联合认定与资助的。2010 年，两部联合发布了大学生竞赛资助名单，共有 18 项中国高校学科竞赛，见表 1.1。这 18 项中国高校大学生学科竞赛就是国家级大学生学科竞赛，得到了所有相关高校的承认。

表 1.1 18 项国家级中国高校大学生学科竞赛名单

项目名称	承担单位
全国大学生智能汽车竞赛	清华大学
第四届“美新杯”中国 MEMS 传感器应用大赛	北京大学
全国高等医学院校临床基本技能竞赛	北京大学人民医院
全国大学生节能减排社会实践与科技竞赛	北京科技大学、华中科技大学
全国高校学生 DV 作品大赛	中国传媒大学
全国大学生结构设计竞赛	浙江大学
全国大学生化学实验竞赛	武汉大学
全国大学生软件创新大赛	东南大学

续表

项目名称	承担单位
全国大学生工程训练综合能力竞赛	大连理工大学
全国大学生电子商务创新、创意及创业挑战赛	西安交通大学
全国大学生交通科技大赛	武汉理工大学
全国大学生控制仿真挑战赛	北京航空航天大学
全国大学生机械创新设计大赛	哈尔滨工业大学
全国大学生物理实验竞赛	中国科学技术大学
AUTODESK REVIT 杯全国大学生可持续建筑设计竞赛	浙江工业大学
第三届全国大学生物流设计大赛	上海海事大学
五月的鲜花——全国大学生大型校园文艺演出	西安理工大学、黑龙江大学
全国高职高专实用英语口语大赛	高等教育出版社

如果房地产策划竞赛得不到国家级学科竞赛级别，就难以得到全国房地产高校的认可。因此，房教委需要积极努力，力争在一定时间内，将房地产策划竞赛(或者是房地产创新创业竞赛)列入教育部和财政部资助名单中。

2. 需要得到顶级房地产开发企业的赞助

举办高水平的房地产策划竞赛，如果没有得到顶级房地产开发企业的赞助，就难以在房地产产业产生反响。一方面，顶级房地产开发企业提供其实际地块作为竞赛项目；另一方面，顶级房地产开发企业提供不菲的竞赛经费。

根据多年来在北京地区举办房地产策划竞赛的体会，要成功举办全国性高校房地产创新创业竞赛，一届竞赛活动经费至少要达到百万元，才能顺利举办起来。

3. 需要形成相对稳定的竞赛规则

规则是所有游戏(竞赛也是一种智力游戏)的生命线。而规则又是游戏各方长期合作博弈的自然结果。没有合理的游戏规则，游戏就难以保障公平竞争，而竞争一旦失去公平性，就会朝着野蛮竞争的方向发展。现在，各个高校都高度重视学科竞赛，往往将学科竞赛的结果与学生、指导教师，甚至高校下属二级单位(学院或学部)的评价挂起钩来。在这种竞争日益激烈的背景下，参赛学生或参赛高校有可能为了获得好的成绩而随意超越规则。规则一旦制定不当，就得不到各个参赛高校的认可，难以吸引这些高校，特别是名校的积极参与。制定合理的规则，往往需要多年的探索。实际上，正是基于竞赛规则需要探索的认识，房教委才决定先只进行邀请赛而不举办正式的大赛。

1.2.3 全国高校房地产创新创业大赛发展潜力

虽然房地产本科专业正式独立发展的历史并不长，但完全有潜力创办出最有影响的全国学科竞赛。

1. 房地产产业对于房地产策划竞赛的影响

即使房地产产业处于停滞状态，它依然是中国国民经济最重要的支柱产业之一。近几年的国家宏观调控政策，实际上都是房地产调控政策，这充分表明房地产产业在国民经济中的极端重要性。国家对房地产产业的宏观调控，并不是要抑制房地产产业的发展，而是避免其过快发展而影响其他产业的正常发展。如果房地产创新创业竞赛能够真正吸引中国顶级房地产开发企业的全力赞助，其竞赛经费就有可能位居中国各个国家级学科竞赛经费之首。从理论上讲，能够比房地产产业拿出更高赞助费的产业，可能只有金融产业。不过，与房地产产业相比，金融产业不仅不是一个统一的产业，而且其创办全国性学科竞赛的可能性也不高。

2. 全国房地产相关高校对房地产策划竞赛的影响

由于没有准确统计，还不能给出中国究竟有多少所高校开设了房地产本科专业或房地产本科课程。不过，在 2004—2014 年的中国房地产产业的黄金十年间，有很多高校都开设了房地产本科课程。由于 1998 年的本科专业目录，将房地产开发与管理的主体并入工程管理专业，因此，中国绝大部分开设工程管理专业的高校，都在工程管理专业的课程体系中，将房地产相关课程列为重要内容。在 1998 年的本科专业目录中，有土地资源管理专业，这一专业涉及土地，而土地是房地产产业最重要的组成部分，因此，从土地资源管理专业向房地产拓展是顺理成章的事情。由于房地产金融是金融学的重要内容，因此，相当多开设金融学的高校，也都开设了房地产相关课程。

在北京地区，共有 8 所“985”高校，见表 1.2。

表 1.2 北京地区 8 所“985”大学名单

学校名称	学校类型
北京大学	综合
清华大学	理工
中国人民大学	综合
北京师范大学	师范
北京航空航天大学	理工
北京理工大学	理工
中国农业大学	农林
中央民族大学	民族

在这 8 所北京地区“985”高校中，就有清华大学、北京大学、中国人民大学、北京师范大学、中国农业大学 5 所高校开设了房地产本科相关课程，其中，中国人民大学、北京师范大学竟然有 2 个学院都开设房地产本科课程，中国人民大学商学院开设本科房地

产金融学课程，中国人民大学公共管理学院开设本科不动产开发与经营、房地产市场分析2门课程，北京师范大学政府管理学院开设本科房地产投资理财课程，北京师范大学地理学和遥感科学学院开设本科房地产评估与开发、土地评价与土地管理、土地利用规划3门课程。

在余下3所北京地区"985"高校中，北京理工大学虽然未开设房地产本科课程，但有专职教师从事房地产方向研究，可以指导房地产方向的研究生。

如果放眼全国，在本科层次开设房地产课程的高校数量十分庞大。这就给举办全国高校房地产创新创业竞赛孕育了巨大的发展空间。如果能够让全国所有开设本科层次房地产课程的高校均积极参加进来，全国高校房地产创新创业竞赛就可能成为经济管理领域规模最宏大、影响力最高的学科竞赛。

1.2.4 全国高校房地产创新创业大赛创办挑战

困难与机遇就像孪生姊妹。全国高校房地产创新创业大赛有着巨大的发展空间，也面临着严峻的挑战。

1. 中央部委认可与资助的挑战

最高级别的学科竞赛就是教育部和财政部联合认可与资助的学科竞赛。如果全国高校房地产创新创业大赛想发展成为真正有全国影响力的学科竞赛，就必须要赢得教育部和财政部的联合认可与资助，这是全国高校房地产创新创业大赛的首要挑战。

2. 顶级房地产开发企业认可与赞助的挑战

中国房地产开发企业盈利水平之高是举世公认的。

根据2011年国家统计局颁布的国民经济行业分类(GB/T 4754—2011)，中国国民经济分为19个行业，见表1.3。

表1.3 中国国民经济分类表

行业编码	行业名称
A	农、林、牧、渔
B	采矿业
C	制造业
D	电力、热力、燃气及水生产与供应业
E	建筑业
F	批发和零售业
G	交通运输、仓储和邮政业
H	住宿和餐饮业

续表

行业编码	行业名称
I	信息传输、软件和信息服务业
J	金融业
K	房地产业
L	租赁和商务服务业
M	科学研究和技术服务业
N	水利、环境和公共设施管理业
O	居民服务、修理和其他服务业
P	教育
Q	卫生和社会工作
R	公共管理、社会保障和公共组织
S	国际组织

从表 1.3 中可以看出，房地产产业是独立的行业，与金融业、制造业、建筑业并列。

参考 2016 年美国《财富》(*Fortune*)杂志发布的 2016 年版财富世界 500 强名单(以 2015 年度数据为依据)，可以看出，中国大陆地区公司(含中国大陆资本在香港特别行政区设立的公司)共有 99 家入围财富世界 500 强排行榜，分布于 9 个行业，其基本情况见表 1.4、图 1.2。

表 1.4 财富世界 500 强(2016 年版)中国大陆公司情况

行业代码	行业名称	公司数量(个)	营业额(亿美元)	利润(亿美元)	利润率(%)
B	采矿业	13	4 367	40	0.92
C	制造业	35	20 182	438	2.17
D	电力、热力、燃气及水生产与供应业	8	6 073	163	2.68
E	建筑业	9	6 170	119	1.93
F	批发和零售业	7	3 461	19	0.55
G	交通运输、仓储和邮政业	3	1 222	55	4.50
I	信息传输、软件和信息服务业	3	2 127	124	5.83
J	金融业	16	12 367	2 055	16.62
K	房地产	5	1 376	97	7.05

从表 1.4 和图 1.2 中可以看出，在财富世界 500 强排行榜上在中国企业入围的 9 个行业中，房地产产业的利润率仅次于金融业，位居 9 个行业次席。

如果以入围 2016 年版财富世界 500 强名单作为判断顶级中国房地产开发企业的依据，则中国共有 5 家顶级房地产开发企业，见表 1.5。

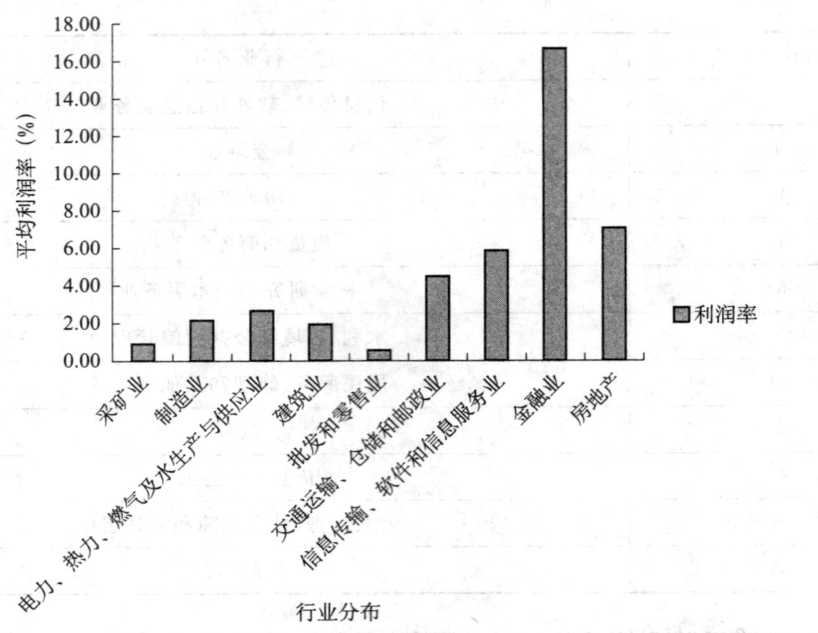

图 1.2　财富世界 500 强(2016 年版)中国大陆公司行业平均利润率排名

表 1.5　中国 5 家顶级房地产开发企业基本情况

企业名称	营业额(亿美元)	利润(亿美元)	利润率(%)
绿地控股集团有限公司	330	11	3.33
万科企业股份有限公司	293	29	9.90
大连万达集团	274	24	8.76
中国保利集体	268	8	2.99
恒大集团	211	25	11.85
平均	275	19.4	7.05

从表 1.5 中可以看出,5 家顶级中国房地产开发企业,2015 年平均利润达到 19.4 亿美元,按照 2015 年人民币兑美元平均汇率(1 美元=6.228 4 元)计算,折算为人民币 121 亿元。对于这些企业,拿出 100 万元资助全国房地产高校创新创业大赛,仅为其利润的万分之一,真可以算得上九牛一毛。

然而,这 5 家顶级中国房地产开发企业的任何一家都未赞助过中国高校房地产策划竞赛。

因此,无论是从行业影响力角度考虑,还是从竞赛运行经费角度考虑,赢得顶级中国房地产开发企业的认可和赞助,是全国高校房地产创新创业邀请赛艰巨的挑战。

3. 各个高校积极参赛的挑战

虽然全国开设本科层次房地产课程的高校数量众多,但究竟有多少所高校愿意参加房教委组织的全国高校房地产创新创业竞赛,依然是个未知数。如果参赛高校数量不多,这项赛事就不会有影响力，而参赛高校数量众多，这项赛事的组织难度就剧增。因此，如何调动各个高校的参赛意愿，又能够确保赛事处于可控规模，对于房教委来说也是一个巨大的挑战。

1.2.5 全国高校房地产创新创业大赛举办方式建议

如何选择合理的大赛举办方式，需要考虑相关影响因素。

1. 影响大赛举办方式的相关影响因素

关于举办方式的选择，需要考虑如下四个因素。

(1) 地域的影响。房地产策划竞赛以房地产开发项目为载体，而房地产开发项目又具有地域性，因此，房地产策划竞赛的赛题只能固定于某一个城市的某一个地块。由于中国开设房地产本科课程的高校数量众多，且分布于全国各地，在选择房地产策划赛事举办方式时，不能不考虑地域的影响。

(2) 参赛高校积极性的影响。参赛高校积极性对于赛事举办意义重大，确保全国开设房地产本科课程的高校对赛事保持应有的参赛积极性，是选择赛事举办方式时必须要考虑的因素。

(3) 赛事运行工作量的影响。赛事参赛队越多，组织难度就越大。如果盲目扩大赛事规模，就可能导致运行不力，这最终将使赛事受到损害。

(4) 赛事质量的影响。赛事质量将是赛事成败的关键，只有确保全国高校房地产创新创业竞赛体现出中国房地产本科教育的最高水平，教育部、财政部才会认同，顶级房地产开发企业才会认可，各个高校才会积极参加。一般来说，参赛队数量越多，整体质量就越低。

综合考虑上述 4 个影响因素，可以发现，如果希望保持参赛高校积极性，就应该扩大赛事规模，让所有愿意参赛的高校均有机会参赛，而如果希望赛事顺利进行并保持高质量，就必须严控赛事参赛队规模。

2. 关于全国高校房地产创新创业竞赛举办方式的综合设想

本书作者关于全国高校房地产创新创业竞赛举办方式的综合设想包括以下几点内容。

(1) 决赛制。决赛制是指此项赛事只进行决赛，而将选拔赛与决赛分开。只承办决赛，既减少赛事的运行难度，又确保了赛事的高质量。至于决赛是 16 支参赛队、14 支参赛队还是 12 支参赛队，这可以在创办此项赛事的过程中慢慢探索。

(2) 实行分区制。建议将中国各个开设房地产本科课程的高校按其所在区域划分。可以参考中国政治地理的通常划分，将中国划分为华北区（包括北京市、天津市、河北省、山西省、山东省、河南省和内蒙古自治区 2 市 4 省 1 自治区）、东北区（包括辽宁省、吉林省和黑龙江省 3 省）、西北区（包括陕西省、甘肃省、青海省、宁夏回族自治区、新疆维吾尔自治区3省2自治区）、华东区（包括上海市、江苏省、浙江省、安徽省、福建省1市4省）、华中区（包括湖北省、湖南省、江西省3省）、华南区（包括广东省、海南省、广西壮族自治区2省1自治区）、西南区（包括重庆市、四川省、贵州省、云南省、西藏自治区1市3省1自治区）。

(3) 实行轮流承办制。轮流承办是指7个分区轮流承办此项赛事。至于是7个分区事先确定先后顺序，然后就按照这一既定顺利轮流承办，还是在上一个分区承办过比赛后，其他分区投标承办权，未承办过的分区或承办次数少的分区具有优先权，可以在创办此项赛事的过程中慢慢探索。

(4) 实行选拔赛制并将选拔赛下放分区举办。各个分区按照赛事给定的参赛名额，举办分区选拔赛，选拔出决赛参赛队参加决赛。

将选拔赛下放分区，既可以减轻决赛组织者的压力，又可以调动分区的积极性。

各分区可以将选拔赛办成高质量赛事，一方面，它是全国高校房地产创新创业竞赛的选拔赛；另一方面，它也是分区的高校房地产创新创业竞赛，可以在区域内形成认同，可以独立冠名，并设置分区赛各等奖项。

本书作者的这种构想，尽可能兼顾地域性、高校参赛积极性、赛事组织和赛事水平这4项影响因素。

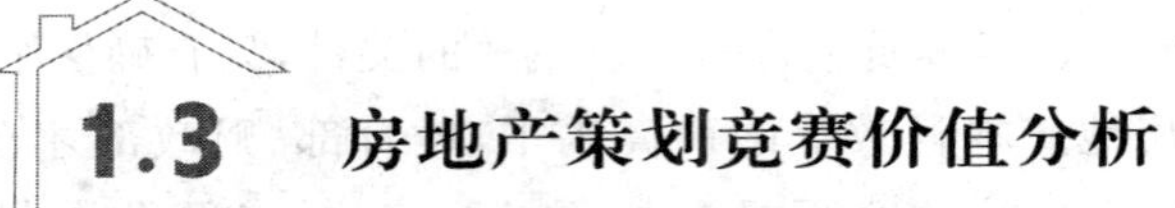

1.3 房地产策划竞赛价值分析

房地产策划竞赛对于各个方面，无论是房地产本科专业自身，还是房地产课程教学，房地产参赛学生，抑或是房地产开发企业都有巨大的价值。

1.3.1 对房地产本科专业发展价值分析

房地产策划竞赛首要价值就是对房地产本科专业发展的价值。

1. 房地产策划竞赛可以扩大房地产本科专业的社会影响力

单纯的教学活动，往往只能将影响局限于校园内，而具有竞技性的学科竞赛，特别是具有广泛影响力的学科竞赛，却可以将影响扩展至全社会。

在中国房地产产业黄金十年过去之后，社会上有许多人都认为房地产已经没有前途，这种想法如果普及，将严重影响房地产本科专业的招生，而生源是本科专业质量的源头，没有好的生源，就无法保障好的毕业生。通过房地产策划竞赛，可以在一定程度上扭转这种想法，这对于确保房地产本科专业的招生有着特别重要的价值。

2. 房地产策划竞赛可以扩大房地产教师的广泛交流

同行的广泛交流对于一个专业的发展有着极大的促进作用，而房地产策划竞赛就是一个供各个高校指导教师进行广泛交流的重要平台。通过竞赛，原来只局限于自己校园里的各个高校房地产专业教师，走到一起来，一起比赛，一起研讨，共同推动房地产本科专业的发展。

1.3.2 对房地产本科课程教学价值分析

房地产策划竞赛另一个重要价值就是对房地产本科课程教学的价值。

1. 竞赛可以促进课程的教学

竞赛可以激发同学的竞争意识，而同学们要想取胜，就必然要加倍努力学习，这就会形成竞赛促进课程学习的氛围。房地产策划竞赛的这种作用已经得到了越来越多房地产专业任课教师的广泛认同。

2. 竞赛可以提升课程的教学质量

各个高校房地产专业教师，通常具有双重身份：一方面，他们是本校参赛队的指导教师；另一方面，他们中的相当一部分，又是选拔赛和决赛的评委。这样，他们不仅可以与同行交流，也可以将担任评委过程中对其他高校参赛队的精彩之处进行总结提炼，然后贯彻到后续的教学工作中。

1.3.3 对参赛学生的价值分析

房地产策划竞赛队参赛学生的价值难以估量，甚至可能会对其一生都产生积极影响，特别是那些拿到全国冠军的参赛队成员。

1. 竞赛可以全面锻炼并提升参赛学生的综合素质

房地产策划竞赛可以锻炼并提升参赛学生的如下能力。

(1) 学习能力。

(2) 知识运用能力。

(3) 实地调研能力。

(4) 信息搜集能力。

(5) 数据处理能力。

(6) 团队写作能力。

(7) 跨专业沟通能力。

(8) 报告写作能力。

(9) 多媒体制作能力。

(10) 讲解能力。

(11) 对难题的回答能力。

此外，竞赛还磨炼了参赛学生的团队意识、胜负意识、规则意识。

对于全国高校房地产创新创业竞赛参赛队的组长来说，这种锻炼价值更大，除了上述能力之外，组长还可以锻炼并提升如下能力。

(1) 领导能力。

(2) 决策能力。

(3) 应变能力。

(4) 协调能力。

(5) 创造能力。

2. 竞赛可以使学生经受一次全面的历练

一次房地产策划竞赛的完整经历，可能要耗用参赛学生几个月的时间，参赛学生要经历憧憬、失落、兴奋、忐忑等多种情感历程，成功的喜悦和失败的打击，都是参赛学生极为重要的人生经历，是他们一笔宝贵的人生财富。

1.3.4 对房地产开发企业价值分析

对于房地产开发企业来说，全国高校房地产创新创业竞赛将给它们带来意想不到的巨大价值。

1. 冠名的价值

对于现在的中国顶级房地产开发企业来说，还没有遇到严重的危机，或者还不需要迫切争夺最优秀的房地产顶尖人才，它们还没有产生赞助此项赛事的积极性。不过，随着此项赛事影响力的不断提升，即使是顶级房地产开发企业，如果无视此项赛事，就有可能被逐步边缘化，因为此时赛事将吸引全国最优秀的房地产本科人才的参与，那些赞助了此项赛事的房地产开发企业，将优先获得参赛学生的注意，这就使它们在众多优秀的房地产本科人才中处于有利地位。

可以说，随着此项赛事的社会影响力的提升，这种冠名的价值必然会越来越大。

2. 发现人才的价值

一旦此项赛事真正成为全国高校最优秀房地产本科人才荟萃的赛事，参与此项赛事的房地产开发企业就会发现这是发现人才的捷径和最佳场合，毕竟竞赛才能使人才爆发出其全部的聪明才智。

3. 获得创意的价值

本科生是一群二十岁左右的年轻人，他们正处于思维最活跃、创意最丰富的阶段，虽然他们的创意可能完全是天马行空，但在众多天马行空的创意中，必然存在既有创新力又可接地气的创新项目。这些创意对于启发房地产开发企业具有难以估量的价值。

本章小结

本章讲解了三部分内容。

第一部分内容回顾了全国高校房地产创新创业方案策划竞赛的发展脉络，并对2016年成功举办的首届全国高校房地产创新创业邀请赛进行了简要介绍。

第二部分内容对创办正式的全国高校房地产创新创业大赛进行了全面的分析，包括目标、条件、注意事项等内容，并对举办方式、时间、类型进行了建议，最后还对创办国际性高校房地产创新创业大赛进行了构想。

第三部分内容全面分析了房地产策划竞赛队房地产本科专业、课程教学、参赛选手与房地产开发企业的价值。

本章进一步学习建议

1. 理论学习建议

（1）学习内容建议。房地产策划涉及房地产开发与经营、市场营销、建筑设计、财务管理等多方面内容，虽然可以通过多专业协作弥补专业知识的不足，但仍需要不同专业的同学们能够相互理解，这需要有志于房地产开发项目策划的同学，学好自己专业知识，增加对相关专业的理解。

（2）学习深度建议。除了本科教材外，鼓励同学们阅读期刊论文、硕士学位论文，以增加对房地产策划相关知识的学习深度。

（3）专项学习建议。对于拟参加全国高校房地产创新创业方案策划竞赛的同学，应想方设法搜集以前各届的优秀房地产策划报告以及配套的工作报告，然后对其进行认真学习。

2. 实践学习建议

（1）专项实践学习建议。拜访本校已经参加过全国高校房地产创新创业方案策划竞赛的学长，认真请教其成功经验，并研究其经验的可借鉴性。

（2）基本实践学习建议。选择一个知名的房地产开发企业或房地产策划企业，在网上搜集其房地产策划的相关资料，并认真学习，撰写学习笔记。通过与已经毕业且在房地产开发企业或策划企业工作的学长联系一家相关企业进行实地调研，并认真研读与分析这些实地调研报告。

2 房地产策划竞赛参赛队组建建议

本章知识体系

本章知识体系见图 2.1。

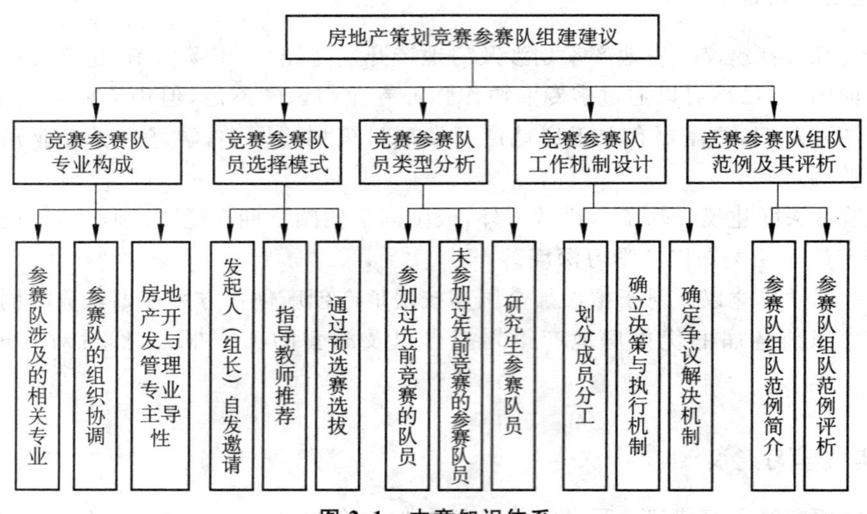

图 2.1　本章知识体系

本章导读

本章讲解的是房地产策划竞赛参赛队组建的相关知识。

本章内容分成两个部分，前一部分是相关知识讲解，后一部分是范例介绍及其评析。

关于知识讲解内容，建议拟参加全国高校房地产创新创业方案策划竞赛的同学们，进行系统学习。

通过知识学习，发起人应该知道选择参赛队员的几种模式，并能选择适合的模式组建房地产策划竞赛参赛队。

在选择参赛队员时，发起人还应该知道不同类型参赛队员的特性，从而选择最适合的参赛队员。

在组队之后，发起人还要知道如何构建有效的工作机制，以确保房地产创新创业竞赛参赛队能够高效运行。

本章推荐了一份曾取得优异成绩的房地产策划竞赛团队的组队范例，首先对其进行了简要介绍，然后对这份范例的优点与不足都进行了简要评析。希望发起人认真学习并领会其成功经验，从而能够组建一支富有竞争力的参赛队。

在范例学习过程中，最好要与前面的知识学习相对应，这既是巩固知识学习的过程，也是体会范例优秀之处的过程。

所有范例都可以被超越，鼓励同学们在组建房地产创新创业竞赛参赛队时，能够在组队过程中超越本章推荐的这个范例。

全国高校房地产创新创业方案策划竞赛都是以团队的方式进行，因此，组建参赛团队是首要任务。在组建全国高校房地产创新创业方案策划竞赛参赛队时，参赛团队的专业构成是首先要考虑的事项。

2.1 房地产策划竞赛参赛队专业构成

房地产策划竞赛参赛队至少需要四个相关专业的密切配合才能完成一份高质量的策划报告。

2.1.1 房地产策划竞赛参赛队涉及的相关专业

房地产策划竞赛参赛队至少需要四个相关专业的密切配合才能算是齐备，这四个专业可以称得上是房地产策划竞赛的基本专业，见表2.1。

表2.1 房地产策划竞赛参赛队的4个基本专业情况

基本专业	专业编号	负责工作	替代专业	专业编号
房地产开发与管理	120104	全局主导，项目定位、案名确定	工程管理	120103
			土地资源管理	120404
市场营销	120202	市场分析、市场营销方案设计	工商管理	120201K
财务管理	120204	财务管理与投融资分析	会计学	120203K
			审计学	120207
			资产评估	120208
建筑学	082801	房地产开发项目规划设计	城乡规划专业	082802

1. 房地产开发与管理专业

在房地产开发项目策划竞赛团队中，房地产开发与管理专业是核心专业，通常来说，应该由房地产开发与管理专业的同学作为团队的发起人并担任团队的组长。房地产开发与管理专业的同学，既负责整个参赛队的总体工作，也通常要担任策划经理工作。如果增加经理职位，还可以担任计划管理经理，负责房地产开发项目策划报告中的开发计划部分，或者是风险管理经理，负责房地产开发项目策划报告中的风险分析部分。

如果没有此专业，工程管理专业（在教育部2012版本科专业目录中，工程管理专业的编号是120103）、土地资源管理专业（在教育部2012版本科专业目录中，土地资源管理专业的编号是120404）；即使有房地产开发与管理专业，工程管理专业、土地资源管理专业也可以作为重要补充专业。

2. 市场营销专业

在教育部2012版本科专业目录中，市场营销专业的编号是120202。

在房地产开发项目策划竞赛团队中，市场营销专业同学的任务非常繁重，他们通常既负责房地产开发项目策划报告的开篇，即市场分析部分，也负责通常的最后一部分，即市场营销方案部分。

如果没有此专业，工商管理专业（在教育部2012版本科专业目录中，工商管理专业的编号是120201K。）可以作为替代；即使有市场营销专业，工商管理专业也可以作为重要补充专业。

3. 财务管理专业

在教育部2012版本科专业目录中，财务管理专业的编号是120204。

在房地产开发项目策划竞赛团队中，财务管理专业同学负责财务分析、投融资分析，任务也比较繁重。由于财务分析与投融资分析涉及具体数字，而这常常是在房地产策划竞赛决赛中，来自企业界评委高度关注的事项，因此，财务管理专业同学往往要担任现场回答问题的重要职责。

如果没有此专业，会计学专业（在教育部2012版本科专业目录中，会计学专业的编号是120203K）、审计学专业（在教育部2012版本科专业目录中，审计学专业的编号是120207）、资产评估专业（在教育部2012版本科专业目录中，资产评估专业的编号是120208）均可以作为替代；即使有财务管理专业，会计学专业、审计学专业、资产评估专业也可以作为重要补充专业。

4. 建筑学专业

在教育部2012版本科专业目录中，建筑学专业的编号是082801。

在房地产开发项目策划竞赛团队中，建筑学专业同学负责设计任务，任务既比较繁重，也非常具有挑战性。由于建筑学专业涉及具体形象，而这常常是房地产策划竞赛决赛中，来自企业界评委高度关注的事项，因此，建筑学专业同学往往要担任现场回答问题的重要职责。

如果没有此专业，城乡规划专业（在教育部 2012 版本科专业目录中，城乡规划专业的编号是 082802）可以作为替代；即使有建筑学专业，城乡规划专业也可以作为重要补充专业。

此外，房地产策划竞赛团队还可以补充其他专业同学，技术类专业，如电气工程及其自动化专业（在教育部 2012 版本科专业目录中，电气工程及其自动化专业的编号是 080601），电气工程与智能控制专业（在教育部 2012 版本科专业目录中，电气工程与智能控制专业的编号是 080604T）、电子信息工程专业（在教育部 2012 版本科专业目录中，电子信息工程专业的编号是 080701）、计算机科学与技术（在教育部 2012 版本科专业目录中，计算机科学与技术专业的编号是 080901）、机械工程专业（在教育部 2012 版本科专业目录中，机械工程专业的编号是 080201）、机械电子工程专业（在教育部 2012 版本科专业目录中，机械电子工程专业的编号是 080204），它们可以在建筑设备领域发挥一定作用；管理类专业，如人力资源管理专业（在教育部 2012 版本科专业目录中，人力资源管理专业的编号是 120206）、采购管理专业（在教育部 2012 版本科专业目录中，采购管理专业的编号是 120603T），它们可以在管理领域中发挥一定作用；文艺类专业，如汉语言文学专业（在教育部 2012 版本科专业目录中，汉语言文学专业的编号是 050101）、视觉传达设计专业（在教育部 2012 版本科专业目录中，视觉传达设计专业的编号是 130502）、数字媒体艺术专业（在教育部 2012 版本科专业目录中，数字媒体艺术专业的编号是 130508），它们可以在设计广告词、现场展示等方面发挥相关作用。

2.1.2 房地产策划竞赛参赛队的组织协调

由于全国高校房地产创新创业竞赛参赛队通常要涉及多个不同的本科专业，这些不同专业的协调就显得非常必要。

1. 组织协调的含义

所谓组织协调，就是指一个组织为完成一定的任务而对相关的成员以及对各种资源进行安排、调配、整合的过程。

对于全国高校房地产创新创业竞赛参赛队，组织协调目的就是获得竞赛的最佳名次而对不同专业成员及其可利用资源进行合理安排、调配和整合的过程。

2. 组织协调的类型

虽然全国高校房地产创新创业竞赛参赛队最多只有 8 名成员，但组织协调的类型却很多。

(1) 纵向协调。纵向协调是指组织内部上下级之间的协调。任何一个组织都必然存在上下级关系。对于全国高校房地产创新创业竞赛参赛队，纵向协调就是指参赛队组长与组员之间的协调。

(2) 横向协调。横向协调是指组织内部同级成员之间的协调。任何一个组织的同一层级(除去最高级)通常都会有多个成员。对于全国高校房地产创新创业竞赛参赛队，横向协调既包括参赛队组员之间的协调，也包括不同职能之间的协调。

(3) 对外协调。上述两种协调可以合称为内部协调。然而，任何一个组织都有外部环境，组织与外部环境的协调就构成了外部协调。对于全国高校房地产创新创业竞赛参赛队，对外协调既包括参赛队与指导教师的协调，也包括同一学校不同参赛队之间的协调，还包括参赛队与竞赛组委会之间的协调。

3. 房地产策划竞赛参赛队多专业协调必要性

房地产开发项目策划是一个比较复杂的系统工程，从最初的组队，到最终的决赛，需要解决的难题繁多，解决这些难题大都需要各个相关专业的通力协作。不同的专业，不同的成员，都有其独特的思维方式和行为习惯，也都有自己独立的利益取向。只有通过各种协调，才能使不同专业形成合力，充分发挥多专业协同的优势，使参赛队获得预期的最佳成绩。

总之，组织协调是一种管理艺术和技巧，参赛队成员，特别是组长需要掌握领导科学、心理学、行为科学方面的知识和技能，如激励、交际、表扬和批评的艺术、开会的艺术、谈话的艺术、谈判的技巧等。只有这样，组长才能进行有效的协调。

4. 房地产策划竞赛参赛队多专业协调可行性

虽然将不同专业、不同成员协调为一个整体的难度极大，但这种协调却是可行的。这首先源于工作内在的协调性。房地产参赛队是为了完成房地产开发项目策划方案而走到一起的，而房地产开发项目策划方案这项工作本身就具有内在协调性，例如，前期的市场分析是随后项目定位的市场依据，而项目定位又是规划设计的指导思想。只要各个专业按照工作内在的逻辑关系合理工作，就必然呈现出内在的协调性。另外，它还源于工作成员的可协调性。虽然不同专业的成员个性不同，但大家为了同一个目标而走到一起来，这就具有了可协调的目标基础。

5. 组织协调的原则

做好组织协调工作，通常要遵循如下六项原则。

(1) 团队统筹原则。组织协调的目的在于实现组织的整体功能和总体目标。而要有效地实现这种整体功能与总体目标，就必须首先形成全局的、系统的观念，遵循团队统筹原则。这一原则要求参赛队组长在进行协调活动和工作时，必须从团队全局出发，从总体目标、总体部署上来认识协调工作的重要性。局部服从全局，部分服从整体。因为只有维护和发展了团队的整体利益，成员利益的保存和发展才有保障条件。当然，全局是由局部组成的，局部是全局基础，各个局部搞好了，全局才会兴旺。但是局部和全局又有矛盾，有时有些事对局部有利，对全局却有害。因此，在协调中，要把团队利益放在第一位，提倡以团队为重，绝不允许以局部利益来损害团队利益行为存在。当然，在坚持团队利益前提下，也要兼顾成员利益。

(2) 综合平衡原则。组织的系统、整体功能是建立在组织要素之间的相互联系、相互依存、相互作用的基础之上的，任何组织要素在结构和功能上的残缺，都必然造成组织整体在结构和功能上的不健全。因此，组长要有效地对组织活动进行协调管理，还必须确立并遵循综合平衡原则。这一原则要求组长在进行组织协调活动和工作时，不仅要使组织内部成员职、权、利分明，忠于职守，而且还必须使参赛队各项职能工作及其成员密切配合、团结协作，防止顾此失彼和扯皮现象的发生。

(3) 主次有序原则。综合平衡要求对组织进行协调管理时，要注意每一要素在结构和功能上的完整和健全，但并不是要求在任何时候、任何条件下都必须“均衡”地对待，并不是要求在任何时候、任何条件下都采取“不分轻重缓急”的协调态度和方法。事实上，任何事物都是有主有次、有轻有重。因此，为了有效地对组织进行协调管理，除了确立和遵循统筹全局、综合平衡原则外，还必须进一步确立并遵循主次有序的原则。这一原则要求组长在对组织进行协调管理时，必须做到有主有次，有轻有重，有先有后，抓住重点，照顾一般。

(4) 互相尊重原则。组织活动中需要协调的问题，一般都是在根本利益一致下的成员之间的问题，对这类问题的处理，互相尊重、理解是问题得到解决的前提和基本要求。尊重、理解是人的一种较高层次的需要，满足这种需要，人就心情舒畅。因此，协调工作要坚持互相尊重、理解，不论是上级、下级和同级，都要力戒骄傲和冷漠。要避免因为态度不好、恶语伤人而致使关系疏远、问题恶化，力求态度诚恳，互相尊重、理解，在友好的气氛中将矛盾淡化和消失。

(5) 民主协商原则。协调工作通常不能靠硬性裁决来解决问题，思想不通，硬性裁决往往不仅不能解决问题，反而会种下新的矛盾种子。为此，协调工作要坚持发扬民主，提倡平等协商。这样做，一方面有利于矛盾双方在感情上的靠拢，为协调创造一个和谐的气氛；另一方面双方在民主协商中畅所欲言，有利于组长全面了解情况做到“兼听则明”，加之组长对情况的认识明确，措施正确，就更易于接受调节，协调工作就能真正见效。

(6) 求同存异原则。在组织中，由于各个层次、各类人员所处的地位不同、责权不同，加之各人的经历、知识、个性心理特征上的差异，因此，矛盾的存在是必然的、普遍的。在协调工作中，不能大问题、小事情都千篇一律地要求一致。应当允许在不影响团队利益、他人利益的前提下，保留一点成员的个人权利。在团队内部求大同存小异。组长的协调艺术，在于既坚持原则，又善于妥协，大事不糊涂，小事不计较，把坚持原则和必要的妥协巧妙地结合起来。

6. 组织协调的方法

经过多年的研究与积累，关于组织协调，人们已经总结出了五种方法。

(1) 情况介绍法。情况介绍法是最基本的组织协调方法，它也是下面四种组织协调方法的基础，通常和下面四种组织协调方法结合起来运用。

情况介绍就是将工作的基本情况，以收听者喜闻乐见的方式传达给收听者。通过情况介绍，可以使收听者知晓工作要求，也可以使收听者消除不解或误会。情况介绍种类多样，可以口头介绍，也可以书面介绍，还可以以非常隆重的方式进行介绍。

对于参赛队的各位成员，都需要经常进行情况介绍，特别是组长，应重视任何场合下的每一次情况介绍，要使组员、指导教师或其他相关人士能够理解其介绍的内容、问题和困难，以及其想法或者工作要求等。

(2) 会议协调法。会议协调法就是通过召开组织会议进行组织协调。会议协调法是组织协调过程中最常用的一种协调方法。对于全国高校房地产创新创业竞赛参赛队来说，常用的会议协调法包括组队会议、工作例会、专题会议等。

① 组队会议。组队会议是组长作为发起人，邀请所有成员召开的第一次团队会议，这次会议的主要作用是确立团队目标，并使成员之间相互认识。

② 工作例会。团队组建之后，应形成工作例会制度，通常是每周召开一次。原则上讲，所有参赛队成员都必须参加工作例会。

工作例会的主要议题通常包括三项基本内容：

- 上次例会问题解决情况和安排工作完成情况；
- 整个工作进展情况及其原因分析；
- 下一阶段工作设想及其准备情况。

规范的参赛队，应该对每次工作例会都进行工作记录，其基本内容通常包括：

- 会议地点及时间；
- 出席者姓名及其工作职责；
- 会议中发言者的姓名及其所发表的主要内容；
- 会议所确定的工作事项；
- 会议工作事项的工作主体。

③ 专题会议。专题会议是指对工作面临的某个专门的难题进行组织协调而召开的会议。如果该专题涉及所有参赛队成员，则通常就安排到工作例会系列中。如果只涉及部分成员，而其他成员又工作十分繁重，则适合只召集相关成员参加。专题会议也应有会议记录在案。

(3) 交谈协调法。在房地产开发项目策划的过程中，并不是所有问题都需要开会来解决，有时可采用“交谈”这一方法。交谈包括面对面的交谈和借助电子网络进行交谈两种形式。

无论是内部协调还是外部协调，这种方法都有重要意义。

① 能够保持信息畅通。由于交谈本身没有合同效力及其方便性和及时性，所以交谈者通常可以畅所欲言，这能够最大程度地保持各方信息的畅通。

② 便于当成共同意向。在交谈时，交谈双方能够及时了解对方的反应和意见，以便采取相应的对策。另外，相对于书面沟通，交谈更容易使他们达成一致。

(4) 书面协调法。当会议或者交谈不方便或不需要时，或者需要精确地表达自己意见时，就会用到书面协调的方法。书面协调方法的特点非常正式，会引起接受者的高度重视。

(5) 访问协调法。访问协调法主要用于外部协调中，分为走访和邀访两种形式。走访是参赛队，特别是组长主动拜访指导教师、其他教师、相关专家、学长，向他们求教。邀访是指参赛队邀请指导教师或其他专家来听取工作汇报或旁听工作情况介绍。

2.1.3 房地产开发与管理专业主导性

在全国高校房地产创新创业竞赛参赛团队中，原则上必须坚持房地产开发与管理专业（或工程管理专业、土地资源管理专业）主导性。

1. 这是赛事学科归属决定的

全国高校房地产创新创业竞赛是中国本科房地产开发与管理专业的学科竞赛，虽然积极欢迎相关本科专业同学的参与，但必须由房地产开发与管理专业主导。

考虑到目前房地产开发与管理本科专业刚刚恢复，现有房地产本科课程绝大部分还依托于工程管理专业，在目前，可以将工程管理专业视为与房地产开发与管理专业等同的主导专业。

如果一所高校，既有房地产开发与管理专业，也有工程管理专业，则必须坚持房地产开发与管理专业在参赛队中的主导性。

2. 这是房地产产业特点所决定的

在房地产项目开发的全过程，虽然有众多的相关利益主体参与其中，包括政府、工程咨询机构、勘察单位、设计单位、施工企业、物资供应企业、监理企业、工程造价咨询机构、房地产评估机构、房地产策划机构、房地产经纪机构、银行、保险公司等，但能够进行全过程主导的机构只能是房地产开发企业。

在虚拟房地产开发项目策划过程中，房地产开发与管理专业的参赛同学，在参赛队中就是扮演房地产开发企业在房地产开发项目全过程管理的角色。因此，做好虚拟房地产开发项目策划，获得预期的房地产创新创业竞赛佳绩，也必须要有房地产开发与管理专业的同学做主导。

3. 房地产开发与管理专业主导性的体现

房地产开发与管理专业（或工程管理专业、土地资源管理专业）主导性并不体现在人数占据优势，而是体现在对整个虚拟房地产开发项目策划方案的主导。一般来说，在全国高校房地产创新创业竞赛参赛团队中，房地产开发与管理专业的本科生至少应有两人，其中一人担任组长，另一人担任策划经理。只要保证这两个职能控制在房地产开发与管理专业（或工程管理专业、土地资源管理专业）的本科生那里，整个房地产创新创业竞赛参赛队的主导权就控制在房地产开发与管理专业(或工程管理专业、土地资源管理专业)的本科生那里。

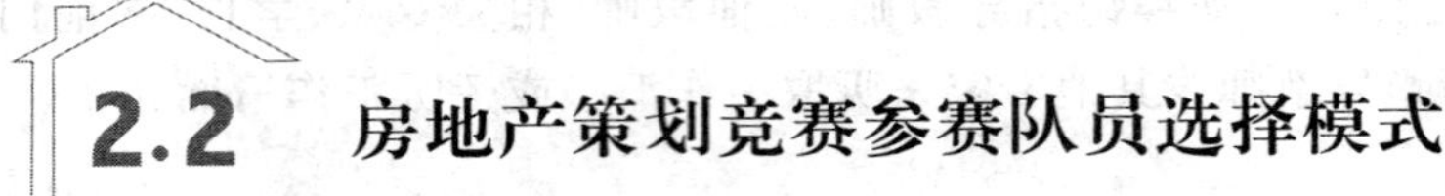

2.2 房地产策划竞赛参赛队员选择模式

房地产策划竞赛参赛队员可以有多种选择模式。

2.2.1 参赛队发起人(组长)自发邀请

在绝大多数情况下,这是全国高校房地产创新创业竞赛参赛队员选择的基本模式,而且这种模式天然就保证了参赛队中房地产开发与管理专业(或工程管理专业、土地资源管理专业)的主导性。

1. 参赛队发起人(组长)自发邀请的重要性

这种模式之所以能够成为基本模式,首先在于发起人,即后来的参赛队的组长的积极性。一般来说,随着房地产策划竞赛影响的日渐扩大,房地产开发与管理专业(或工程管理专业、土地资源管理专业)的优秀本科生,可能在大学一年级就因耳濡目染而知道了此项赛事,也就因此产生了组队参赛的想法。这样,他或她就会积极联系相关专业的同学。这种模式的有效性,还体现在组长与参赛队员之间的默契上。一般来说,组长通常会联系自己比较熟悉的不同专业的同学,他们可能在中学阶段就是同学,或者在大学阶段因共同参与某个社团而结识,这就使参赛队成员之间在组队之前就已经大体相互熟悉,有助于参赛队迅速形成默契。

2. 参赛队发起人(组长)自发邀请的不足

当然,这种组队方式也存在难以克服的缺点。

(1) 参赛队发起人(组长)自发邀请的局限性。一个参赛队最好由不同专业且水平大体相当的同学组成,这样不会出现明显的短板,否则,组织的短板效应将极大地拉低整个参赛队的水平。而仅凭组长自己的交际圈,难以在所有相关专业中都找到水平相当且志同道合的同学。

(2) 人际关系转变的艰难性。一般来说,组长与其邀请的成员原来就有一定的人际关系,但原有的人际关系未必能够顺利转化为工作关系。原有的人际关系是没有利益纠葛的人际关系,比较简单,而且是平等的关系,而一旦转变为房地产开发项目策划竞赛参赛队的工作关系,就有了明确的上下级关系和权力责任体系,从简单的同学关系转变为团队内部的上下级关系,对双方都极具挑战性,一旦处理不当,不仅工作关系难以确定,而且连先前的同学关系都难以维持。

2.2.2 指导教师推荐

全国高校房地产创新创业竞赛参赛队员的选择，还可以由指导教师推荐。

1. 指导教师的团队性

这里所指的指导教师，实际上指的是指导教师团队。一般来说，房地产策划团队涉及的 4 个基本专业中，财务管理、市场营销这两个专业基本上属于经济管理学院，或者单独的管理学院或商学院。房地产开发与管理专业（或工程管理专业）可能属于经济管理学院，也可能属于土木工程学院，甚至是独立的学院。作为房地产开发与管理专业的替代专业，土地资源管理专业可能属于经济管理学院，也可能属于公共管理学院，或者是其他学院。作为房地产开发与管理专业的学科竞赛，可以说任何一所高校，要选拔出 4 个房地产策划相关专业的本科生，都必然是跨学院的学生组合。只要是跨学院的学生组合，就需要每个有相关专业学生参赛的学院都安排相应的指导教师，毕竟任何专业都需要本专业教师的指导。以北京交通大学多年组队的经验，通常是北京交通大学经济管理学院和北京交通大学建筑与艺术学院各安排一位指导教师，其中经济管理学院的指导教师负责策划方案的全面指导，而建筑与艺术学院的指导教师则专门负责设计方面的具体指导。

指导教师推荐，就是指经济管理学院的指导教师负责推荐经济管理学院相关专业的参赛学生，而建筑与艺术学院的指导教师负责推荐建筑学专业的参赛学生。

2. 指导教师推荐制的形成情况

指导教师推荐一般出现在如下两种情况。

(1) 组长请求指导教师帮助。由于组长未必能够通过自己先前的人际关系找到所有相关专业的优秀参赛学生，就可能会向指导教师提出帮助申请。实际上，在这种条件下，通常是组长向经济管理学院的指导教师申请帮助寻找建筑学专业的优秀本科生，而经济管理学院的指导教师又会向建筑学院的指导教师申请帮助。由于建筑学院的指导教师通常也是建筑学课程的授课教师，因此，他或她对本专业的优秀学生还是心中有数的。

(2) 参赛高校明确要求在此项赛事中取得佳绩。随着房地产策划竞赛在全国的地位越来越高，将有利于各个相关高校重视此项赛事。在这种情况下，各个高校开始要求指导教师确保获得佳绩，指导教师团队就可以将各个专业最优秀的学生组合为一支实力最强的队伍，代表该校参赛。

3. 指导教师推荐制的不足

指导教师推荐制同样存在以下三项不足。

（1）被推荐学生的意愿难以保证。指导教师通过相关课程的授课能够发现一些优秀的学生，但这些学生是否愿意遵照指导教师的意愿参赛则是难以确定的。

（2）被推荐学生之间的默契程度难以保证。从指导教师的角度，肯定是选拔每个专业最优秀的本科生，但这些学生之间往往并不熟悉，这对他们组队之后的默契关系的建立有一些影响。

（3）被推荐学生的适应性难以保证。由于这些被推荐的优秀学生都是该专业最优秀的人才，自尊心都很强，而组建团队，却要求参赛队员必须以大局为重，必要时应放弃个人主张，这些自尊心极强的优秀人才未必能够组建一支齐心协力的参赛队。

2.2.3 通过预选赛选拔

由于全国高校房地产创新创业竞赛实行决赛与选拔赛分离，这就为第3种参赛队员选择提供了可能性。

1. 通过选拔赛选择参赛队员的情况

随着全国高校房地产创新创业竞赛地位的日渐提升，学生参赛热情将逐步高涨，各个高校的参赛队也会越来越多，因此，不仅分区将实施选拔赛，各个高校也都可能实施选拔赛。通过选拔赛，某一支参赛队获得了代表该校参加分区决赛或总决赛的资格。虽然从理论上讲，这支参赛队的所有成员都自动获得了代表该校参加下一阶段竞赛的资格，但不排除这样一种情况，该参赛队存在着明显的短板，如果这一短板不弥补，难以在下一阶段获得更加满意的成绩，而被该队击败的某支参赛队中，虽然整体实力不如该队，但恰好有强手可以弥补该队的短板。这时，该队就可以将短板的学生替换掉，邀请另一支参赛队的强手加盟。

2. 通过选拔赛选择参赛队员的不足

这种模式，如果在成熟的社会里或成熟的竞赛体系里，通常并不会带来问题。以竞技体育为例，设想中国女子排球获得了世界杯参赛资格，预赛的参赛队员并不都能获得决赛的参赛资格。但是，如果在房地产策划竞赛中实施这种模式，肯定还会引发不小的震动。

（1）引发被淘汰成员的不满。辛辛苦苦获得决赛资格却被淘汰，换成任何人都会心有不满。这种潜在的不满，会给组长带来比较大的心理压力。

（2）引发其他队员的担忧。如果表现不好就被淘汰，这肯定会引发其他成员的担忧，毕竟，人的状态会有起伏，谁也不能保证总是处于最佳竞技状态。

3. 通过选拔赛选择参赛队员的条件

若想使这一模式能够正常运行起来，需要以下四个基本条件。

（1）事先的约定。在契约社会，重要事项最好都力争事先约定。如果在组队之初，就已经有此约定，使每个参赛队员都事先有心理准备，落实起来就名正言顺，顺理成章。

（2）其他成员的认可。一旦某个成员的确成为全队的短板，其他成员都清楚如果这一短板不弥补就难以取得进一步成绩，实施短板队员的淘汰，就不会影响其他队员的心情，反而使他们对取得佳绩充满憧憬。

（3）组长的果断。淘汰一个曾经跟随自己几个月的队友，需要组长的魄力。

（4）合理的补偿。即使是短板，但该队员能够被邀请进参赛队，说明其先前毕竟有一定实力，且毕竟投入了大量的时间和精力，需要给其合理的补偿。

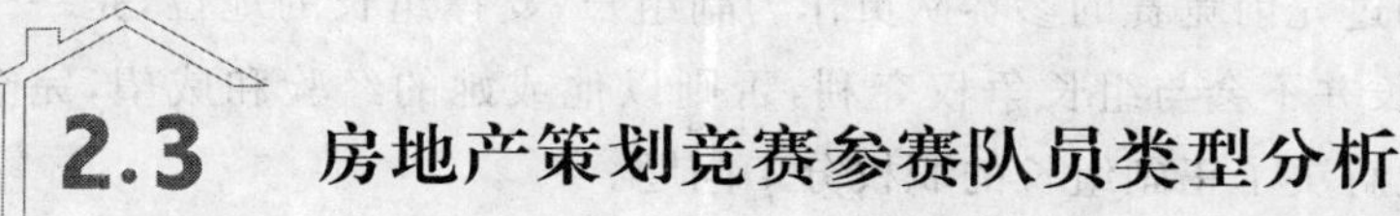

2.3 房地产策划竞赛参赛队员类型分析

参赛队员实际上是可以分成不同类型的。

2.3.1 参加过先前竞赛的参赛队员

由于全国高校房地产创新创业竞赛并没有限制每个学生只能参赛一次，因此，可以有参赛队员反复参赛。

1. 参加过先前竞赛的参赛队员的优势

实际上，曾参加过先前竞赛的参赛队员具有未参加过竞赛的参赛队员所没有的优势，突出表现在如下两点。

（1）经验丰富。在这种竞争激烈的竞赛中获得佳绩，需要经验的积累。目前各个参赛高校的经验的积累，通常是由指导教师作为经验的积累者。而曾经参加过先前竞赛的参赛队员，由于有过一次竞赛的亲身体验，对于这种竞赛的体验肯定是未参赛的参赛队员所无法比拟的。

（2）富有威望。一般来说，如果参加先前竞赛成绩不出色，就很难被再次邀请参赛，除非是本人重新组队。而一旦有参加过先前竞赛且成绩出色的队员加盟，其在参赛队中就会享有很高的威望。

2. 参加过先前竞赛的参赛队员的不足

参加过先前竞赛的参赛队员也有以下两项不足。

（1）动力不足。除非是再次组队参赛，否则，动力问题就成为参加过先前竞赛的参赛队员最大的不足。一般说来，本科生参加全国高校房地产创新创业竞赛，目标并不单纯，而是有着极强的功利性，比如获得保研加分，获得对应课程的高分。一旦这些目标实现，这个学生就失去了参赛的动力。

(2) 投入不足。再次参赛的同学，通常都是大学四年级的学生，面临着毕业的各种相关事务，难以再像初次参赛那样全身心投入。

3. 参加过先前竞赛的参赛队员的合理安排

根据本书作者先前的经验，参加过先前竞赛的参赛队员，继续作为发起人组队参赛的可能性不大，而作为特殊队员的可能性比较大。

对于这种特殊队员，必须要考虑其特殊性，充分发挥其优势，而避免其劣势。

(1) 让其担任副组长。如果是同一年级的学生，组长在威望上难以让其他成员心服口服，此时，由参加过先前竞赛的参赛队员作为副组长，支撑组长的地位，是一个比较好的安排。而且，副组长并不会与组长争权夺利，否则以他或她的经验和威望，完全可以自己组队。这就很好地解决了正副组长的职权分工问题。

(2) 让其担任第二指导教师的职责。考虑到参加过先前竞赛的参赛队员难以保证投入，让其承担事实上的第二指导教师的职责，才是合理安排其职责的最佳选择。参赛队中大量具体的工作并不需要这种特殊队员去做，而在最关键的事项，特别是策划主题、创意等方面，可以充分利用其经验让他或她把关。

2.3.2 未参加过先前竞赛的参赛队员

未参加过先前竞赛的参赛队员肯定是全国高校房地产创新创业竞赛参赛队的主体，甚至可能全队都是未参加过先前竞赛的参赛队员。

1. 未参加过先前竞赛的参赛队员的优势

未参加过先前竞赛的参赛队员有以下两项优势。

(1) 动力十足。不管是主动组队的发起人(组长)，还是积极参加的队员，肯定是动力十足的，否则，他们完全可以不必大张旗鼓地组队参赛，毕竟大学校园有太多活动值得参与。当然，这些参赛队员的动力通常是功利性的，想获得保研加分，想获得对应课程的高分，甚至是想获得其他名校指导教师的注意，或者是房地产开发企业的关注。

(2) 投入十足。只要参赛，特别是还有获得佳绩的可能性，房地产策划竞赛的参赛队员必然投入十足，甚至加班加点工作。

2. 未参加过先前竞赛的参赛队员的不足

未参加过先前竞赛的参赛队员，特别是未参加过竞赛的组长，必然有以下两项不足。

(1) 经验不足。与参加过先前竞赛的参赛队员相比，参加过先前竞赛的参赛队员肯定存在着经验不足的问题。

(2) 威望不足。如果组长没有参加过先前的竞赛，就没有令人信服的成绩作保障，其在房地产策划竞赛参赛队中的威望肯定不高。

3. 未参加过先前竞赛的参赛队员的不足的弥补

对于未参加过先前竞赛的参赛队员来说，其不足可以通过有效方式来弥补。

(1) 经验不足的弥补。未参加过先前竞赛的参赛队，可以通过两种方式来弥补经验的不足。首先是通过指导教师来弥补。房地产策划竞赛的指导教师，通常是固定的，因此，他或她肯定积累了丰富的经验。其次是通过请教学长来弥补。参加过先前竞赛的参赛队员与未参加过先前竞赛的参赛队员，常常是同一个专业的上下级，他们之间很容易建立联系，即使这些参加过先前竞赛的参赛队员不愿继续参赛，通常也可以将其经验传授给低年级的学弟学妹们。

当然，由于绝大多数参赛队员都是未参加过先前竞赛的参赛队员，因此，这种经验不足其实并不是一个严重的问题，既然大家都没有此项经验，没有经验也就谈不上不足。

(2) 威望不足的弥补。这就需要组长积极学习，提高自身的水平。实际上，有时威望不足也可以转变为好事，这一方面迫使组长积极努力，另一方面也迫使组长发扬民主。

2.3.3 研究生参赛队员

虽然全国高校房地产创新创业竞赛主要面向本科生，这是有房教委自身的定位所决定的，但此项赛事不仅不排斥研究生同学参赛，而且不排斥研究生组队参赛。

1. 研究生参赛队员的优势

研究生参赛队员，可能就有如下三项优势。

(1) 经验丰富。对于每次房地产策划竞赛都参加的高校来说，其研究生参赛队员基本上都是参加过先前竞赛的参赛队员，因此，此项赛事的成绩是保研的重要参考。

(2) 富有威望。如果既是研究生参赛队员又是本校的研究生，还是参加过先前竞赛的参赛队员，其威望可能更高。

(3) 知识丰富。即使是外校来的研究生，没有参加过先前竞赛，他们在基础知识方面也比本科生具有难以比拟的优势。

2. 研究生参赛队员的不足

研究生参赛队员，可能就有如下三项不足。

(1) 动力不足。如果没有额外动力，研究生参赛队员同样存在着动力不足的问题。

(2) 投入不足。研究生通常都要完成其导师安排的大量工作，在投入上也难以得到全身心的保障。

(3) 地位难定。如果研究生参赛队员不是组长，则其在参赛队中存在着地位难定的问题，本科生组长难以指挥研究生参赛队员。

3. 研究生参赛队员的合理安排

可以根据研究生是否曾经参赛而进行不同的安排。

（1）曾经参赛的研究生参赛队员的安排。如果研究生参赛队员曾经参赛，就按照前文关于曾经参赛的队员的安排思路进行安排。

（2）未曾参赛的研究生参赛队员的安排。如果参赛的研究生未曾参赛，考虑到其特殊性，可以安排由其担任策划经理。如果是建筑学专业的研究生，则由其担任设计经理。

2.4 房地产策划竞赛参赛队工作机制设计

在所有参赛队员招募完毕之后，全国高校房地产创新创业竞赛参赛队就正式组建起来，接下来要进行工作机制设计，主要是如下三项工作机制的设计。

2.4.1 划分成员分工

划分成员分工，首先需要了解有哪些工作需要做。

1. 竞赛相关工作内容

根据多年的经验，一支房地产策划竞赛参赛队需要完成如下 10 项基本工作。

（1）总体协调。
（2）市场调研。
（3）市场分析。
（4）地块分析。
（5）项目定位。
（6）项目设计。
（7）财务分析。
（8）营销策划。
（9）PPT 制作。
（10）现场讲解。

此外，房地产策划竞赛参赛队还可以增加如下 6 项附加工作。

（1）SWOT 分析。
（2）开发计划。
（3）风险分析。

(4) 报告摘要撰写。

(5) 报告简版撰写。

(6) 视频及其他多媒体材料制作。

2. 分工的基本原则

房地产策划竞赛参赛队成员工作分工应坚持如下两项原则。

(1) 专业对口原则。房地产开发项目策划是一项专业性极强的工作,专业性工作必须由专业人士完成。在10项基本工作中,市场调研、市场分析、项目设计、财务分析、营销策划这5项工作,均应由相关本科专业学生完成。

(2) 责能相符原则。在工作分工中,工作责任与工作能力必须相符,责任大能力小,完不成工作,责任小能力大,人才浪费。

2.4.2 确立决策与执行机制

确立决策与执行机制是设计工作机制的核心内容。

1. 组长的职责

组长是房地产策划竞赛参赛队的总负责人,拥有最终的决策权,特别是项目定位这一最关键的事项的决策权。

一般来说,组长除了承担总协调职责外,还担任现场讲解的职责,也是回答竞赛评委提问的主要回答者。

要做好组长工作,组长必须对整个房地产开发项目策划进行总体把控。

对外,组长还是参赛队与指导教师的联系人,也是参赛队与组委会的联系人。

2. 组长与组员的工作关系

组长和组员之间应建立比较规范的上下级关系,组长拥有决策权,组员拥有建议权,对于组长安排的工作,组员应认真执行。

3. 设置多种决策机制

考虑到专业性,为提高决策的质量,房地产策划竞赛参赛队除了赋予组长决策权外,可以增加如下两种决策机制。

(1) 集体决策。这就是实施民主制,对事关竞赛报告质量的关键问题,由全体成员集体决策。

(2) 指导教师参与决策。也可以设计多种方案,提交给指导教师,由指导教师参与决策。

决策机制应该在组建房地产策划竞赛参赛队之初就明确下来,这样才能提高决策的效率。

4. 组员之间的工作衔接

组员之间的工作衔接，可以采用如下两种方式。

(1) 以组长为纽带的衔接。这种方式以组长为纽带，通常是用于涉及多位组员工作衔接的事项。

(2) 组员之间直接对接。这种方式一般是用于只涉及两位组员之间工作衔接的事项。

2.4.3 确定争议解决机制

在房地产开发项目策划过程中，难免会出现争议，特别是涉及专业性极强的工作。

1. 确定争议解决机制的必要性

虽然已经确定了决策和执行机制，确定争议解决机制依然非常必要。如果没有这一机制，仅依靠决策和执行机制，不仅难以保证决策的准确性，也难以保证执行的坚定性。

实际上，解决争议的过程，也是房地产策划竞赛参赛队形成统一认识的过程，争议得到合理解决，使全体意见达到统一，工作质量和工作效率才能真正提高。

2. 几种备选争议解决机制

房地产策划竞赛参赛队可以选择如下五种争议解决机制。

(1) 反复协商机制。这就是团队允许对某一重大事项进行反复协商。不过，为了避免协商周期过长，通常要设定一个截止期限。

(2) 指导教师调节机制。可以邀请指导教师作为调节者，来调节房地产策划竞赛参赛队的内部重大争议。

(3) 组长最终裁决制。对于反复协商也难以解决的争议，到了截止时间，就应设定裁决机制。可以将最终裁决权赋予组长。

(4) 民主表决制。房地产策划竞赛参赛队也可以通过民主表决的方式进行最终裁决。

(5) 指导教师仲裁制。房地产策划竞赛参赛队也可以邀请指导教师作为仲裁者，对重大争议事项进行仲裁。

2.5 房地产策划竞赛参赛队组队范例及其评析

本书所选择的房地产策划竞赛参赛队组队范例是北京交通大学的尚城项目，它是2010年上半年举办的第三届“顾问城”杯北京市大学生房地产策划大赛二等奖作品。

2.5.1 房地产策划竞赛参赛队组队范例简介

北京交通大学尚城项目参赛队的组长是北京交通大学经济管理学院工程管理系工程管理专业 2007 级本科生王鸣浩同学。他在筹划组建第三届“顾问城”杯北京市大学生房地产策划大赛参赛队时，就明确了两阶段组队原则：工程管理专业内组队阶段和工程管理专业外组队阶段。

1. 工程管理专业内组队

第三届“顾问城”杯北京市大学生房地产策划大赛允许每一支参赛队最多有 9 位同学。王鸣浩同学确定了 1∶2 的组队比例，即工程管理专业内成员与工程管理专业外成员控制在 1∶2，这就是要求工程管理专业只有 3 人，而工程管理专业外要有 6 人。

王鸣浩同学本人是工程管理专业学生，因此，他只邀请了另外两位北京交通大学经济管理学院工程管理专业的本科生加盟。

他将 3 人视作一个整体，总体负责，其余两位工程管理专业同学均作为组长助理辅助其工作。

2. 工程管理专业外组队

王鸣浩同学对工程管理专业外的相关专业参赛人员要求很高，他希望这些人是各个专业既学习成绩排名靠前，也具有较强实干能力，同时还能够进行协作的人。应该说，虽然这些要求是合理的，但具体实施起来依然很具有挑战性。

在人数安排上，王鸣浩同学决定邀请至少两名建筑学的优秀本科生，让其共同承担项目设计工作，邀请至少两名市场营销专业或工商管理专业的本科生，让其承担项目市场分析与市场营销的工作，邀请 1～2 名财务管理专业的本科生，让其负责项目财务管理工作。

王鸣浩同学决定通过各种方式先确定拟邀请的人选，然后再想方设法去要求这些同学加盟。

由于市场营销专业、工商管理专业、财务管理专业与工程管理专业均同属于北京交通大学经济管理学院，因此，王鸣浩同学通过学生辅导员帮助联系到了相对满意的人选。由于建筑学专业属于北京交通大学建筑与艺术系（现已升格为北京交通大学建筑与艺术学院），王鸣浩同学与该系辅导员老师并不熟悉，就只能通过同学的关系搜寻相关人选。功夫不负有心人，最终终于邀请到了北京交通大学建筑与艺术系成绩排名第一的同学与另一位优秀同学加盟。

这样，王鸣浩同学就顺利组建了一支基本上由各专业优秀本科生组成且各专业齐备的参赛队。

2.5.2 房地产策划竞赛参赛队组队范例评析

北京交通大学尚城项目的组队具有范例水平，所有拟组建参加全国高校房地产创新创业邀请赛的同学，均可以学习其经验。

北京交通大学尚城项目组队成功经验表现在如下三个方面。

1. 参赛成员专业齐备

尚城项目发起人王鸣浩同学深刻领会多专业协同的重要性，想方设法配齐了房地产开发项目策划竞赛团队所需要的所有四个基本专业，即工程管理专业、工商管理专业、财务管理专业和建筑学专业，使其所组建的参赛队在专业上齐备，没有专业短板，这在后面竞赛确保了所做报告的完整性。

2. 参赛成员配比合理

在最多9人的编制下，王鸣浩同学采用了1∶2的配比，既能保证工程管理专业的核心地位，又能最大程度地调动其他三个基本专业成员的能动性，构建了一个内在结构合理的团队，体现了强大的竞争力。

3. 参赛成员素质优秀

王鸣浩同学邀请参赛成员，特别是工程管理专业外成员，要求有三点，分别是：成绩名列前茅、实干能力强、协调意识好。有了这些素质的成员，是最适合团队工作的优秀人才。正是由于有了这些成员，其团队不仅获得了综合二等奖，还获得了四个单项奖中的两个。

当然，北京交通大学尚城项目的组队也有不足，主要是工程管理专业本科生的素质相对于工程管理专业之外专业的学生素养有所欠缺，此外，各专业在配合方面也还有可以提升的空间。正是有一些不足，北京交通大学尚城项目最终未能获得该届房地产策划大赛的综合一等奖。

本章小结

本章主要讲解了四部分内容。

首先，讲解了房地产策划竞赛参赛队专业构成，指出房地产策划竞赛参赛队涉及的相关专业，并说明多专业协调的必要性和可行性。

其次，介绍几种房地产策划竞赛参赛队员选择模式，包括发起人自发邀请、指导教师推荐和通过预选赛选拔。

再次，分析了不同类型的参赛队成员，这些类型包括参加过先前竞赛和未参加过竞赛这两种基本情况，并补充了研究生参赛队员的分析。

最后，讲解了房地产策划竞赛参赛队工作机制设计，包括划分成员分工、确立决策与执行机制、确定争议解决机制等事项。

本章推荐了一份曾取得优异竞赛成绩的房地产策划团队的组队范例，先对其进行了简要介绍，然后对这份范例的优点与不足都进行了简要评析。

本章进一步学习建议

在这一阶段，实践学习的重要性远大于理论学习的重要性。

1. 理论学习建议

（1）学习内容建议。在这一阶段，拟参加全国高校房地产创新创业方案策划竞赛的同学需要将本专业已学习到的知识进行复习巩固。

（2）学习深度建议。除了本科教材外，鼓励同学们阅读期刊论文、硕士学位论文，以增加对房地产开发项目策划相关知识的学习深度。

2. 实践学习建议

（1）专项实践学习建议。对于拟发起组建全国高校房地产创新创业方案策划竞赛参赛队的同学（通常就是后来组建的参赛队的组长）来说，应拜访本校以往各届的竞赛参赛队的组长，听取他们的经验与教训，拟订组队方案，并请这些学长对拟订方案提出意见。

（2）基本实践学习建议。对于拟发起组建全国高校房地产创新创业方案策划竞赛参赛队的同学来说，需要通过各种渠道，拜访拟邀请的各个专业的优秀同学，与他们进行相对深入的交流，在交流后要及时总结交流的感受，以学习如何与不同专业学生打交道的方法与技巧。

3 房地产策划竞赛参赛知识储备

本章知识体系

本章知识体系见图 3.1。

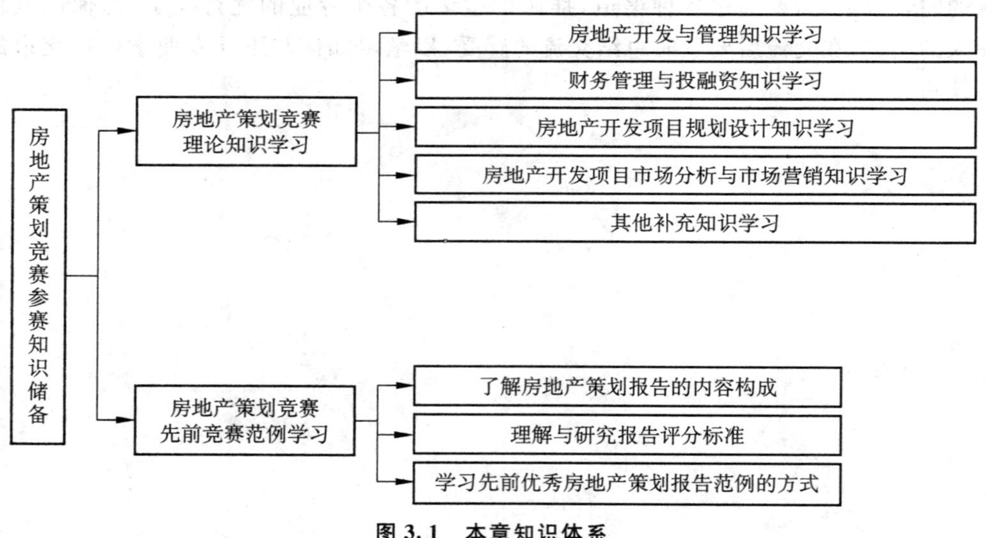

图 3.1　本章知识体系

本章导读

本章是全书最重要的知识讲解章，它介绍了拟参加全国高校房地产创新创业方案策划竞赛的同学们必须掌握的参赛知识。

本章第一部分是参赛所需理论知识，要求各个专业同学必须掌握各自专业的知识，同时建议不同专业的同学也初步学习本章知识，以便于同组内其他专业同学的交流奠定基础。

本章第二部分是参赛所需竞赛基本知识，要求每位参赛队成员都要学习并能将其应用到竞赛中。

本章第三部分是参赛所需现场感性知识，建议拟参赛的同学尽早通过观摩正在举办的全国高校房地产创新创业方案策划竞赛，初步体会大赛氛围，学习本届决赛参赛队的表现，并初步了解评委的提问与评分倾向，为参加下一届竞赛奠定竞赛的感性知识。

要想在全国高校房地产创新创业方案策划竞赛中取得佳绩，夯实自身知识储备是最重要的前期工作之一。

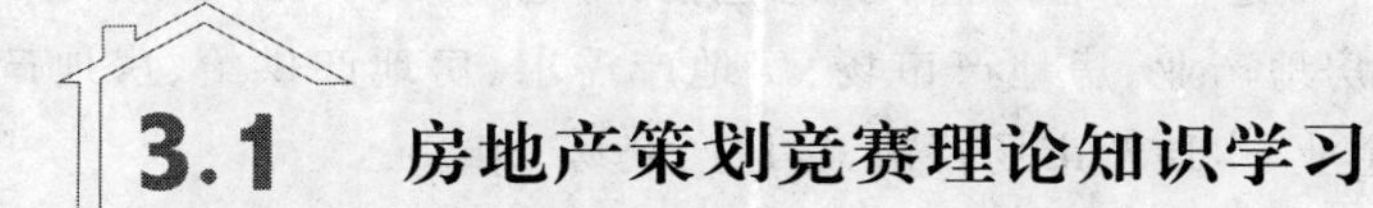

3.1 房地产策划竞赛理论知识学习

在参赛所需知识中，相关理论知识的学习是首要任务。

3.1.1 房地产开发与管理知识学习

房地产开发与管理知识，主要体现在本科房地产开发与管理课程中。当然，不同高校可能课程名称有所不同。

1. 房地产与管理专业参赛队员对此项知识的学习

本科房地产开发与管理课程是房地产与管理专业（或工程管理专业、土地资源管理专业）的专业主干课。

本科房地产开发与管理课程全面讲解了房地产开发与管理全过程的基本知识。在全国高校房地产创新创业竞赛参赛队中，房地产与管理专业（或工程管理专业）的同学，特别是组长，应认真学习这门课程，不仅要掌握其基本知识，更要训练将其基本知识应用到竞赛中的能力。

这门课程通常安排在第六个学期，对于许多参赛的房地产与管理专业（或工程管理专业、土地资源管理专业）同学来说，可能在参加房地产策划竞赛时，还没有到学习这门课程的时间，并没有系统学习过房地产开发与管理基本知识。

对于有志于在全国高校房地产创新创业竞赛中获奖的同学，特别是发起人（组长），就应该未雨绸缪，力争在其大学的第四个学期就选这门课。房地产开发与管理课程，需要的先修课程难度并不很高，房地产开发与管理专业（或工程管理专业）的优秀学生，在其大学的第四个学期，完全有能力跟得上这门课程的授课节奏。

对于有志于在全国高校房地产创新创业竞赛中获奖的同学，特别是发起人（组长），如果因为时间冲突，难以选这门课，也应通过自学方式学习其基本知识。

当然，如果能够邀请到房地产与管理专业（或工程管理专业、土地资源管理专业）参加过先前竞赛的本科参赛学生，或者邀请到房地产学科的学术型硕士研究生，则房地产策划竞赛参赛队在这门课程的基本知识方面就可以得到有效弥补。

2. 其他专业参赛队员对此项知识的学习

其他三个基本专业的房地产策划竞赛参赛队员，在有条件时，也应该选修这门课程。如果条件不具备，这三个基本专业的本科生，也应了解房地产开发与管理课程的一些最基本的知识。

一般来说，房地产开发与管理课程最基本的知识包括如下两方面的知识。

(1) 房地产基本概念。房地产基本概念包括：房地产（或不动产）、房地产产权、房地产开发、房地产经营、房地产业、房地产市场、房地产需求、房地产供给、房地产价格、房地产流程、房地产开发企业、房地产市场营销、房地产交易。

(2) 房地产项目开发基本流程。房地产基本流程包括：房地产开发项目立项、房地产市场调研与分析、房地产开发项目策划、房地产开发项目投融资、土地获取、房地产开发项目规划设计、房地产项目开发其他前期工作、房地产开发项目建设、房地产开发项目市场营销、物业管理。

3.1.2 财务管理与投融资知识学习

财务管理与投融资知识是房地产开发项目策划所需要的重要专业知识，是完成房地产开发项目策划报告中财务管理与投融资方案的知识基础。

1. 财务管理专业参赛队员对此项知识的学习

财务管理与投融资相关知识，体现在本科财务管理专业多门专业课程中。

这些课程也通常安排在大学阶段的第三年，即第五个学期或第六个学期，对于许多参赛的财务管理专业（或会计学专业、审计学专业、资产评估专业）同学来说，可能在参加房地产策划竞赛时，还没有到学习这些课程的时间，并没有系统地学习过财务管理与投融资分析的基本知识。

对于有志于在全国高校房地产创新创业竞赛中获奖（特别是财务分析单项奖）的财务管理专业同学（或会计学专业、审计学专业、资产评估专业），也应该未雨绸缪，力争在其大学的第四个学期就选这些课程，或者是通过自学方式学习这些课程的基本知识。

作为组长，在邀请财务管理专业参赛队员时，应充分考虑其知识学习情况，应优先邀请那些已经系统学习过这些知识的财务管理专业（或会计学专业、审计学专业、资产评估专业）的同学。

当然，如果能够邀请到财务管理专业（或会计学专业、审计学专业、资产评估专业）参加过先前竞赛的本科参赛学生，或者是邀请到财务管理学科的学术型硕士研究生，则房地产策划竞赛参赛队在财务管理与投融资分析这些课程基本知识方面可得到有效弥补。

2. 其他专业参赛队员对此项知识的学习

其他三个基本专业的房地产策划竞赛参赛队员，在有条件时，也应该选修这些课程。如果条件不具备，这三个基本专业的本科生，也应了解财务管理与投融资相关课程一些最基本的知识。

一般来说，财务管理与投融资相关课程最基本的知识包括如下四方面的知识。

(1) 基本概念。财务管理与投融资分析基本概念包括财务管理、财务分析、投资、投资分析、融资、融资分析、融资模式等。

(2) 财务分析基本知识。财务分析基本知识包括财务分析含义、财务分析报告、基本财务报表、项目静态盈利分析、项目动态盈利分析、项目盈亏平衡分析、项目财务敏感性分析等。

(3) 融资分析基本知识。融资分析基本知识包括房地产开发项目融资目的、房地产开发项目融资原则、房地产开发项目融资来源、房地产开发项目融资方式、房地产开发项目融资成本等。

(4) 投资分析基本知识。投资分析基本知识包括房地产开发项目投资估算、房地产开发项目收入估算、房地产开发项目还本付息估算等。

3.1.3 房地产开发项目规划设计知识学习

房地产开发项目规划设计知识是房地产开发项目策划所需要的重要专业知识，是完成房地产开发项目策划报告中房地产开发项目规划设计方案的知识基础。

1. 建筑学专业参赛队员对此项知识的学习

房地产开发项目规划设计相关知识，体现在本科建筑学专业多门专业课程中。

由于建筑学专业通常要学习五年，因此，这些专业课程很可能被安排在大学阶段的第四年，即第七个学期或第八个学期，对于许多参赛的建筑学专业(或城乡规划专业)同学来说，可能在参加房地产策划竞赛时，还没有到学习这些课程的时间，并没有系统地学习过房地产开发项目规划设计方面的基本知识。

对于有志于在全国高校房地产创新创业竞赛中获奖(特别是规划设计单项奖)的建筑学专业(或城乡规划专业)同学，也应该未雨绸缪，力争在其大学的第六个学期就选这些课程，或者是通过自学方式学习这些课程的基本知识。

作为组长，在邀请建筑学专业参赛队员时，应充分考虑其知识学习情况，应优先邀请那些已经系统学习过这些知识的建筑学专业(或城乡规划专业)的同学。

当然，如果能够邀请到建筑学专业(或城乡规划专业)参加过先前竞赛的本科参赛学生，或者是邀请到建筑学学科的学术型硕士研究生，房地产策划竞赛参赛队在房地产开发项目规划设计这些课程基本知识方面就可以得到有效弥补。

2. 其他专业参赛队员对此项知识的学习

其他三个基本专业的房地产策划竞赛参赛队员，在有条件时，也应该选修这些课程。如果条件不具备，这三个基本专业的本科生，也应了解房地产开发项目规划设计一些最基本的知识。

一般来说，房地产开发项目规划设计相关课程最基本的知识包括如下五个方面的知识。

(1) 基本概念。房地产开发项目规划设计基本概念包括房地产开发项目勘察、房地产开发项目规划设计、居住区项目规划设计、住宅建筑设计、住宅配套及环境设计、商业项目规划设计、城市综合体规划设计等。

(2) 居住区项目规划设计基本知识。居住区项目规划设计基本知识包括居住区项目用地规模与配置、居住区项目设施与布局、居住区项目的道路交通、居住区项目建筑控制、居住区项目城市设计、居住区项目建筑空间、景观与形象设计等。

(3) 住宅建筑设计基本知识。住宅建筑设计基本知识包括住宅建筑功能定位、住宅建筑风格和造型、房型设计、住宅设计(具体包括卧室设计、起居室即客厅设计、餐厅设计、门厅设计、厨房设计、卫生间设计)等。

(4) 住宅配套及环境设计基本知识。住宅配套及环境设计基本知识包括住宅配套设计、居住区项目市政配套设计、环境设计等。

(5) 城市综合体设计基本知识。城市综合体设计基本知识包括城市综合体的功能分区设计、城市综合体的特征分析、城市综合体的配套设计。

此外，关于居住区项目的规划设计，还应补充如下三项知识。

① 绿色设计。

② 健康设计。

③ 智慧设计。

3.1.4 房地产开发项目市场分析与市场营销知识学习

市场分析与市场营销知识是房地产开发项目策划所需要的重要专业知识，是完成房地产开发项目策划报告中的第一部分，即市场分析；最后一部分，即市场营销方案的知识基础。

1. 市场营销专业对此项知识的学习

市场分析与市场营销相关知识，体现在本科市场营销专业多门课程中。

这些课程也通常安排在大学阶段的第三年，即第五个学期或第六个学期，对于许多参赛的市场营销专业(或工商管理专业)同学来说，可能在参加房地产策划竞赛时，还没有到学习这些课程的时间，并没有系统地学习过市场分析与市场营销的基本知识。

对于有志于在全国高校房地产创新创业竞赛中获奖（特别是市场营销单项奖、市场分析单项奖）的市场营销专业（或工商管理专业）同学，也应该未雨绸缪，力争在其大学的第四个学期就选这些课程，或者是通过自学方式学习这些课程的基本知识。

作为组长，在邀请市场营销专业参赛队员时，应充分考虑其知识学习情况，应优先邀请那些已经系统学习过这些知识的市场营销专业（或工商管理专业）的同学。

2. 其他专业参赛队员对此项知识的学习

其他三个基本专业的房地产策划竞赛参赛队员，在有条件时，也应该选修这些课程。如果条件不具备，这三个基本专业的本科生，也应了解市场分析与市场营销一些最基本的知识。

一般来说，房地产开发项目市场分析与市场营销相关课程最基本的知识包括如下三个方面的知识。

(1) 房地产市场分析基本知识。房地产市场分析基本知识包括房地产市场含义、房地产市场特征、房地产市场分类、房地产市场需求、房地产市场供给、房地产市场价格、房地产市场周期、房地产市场分析含义、房地产市场分析区域层次、房地产市场环境分析、房地产市场需求分析、房地产市场供给分析、房地产市场周期分析等。

(2) 房地产市场调研基本知识。房地产市场调研基本知识包括房地产开发项目市场调研的含义、原则、作用、途径、制约因素，房地产开发项目市场调研的内容（包括环境调研、需求调研、供给调研）、房地产开发项目市场调研的分类、房地产开发项目市场调研的流程、房地产开发项目市场调研的方法、房地产开发项目市场调研报告等。

(3) 房地产项目市场营销基本知识。房地产项目市场营销基本知识包括房地产市场营销理念、含义、特点、策略，房地产项目市场营销方案含义概述、内容，房地产价格策略（包括房地产定价目标与原则、房地产定价方法、房地产定价基本流程、房地产定价基本策略、房地产价格调整方法），房地产市场营销渠道策略（包括房地产销售渠道种类、房地产销售渠道选择、房地产销售代理），房地产促销策略（包括房地产人员促销、房地产广告、房地产营业推广、房地产公共关系推广）等。

3.1.5 其他补充知识学习

除了上述四个领域的基本知识外，做好房地产策划竞赛报告，还可以补充如下几个方面的知识。

1. SWOT 分析基本知识

SWOT 是 Strengths（优势）、Weaknesses（劣势）、Opportunities（机遇）、Threats（威胁）这 4 个英文单词首字母的合写。SWOT 分析法是一种用来确定企业自身的竞争优势、竞争劣势、机遇和威胁，从而将公司的战略与公司内部资源、外部环境有机地结合起来的一种科学的分析方法。房地产开发项目策划可以将这一方法用于项目的内部竞争优劣势和外部机遇与威胁的分析。

2. 项目开发计划基本知识

房地产项目开发计划将开发项目的目标与相关管理过程写成书面文件，使房地产开发项目相关人员等对房地产开发项目的相关事项，如资源配备、风险化解、人员安排、时间进度、内外接口等形成共识，形成事先约定，也有助于房地产开发项目有关人员之间的交流沟通，有助于大家统一认识。

在进行房地产开发项目策划过程中，如果增加项目开发计划，将会使策划更具有可操控性。

3. 项目风险管理基本知识

房地产开发项目风险分析，就是通过识别、确定、估计、度量房地产开发项目潜在的各种风险，并预先设计、选择并实施风险应对预案的分析活动。

房地产项目开发是一项极具风险的经营活动，在房地产开发项目策划报告中增加风险分析内容，将提高报告的质量和实施的成功率。

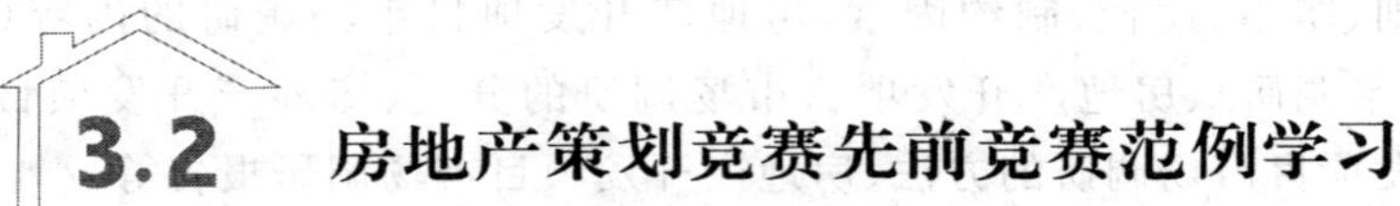

3.2 房地产策划竞赛先前竞赛范例学习

要想在房地产策划竞赛中取得佳绩，除了要学习相关课程基本知识外，也需要学习竞赛的相关知识，特别是先前竞赛的成功范例。

3.2.1 了解房地产策划报告的内容构成

房地产策划竞赛以策划报告作为最终考核依据，因此，了解房地产策划报告是学习竞赛相关知识的第一课。

1. 房地产策划报告基本内容

(1) 房地产策划报告基本内容构成。通常，房地产策划报告应该具有如下六个部分：

① 房地产市场分析；

② 房地产开发项目分析；

③ 房地产项目定位；

④ 房地产规划设计；

⑤ 房地产财务与投融资分析；

⑥ 房地产市场营销方案设计。

(2) 房地产市场分析。房地产市场分析通常是房地产策划报告的开篇，只有通过房地产市场分析，才能确定目前房地产市场的供求态势和发展阶段，房地产开发项目的策划才有了市场分析的基础条件。

房地产市场分析，通常要分层次进行，最高层次的房地产市场是国际房地产市场，最低层次的房地产市场是项目所在城市的房地产市场。

(3) 房地产开发项目分析。房地产开发项目分析紧跟着房地产市场分析，以后者为依据，是对拟开发项目进行更具体的分析。通过房地产开发项目分析，才能确定开发项目的市场前景、盈利空间。

(4) 房地产开发项目定位。在房地产策划报告中，项目定位居于核心地位，它前承房地产市场分析和房地产开发项目分析，后接房地产项目融资分析与市场营销方案设计。房地产开发项目定位既是房地产策划核心内容，也是其根本目的。对于房地产开发企业来说，进行房地产开发项目决策，核心内容就是对房地产开发项目定位的决策。只有确定了房地产项目定位，房地产开发后续工作才有了明确的指导思想。

(5) 房地产开发项目规划设计。房地产开发项目规划设计是房地产策划报告不可缺少的一部分。没有房地产开发项目规划设计，房地产开发项目定位就只是一种抽象的概念，不能给房地产开发企业或房地产项目客户以明确的形象和品质。

当然，房地产策划报告中的房地产开发项目规划设计，只是房地产开发项目全部规划设计的初步内容，是其最直观的部分，通过这部分内容，能够使房地产开发项目定位有形化。

(6) 房地产开发项目财务与投融资分析。房地产开发项目投资巨大，投融资是房地产项目开发极为重要的工作。通过财务与投融资分析，才能确定拟开发的房地产项目需要多少投资，需要进行多大规模的融资，能够产生多少收入、利润。

(7) 房地产项目市场营销方案设计。房地产开发项目的市场营销阶段是房地产开发项目的商品转化为房地产开发企业货币收入的阶段。这一阶段需要进行周密的设计。只有做好房地产项目的市场营销方案设计，才能最大程度地确保房地产开发企业的收入。

当然，房地产策划报告中的房地产项目市场营销方案只是房地产开发企业在真正的房地产市场营销阶段实施的市场营销方案的前期设计版，是在房地产市场营销活动尚未启动就进行的前期设计。

2. 房地产策划报告补充内容

对于一些房地产策划报告的撰写人来说，还可以补充如下四项内容。

(1) 房地产开发项目可行性分析。房地产开发项目的可行性研究是对拟开发的项目进行全面、系统的调查研究和分析，运用科学的技术评价方法，得出一系列评价指标值，以最终确定该项目是否可行的综合研究。

一般来讲，可行性研究是以市场供需为立足点，以资源投入为限度，以科学方法为手段，以系列评价指标为结果，通常需要处理两方面的问题：一是要确定项目在技术上是否能实施；二是如何才能取得最佳效益（主要是经济效益）。从房地产开发项目的实际情况来看，单从建筑施工技术上讲，一般不存在一时无法突破的重大难点，无论是大跨度桥梁，还是超高层建筑。可见关键在于投资的回报，即能够取得最佳的经济效益，并兼顾社会效益和环境效益。

（2）房地产开发项目的 SWOT 分析。按照企业竞争战略的完整概念，战略应是一个企业"能够做的"（即组织的强项和弱项）和"可能做的"（即环境的机会和威胁）之间的有机组合。因此，进行 SWOT 分析对于房地产项目开发意义重大。

（3）房地产开发项目的风险分析。房地产项目开发是一项风险巨大的经营活动，对其进行风险分析极为必要。目前关于风险分析的研究已经非常充分，形成了完整的风险分析框架。房地产策划报告的撰写人，可以运用目前成熟的风险分析框架撰写房地产开发项目的风险分析。

（4）房地产开发项目的开发计划。房地产市场是一种具有很强时效性的市场，在最合适的时间将房地产开发项目投放到市场才能获得最大的经济利益，而考虑到巨大的投融资数额，如果能够缩短开发周期，即使时效性不是最优，也能节约巨额的融资利息。从这一点看，制订房地产开发项目的开发计划意义重大。

3.2.2 理解与研究报告评分标准

任何一支全国高校房地产创新创业竞赛参赛队，都必然希望撰写出优秀的房地产策划报告，而要做到这一点，首先需要了解优秀房地产策划报告的标准。

1. 优秀房地产策划报告标准

优秀房地产策划报告包括两个层次的优秀。

（1）房地产市场策划报告内容层次的优秀标准。房地产市场策划报告内容层次的优秀标准包括如下八项内容。

① 内在一致。房地产策划报告包括多个部分，所有这些部分是一个整体，彼此之间有着严密的逻辑，因此，房地产策划报告必须是一个内在逻辑一致的报告。

② 实事求是。房地产策划报告通常要以房地产市场调研报告作为开篇，而房地产市场调研报告最基本的要求就是尊重事实，应该尽可能弄清事实、找出原因。如果房地产市场营销的结论不实事求是，房地产策划的基础就不牢固，后续相关工作必然偏离合理的轨迹，这些相关工作的结论与谋划就很难真正赢得房地产市场的认可，如果房地产开发企业据此进行房地产项目开发，将冒极大的市场风险。

③ 易于理解。房地产策划报告是为房地产开发企业进行房地产项目开发决策服务的，如果不易理解，将增大房地产开发企业的决策难度。

④ 简明扼要。房地产策划报告应该简明扼要，或者是报告主体篇幅宏大，但配备一份简明扼要的报告简版。

⑤ 针对性强。房地产策划报告必须要有针对性，重点突出。

⑥ 报告要全面。参赛的房地产开发项目策划报告内容必须全面，也就是说，竞赛要求必须有的内容都要有。

⑦ 报告要有亮点。毫无疑问，没有亮点的房地产开发项目策划报告肯定不会是优秀的房地产开发项目策划报告。

⑧ 具有可操作性。房地产开发项目策划报告是要用于指导房地产开发项目的各项活动，其指导性涉及房地产项目开发活动中的每个人的工作及各环节关系的处理。因此，其可操作性非常重要。

(2) 房地产市场策划报告形式层次的优秀标准。房地产市场策划报告形式层次的优秀标准包括如下三项内容。

① 简明。房地产策划报告应该力争用较少的文字清楚地表达丰富的内容。

② 严谨。在房地产策划报告的调研报告中应该避免使用"可能""大概""也许"等含糊词语。

③ 生动。在房地产策划报告的项目定位，特别是案名设计内容，需要使用生动的言语，使读者身临其境，产生认同感。

2. 认真研究当届房地产策划大赛评分标准

上述优秀房地产开发项目策划报告标准是一般意义上的基本标准，对于每届房地产策划竞赛，赛事组委会都会给出特定的评分标准。因此，要想在所参加的该届房地产策划竞赛中获得佳绩，就必须认真研究当届房地产策划大赛的评分标准，然后按照这一标准撰写房地产开发项目策划报告。

下面是以往几届的房地产策划报告评分标准，同学们可以研究一下，见表 3.1、表 3.2。表 3.1 是第 4 届北京地区房地产策划竞赛决赛评分标准、表 3.2 是第 6 届北京地区房地产策划竞赛决赛评分标准。

表 3.1 第 4 届北京地区房地产策划竞赛决赛评分标准

评分内容	评分权重(分)
整体评价	25
方案设计	25
营销策划	20
经济分析	15
现场表现	15

表 3.2 第 6 届北京地区房地产策划竞赛决赛评分标准

评分大项(100 分)	评分细项	分值(分)
产品定位(25 分)	大市场分析	2
	区域市场分析	2
	竞争项目分析	5
	客群分析	5
	SWOT 分析	5
	产品定位	6
经济分析(10 分)	建安成本(含地价)	3
	开发计划	3
	经济评价指标	4
产品设计(20 分)	小区布局及交通设计	5
	绿化及公共空间	5
	配套设施	5
	户型设计	5
绿色建筑(15 分)	节能、节地、节水、节材	5
	保护环境与减少污染	5
	绿色创新技术	5
营销策划(20 分)	定位、客群分析、卖点打造	3
	销售周期	3
	项目定价	5
	营销方案	9
特色与创意(10 分)	创意特色	10

3.2.3 学习先前优秀房地产策划报告范例的方式

学习先前优秀房地产策划报告范例的方式有如下五种。

1. 组织全体成员对先前优秀范例进行讨论

在全国高校房地产创新创业竞赛参赛队组建之后，组长就应该想方设法搜集本校先前优秀的房地产策划竞赛报告。

在搜集到这些先前优秀的房地产策划竞赛报告范例之后，就应该组织全体组员进行学习。这种学习可以再细分为两个层次。

(1) 总体学习。这种学习就是指所有参赛队员都对范例报告进行总体学习。这种学习的目的是所有参赛队员对房地产策划报告有整体的了解,而且通过这种方式,也可以使不同专业学生对其所承担部分在整个房地产开发项目策划报告中的地位有更清晰的认识,对不同报告内容之间的相关衔接有更深刻的理解。

(2) 分项学习。这种学习就是要求不同专业学生对自己所负责报告的内容相对应的范例部分进行更为专业性的学习。通过这种学习,应该使各个专业学生对如何做好本职工作有可资效仿的模板。

2. 接受指导教师相关指导

接受指导教师的指导,无疑是迅速提高竞赛水平的捷径。

接受指导教师的指导,有如下三种方式。

(1) 赛前培训。在组建全国高校房地产创新创业竞赛参赛队后,就可以争取安排指导教师进行培训。这种赛前培训可以和参赛队对先前范例的集体学习有机结合起来。

(2) 赛中指导。在竞赛的全过程,指导教师都可以进行全过程的指导。

(3) 决赛前预演。对于进入决赛的参赛队来说,预演是极为必要的。而且根据以往各届竞赛的经验,预演应至少进行两次以上。

3. 直接向可以联系上且参加过竞赛的学长请教

在一定程度上讲,直接向可以联系上且参加过竞赛的学长请教是最理想的一种赛事知识学习方式。这是因为,可以联系上且参加过竞赛的学长往往是只高一届的同专业学长,参赛队员与这些学长之间,年龄相近、专业相同,学长的经验不仅新鲜,而且其传授经验的话语特别能被参赛队员所接受。

直接向可以联系上且参加过竞赛的学长请教,也可以再细分为如下两种方式。

(1) 直接向可以联系上且参加过竞赛的组长请教。请可以联系上且参加过竞赛的房地产策划竞赛参赛队的组长讲解,既有助于现在的组长学习如何做房地产策划竞赛参赛队的组长,也有助于全体参赛队员对竞赛总体情况有综合认识。

(2) 直接向可以联系上且参加过竞赛的专业性学长请教。对于全国高校房地产创新创业竞赛参赛队中的不同专业参赛同学来说,还需要直接向可以联系上且参加过竞赛的同专业学长请教,这有助于这些专业的参赛同学更准确地理解做好本职工作的要求和技巧,也有助于这些专业的参赛同学通过向同专业学长学习,理解如何与其他专业参赛同学的配合。

4. 拜访可以联系到的校友并请他们指导

对于四个专业的同学,拜访可以联系到的校友并请他们指导,也有着重要的意义。

(1) 房地产开发与管理专业的校友联系。对于房地产开发与管理专业(或工程管理专业、土地资源管理专业)的房地产策划竞赛参赛队员来说,肯定有在房地产开发企业或房地产策划企业就职的校友,如果能够联系到这些校友,并请他们指导或对所做的房地产开发项目策划报告进行评审，是很有意义的事情，不仅有助于提高报告质量，也拓展了这些专业参赛队员的人际网络。

(2) 市场营销专业的校友联系。对于市场营销专业（或工商管理专业）的房地产策划竞赛参赛队员来说，肯定有在销售企业或房地产经纪公司就职的校友，如果能够联系到这些校友，并请他们指导或对所做的房地产开发项目策划报告中的市场分析与市场营销两个部分进行评审，这样不仅有助于提高报告中这两部分内容的质量，也拓展了这些专业参赛队员的人际网络。

(3) 建筑学专业的校友联系。对于建筑学专业（或城乡规划专业）的房地产策划竞赛参赛队员来说，肯定有在设计院或房地产开发企业设计部就职的校友，如果能够联系到这些校友，并请他们指导或对所做的房地产开发项目策划报告中的房地产开发项目规划设计部分进行评审，这不仅有助于提高报告中这一部分内容的质量，也拓展了这些专业参赛队员的人际网络。

(4) 财务管理专业的校友联系。对于财务管理专业（或会计学专业、审计学专业、资产评估专业）的房地产策划竞赛参赛队员来说，肯定有在会计师事务所或房地产开发企业财务部就职的校友，如果能够联系到这些校友，并请他们指导或对所做的房地产开发项目策划报告中的财务管理与投融资部分进行评审，这不仅有助于提高报告中这一部分内容的质量，也拓展了这些专业参赛队员的人际网络。

(5) 购买房地产策划教材并认真学习。本书作者经过多年的探索，觉得房地产开发项目策划，也需要编写教材，这样对拟参加全国高校房地产创新创业竞赛的同学来说，就有教材对其指导。

本书作者编写了两本教材，属于姊妹教材。教材一是《房地产策划：范例与创意》，主要讲解如何撰写高质量的房地产开发项目策划报告，教材二即本书《房地产策划：训练与实战》，主要讲解如何在全国高校房地产创新创业竞赛中获得佳绩。

相对于指导教师的讲解，教材可以供拟参加房地产策划竞赛的学生随时随地进行学习。

本章小结

第一部分是理论知识讲解，讲解了房地产策划竞赛四个基本专业基本知识，分别是房地产开发与经营知识、财务管理与投融资知识、房地产开发项目规划设计知识、房地产开发项目市场分析与市场营销知识，并提及了其他相关知识。

第二部分是赛事基本知识讲解，讲解了房地产策划报告的基本内容、优秀房地产策划报告的标准，指导学生研究当届房地产策划大赛评分标准，学习先前优秀范例，并请参加过竞赛的学长进行指导。

第三部分是赛事感性知识讲解，建议拟参加房地产策划竞赛的各位同学观摩正在举办的房地产策划大赛，体会大赛氛围，现场观摩各个房地产策划竞赛决赛参赛队的表现，学习其优点，同时要了解大赛评委的评分标准。

本章进一步学习建议

在这一阶段，理论学习的重要性远大于实践学习的重要性。

1. 理论学习建议

（1）学习内容建议。全国高校房地产创新创业方案策划竞赛参赛队的四个基本专业，即房地产开发与管理专业（替代专业是工程管理专业、土地资源管理专业）、市场营销专业（替代专业是工商管理专业）、建筑学专业（替代专业是城乡规划专业）、财务管理专业（替代专业是会计学专业、审计学专业、资产评估专业），每个专业的参赛队员都必须尽快完成本专业的知识学习，以完全具备本专业知识的状态参加竞赛。

（2）学习深度建议。除了本科教材外，鼓励同学们阅读期刊论文、硕士学位论文，以增加对房地产开发项目策划各个专业相关知识、方法、技巧的学习深度。

（3）专项学习建议。对于拟参加全国高校房地产创新创业方案策划竞赛的同学，应想方设法搜集以前各届的优秀房地产策划报告以及配套的工作报告，然后分专业认真学习，在学习过程中，不仅要借鉴以往各届同专业学长负责内容的框架，更要琢磨这些内容的亮点与创意。

2. 实践学习建议

（1）专项实践学习建议。参加全国高校房地产创新创业竞赛的成员，应分别拜访本校已经参加全国高校房地产创新创业方案策划竞赛的同专业学长，认真请教其成功经验，并研究其经验的可借鉴性。

（2）基本实践学习建议。选择一个知名的房地产开发企业，在网上搜集其房地产策划的相关资料，认真学习，并撰写学习笔记。通过与已经毕业且在房地产开发企业工作的本专业学长联系一家房地产开发企业进行相关工作的实地调研，认真撰写实地调研报告。

4 房地产策划竞赛小组成员磨合

本章知识体系

本章知识体系见图 4.1。

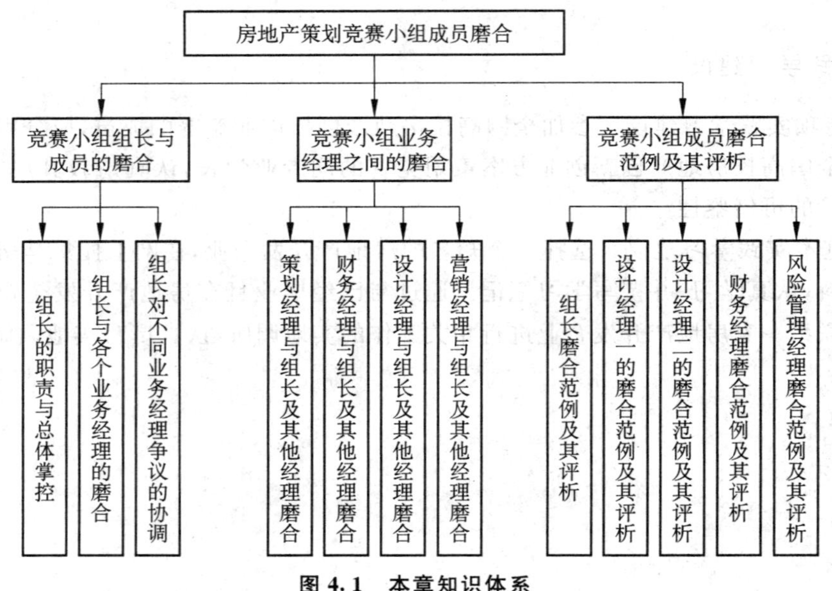

图 4.1　本章知识体系

本章导读

本章讲解的是房地产策划竞赛小组成员磨合的相关知识。

本章内容分成两个部分，前一部分是相关知识讲解，后一部分是范例介绍及其评析。

关于知识讲解内容，建议同学们系统学习并积极将其应用到竞赛的实践中。

在知识讲解中，本章将房地产策划竞赛参赛队分成组长和组员两个层次，分别对其与其他成员的磨合问题进行了全面的讲解。

本章推荐了一份房地产策划竞赛团队各成员磨合的优秀范例，先对其进行了简要介绍，然后对这一范例的优点与不足都进行了简要评析。同学们可以把这份优秀范例作为学习的范本，学习其快速形成组内各成员默契配合的成功经验。

在范例学习过程中，最好要与前面的知识学习相对应，这既是巩固知识学习的过程，也是体会范例优秀之处的过程。

所有范例都可以被超越，鼓励同学们在进行房地产策划竞赛参赛队成员磨合方面超越这个范例。

由于全国高校房地产创新创业方案策划竞赛参赛队由多个不同专业的同学组成，这就需要各个成员尽快完成磨合工作，从而使团队形成凝聚力，高效运转起来，才能齐心协力取得佳绩。

4.1 房地产策划竞赛小组组长与成员的磨合

在一支全国高校房地产创新创业竞赛的参赛队中，组长是居于核心地位的，因此，在房地产策划竞赛团队的成员磨合中，组长与各个负责具体工作的成员（下文称为经理）之间的磨合居于核心地位。

4.1.1 组长的职责与总体掌控

作为核心成员，一支全国高校房地产创新创业竞赛参赛队的组长，必须要对自己的职责有着清楚的认识。

1. 组长对自身职责的准确认识

组长对自身职责的认识程度，在很大程度上决定着他或她与其参赛队员之间的磨合质量。

(1) 组长对自身职责的认识决定着其权力边界。在任何一个组织中，组织内部权利边界首先就是组织领导人与组织成员之间的权力边界。在组织中，领导人居于主导地位，其拥有组织的核心权力，如果领导人没有有效控制自己的权力边界，就会不断拓展其权力的边界，而其拓展权力边界的过程，就是其领导下的组织成员的权力边界被逐步压缩的过程。由于组织的领导人具有组织的核心地位，在其拓展其权力边界的初期，组织成员通常只能采取退让和服从的方式，默许组织领导人的权力边界拓展。但是，如果这种拓展不受限制，则组织成员的权力边界被高度压缩，最终会导致组织的失衡。

(2) 组长对自身职责的认识往往来自其与成员的磨合。任何一个组织中，组织的领导人对自身职责的正确认识都需要一个过程，而且主要是与其成员的磨合的过程。由于不同的组织，甚至是同一组织的不同发展阶段，或者是同一组织不同空间的组成部分，都有着不同的内在结构，也必然要求其具有不同的内在权力边界划分。这种不同组织、同一组织的不同发展阶段或者是同一组织不同空间的组成部分的内部权力边界也必然有所不同。因此，组长与组员的磨合，实际上也是组长正确认识自身合理职责的过程。

2. 组长对策划工作的总体掌控

从一般意义上讲，作为一支全国高校房地产创新创业竞赛参赛队的领导者，组长的根本职责应体现在内外两个层面。

(1) 对外总体协调。对于一个组织，必然有着外部空间，组织不可避免地要与其外部空间进行各种联系。虽然组织成员也都会与组织的外部空间形成联系，但能够代表组织与外部空间进行联系的，则只能是组织的领导人。

当然，组长对外联系，并不是彻底堵塞成员对外联系的道路，毕竟大量对外联系的工作还需要组员去做，如市场调研。但成员对外的联系，必须要在组织的统一安排之下，而这种统一的安排只能由组织领导人来决定(包括组织领导者在民主协商基础上所作出的决策)。

(2) 对内总体掌控。对于组织的运行而言，内部运营更为重要。作为全国高校房地产创新创业竞赛参赛队核心，组长更应对内部运行进行有效的总体掌控。这种总体掌控应主要体现在决策上，特别是在整个策划报告中最重要的几个方面的决策上，包括项目定位的决策、设计方案的决策、融资模式的决策、销售价格的决策、营销方案的决策。

当然，在有些房地产策划竞赛参赛队中，组长还要承担具体工作，如市场调研、现场讲解等。如果组长承担这些工作，就应按照专业经理的工作态度来完成这些工作。

3. 组长对工作的准备情况

做好组长工作需要多方面的全新知识，因此，对于拟发起创建全国高校房地产创新创业竞赛参赛队的同学来说，就应该尽早按照组长的标准来要求自己，通过选修相关课程或自学来夯实自己作为组长的知识基础。

推荐拟发起创建全国高校房地产创新创业竞赛参赛队的同学选修或自学如下五门课程：①管理学；②项目管理；③管理沟通；④组织行为学；⑤演讲与口才。

4.1.2 组长与各个业务经理的磨合

组长与各个业务经理的磨合，实际上就是决策与执行的磨合。一方面应提高决策的质量；另一方面也应促进执行的成效。

1. 组长与策划经理磨合

组长与策划经理的磨合，在理论上讲，应该是全国高校房地产创新创业竞赛参赛队中，组长与业务经理磨合难度最小的一种。

这又分如下两种情况。

(1) 组长亲自担任策划经理。如果参赛队中，只有组长一人来自房地产开发与管理专业(或工程管理专业、土地资源管理专业)，则组长需要亲自担任策划经理。

在这种情况下，需要磨合的就不再是人与人之间的磨合，而是职能与职能之间的磨合，即组长如何磨合其总体协调职能与具体策划职能。

由于策划职能本来就是整个房地产开发项目策划方案的核心职能，因此，将总体协调职能与具体策划职能磨合，难度并不大，只需要整个房地产开发项目策划竞赛参赛队以策划为龙头开展全流程策划即可。

(2) 组长并不担任策划经理。即使组长并不担任策划经理，策划经理也必然来自房地产开发与管理专业(或工程管理专业、土地资源管理专业)。因此，虽然是两个人之间的磨合，但不存在专业差异问题。

在这种情况下，磨合关键就是两人对策划理念的磨合问题。根据多年的经验，由于策划理念是房地产策划竞赛参赛队最核心的问题，因此，组长通常保留最终的决策权，或者由全队集团表决。不过，由于策划由专人负责，策划经理应该保留建议权。

2. 组长与财务经理磨合

一般来说，组长与财务经理来自两个不同的专业，这就在磨合上，首先面临着专业差异问题。为了解决这一难题，需要双方都进行必要的学习。组长应学习基本的财务管理与投融资相关知识，做到即使本人做不出财务分析与投融资分析方案，但至少能够具有鉴别这一方案有效性的能力。财务经理也应学习必要的房地产开发与管理方面的基本知识。

组长应对总投资、总成本、融资方案等事项保留最后的决策权。财务经理在与组长意见不一致时，应给出有说服力的证据。

3. 组长与设计经理磨合

同样，组长与设计经理也来自两个不同的专业，这就在磨合上，首先面临着专业差异问题。为了解决这一难题，同样需要双方都进行必要的学习。组长应学习基本的规划设计相关知识，做到即使本人做不出规划设计方案，但至少能够具有鉴别这一方案有效性的能力。设计经理也应学习必要的房地产开发与管理方面的基本知识，知道房地产开发项目规划设计的特殊要求。

组长应对设计理念、总建设规模、建设风格、户型设计等事项保留最后的决策权。设计经理在与组长意见不一致时，应给出有说服力的证据。

4. 组长与营销经理磨合

同样，组长与营销经理也来自两个不同的专业，这就在磨合上，首先面临着专业差异问题。为了解决这一难题，同样需要双方都进行必要的学习。组长应学习基本的市场分析与市场营销相关知识，做到即使本人做不出市场分析与市场营销方案，但至少能够具有鉴别这一方案有效性的能力。营销经理也应学习必要的房地产开发与管理方面的基本知识。

组长应对价格、促销方案、销售渠道等事项保留最后的决策权。营销经理在与组长意见不一致时，应给出有说服力的证据。

4.1.3 组长对不同业务经理争议的协调

组长不仅要与各个业务经理进行磨合，也要积极协调不同业务经理之间的关系。

1. 不同业务经理之间的潜在冲突

几乎每两个业务经理之间都存在着潜在的传统，见表 4.1。

表 4.1 不同业务经理的潜在冲突

业务经理	策划经理	财务经理	设计经理
财务经理	策划经理追求新奇，客观上必然造成财务成本剧增，而财务经理追求成本最低，二者之间难免冲突		
设计经理	设计应以策划方案为依据，如果策划思路过于奇特，设计经理就难以将其转变为具体的设计方案	设计经理也追求新奇的设计，客观上必然造成财务成本剧增，而财务经理追求成本最低，二者之间难免冲突	
营销经理	营销方案应以策划理念作为依据，但如果策划理念不符合市场需要，市场营销方案就无法与策划保持一致	营销需要较大投资，而财务经理追求低成本，二者之间存在潜在冲突	设计是营销重要依据，如果设计不符合市场需要，市场营销方案就无法与设计保持一致

2. 组长对各项业务的总体协调

面对房地产策划竞赛参赛队员之间的潜在冲突，组长可以先采取总体协调方式。这不仅可以大幅度降低协调成本，也便于统一全队的认识。

组长对各项业务的总体协调主要有如下几种方法。

(1) 组长保留对关键事项的决策权或制定关键事项的决策机制。各个业务经理都存在着将本业务作为全队核心业务的倾向，这就可能导致本位主义从而影响全队的整体质量，为了解决这一难题，需要由组长保留对关键事项的决策权或制定关键事项的决策机制，一旦关键事项确定下来之后，潜在冲突的理由就难以成立，各个业务经理就应各负其责。

（2）通过工作例会让所有业务经理对所有关键事项都心中有数。组长应充分发挥工作例会的作用，使之成为一个交流平台，使所有业务经理对所有关键事项都心中有数。

（3）创造机会增加不同专业之间的相互了解和业务经理间的相互磨合。不同业务经理的潜在冲突，可以通过不同业务经理增加彼此磨合得以最大程度的减少，因此，组长应该创造机会，增进不同专业之间的相互了解和业务经理间的相互磨合。

4.2 房地产策划竞赛小组业务经理之间的磨合

除了组长进行总体协调外，各个业务经理也应自觉加强与组长及其他业务经理的磨合。

4.2.1 策划经理与组长及其他经理磨合

策划经理应积极了解组长的总体思路，并加强与其他业务经理的相互了解。

1. 策划经理与组长的磨合

由于策划经理不仅常常和组长来自同一专业，而且也常常是同一年级，两人在组队之前就应该相互熟悉，只不过，那时的熟悉只是作为同学的相互熟悉，还不是工作团队中上下级之间的相互熟悉。对于这一点，策划经理应深刻认识到，不能简单用原来的同学关系替代工作中的上下级关系。

在两人正式从简单的同学关系转变为工作中上下级关系之后，策划经理应积极与组长沟通，既要认真了解组长关于策划的总体思路，也要把自己独到的策划方案向组长说明，特别是说明其方案中的亮点及其理由。

由于策划事关房地产策划竞赛团队的全局，最终策划理念的确定，或者由组长保留最终决策权，或者由全体成员民主表决。但在这期间，策划经理应提供最丰富的决策材料。

2. 策划经理与其他业务经理的磨合

由于策划经理通常与其他业务经理来自不同专业，因此，策划经理首先应跨越专业差异。一方面，要在条件允许时，积极学习财务管理与投融资分析相关知识，规划设计相关知识、市场分析与市场营销相关知识，这样在与其他业务经理交流时，能够听懂对方的想法。另一方面，也应积极与其他业务经理加强交往，增加彼此的熟悉程度。

策划经理应在最初的几次工作例会上，积极将自己的工作进展向参赛队全体成员予以说明，使他们知晓自己的工作情况和策划理念。面对其他业务经理的不同声音，要加强相关沟通，力争最终达成一致。

4.2.2 财务经理与组长及其他经理磨合

与策划经理不同，财务经理常常来自于组长和策划经理不同的专业。与策划经理同样，财务经理应积极了解组长的总体思路，并加强与其他业务经理的相互了解。

财务经理与组长及其他经理的磨合，包括以下三个方面的磨合。

1. 工作风格的磨合

财务经理通常来自财务管理专业（或会计学专业、审计学专业、资产评估专业），故工作风格通常会非常严谨，对细节控制得非常到位，这会与其他专业（通常对细节要求没有如此到位）形成工作风格方面的潜在冲突。

要做好不同专业工作风格的磨合，根据多年的经验，需要各方相互配合。一方面，组长和其他经理要理解并尊重财务经理的工作风格，知道这种工作风格是财务管理工作的本质要求，只有对每一个细节都严密控制，才能确保财务管理工作的准确。另一方面，财务经理也应理解其他成员的工作风格，对待自身工作坚持自身工作风格，对于其他工作只要能够与自身工作有效对接，就应顺应其工作风格。

2. 财务经理与组长的磨合

财务经理做好与组长的磨合，关键在于以下两点。

（1）知道组长对财务管理与投融资分析的总体要求。财务管理与投融资分析在整个全国高校房地产创新创业竞赛报告中占据非常重要的地位，评委常常根据财务数据来判断这一报告的可行性。虽然组长并不来自财务管理相关专业，但他必然要求财务管理与投融资分析要成为整个报告的重要组成部分。对于组长来说，关于财务管理这一部分的底线是不能拖整个报告的后腿，成为报告的短板。

（2）向组长提供全面的计算依据。虽然组长可能只关心基本数据，但这几个数据的结果是通过大量计算得出来的，财务经理应确保每一步计算都准确无误。

3. 财务经理与其他业务经理的磨合

财务经理与其他业务经理产生潜在冲突的根源，在于财务经理通常用减法，即成本越小越好，但其他三个业务经理，通常是加法，即工作目标越大越好。

对于财务经理，处理好与其他三个业务经理的关系，可以有以下两条路径。

（1）借助组长的总体协调。借助组长的总体协调，对于财务经理可以大幅度降低与其他三个业务经理的潜在冲突。

(2) 积极与其他三个业务经理加强沟通。加强与其他三个业务经理加强沟通，一方面，需要弥补一些知识上的不足，增加对其他三个专业的理解；另一方面，也积极通过工作例会介绍自身工作，使其他三个专业增加对自己的理解。

4.2.3 设计经理与组长及其他经理磨合

设计经理通常与组长和其他经理是不同的专业。设计经理也应积极了解组长的总体思路，并加强与其他业务经理的相互了解。

1. 设计经理与组长的磨合

设计经理与组长的磨合，关键同样在于以下两点。

(1) 知道组长对设计的总体思路。与财务管理与投融资分析相比，房地产开发项目策划报告中的规划设计重要性可能更高，因为这一部分常常是整个全国高校房地产创新创业竞赛报告产生亮点的部分，评委常常根据设计情况来判断这一报告的创新性。虽然组长并不来自建筑学相关专业，但他必然要求房地产开发项目规划设计要成为整个报告的亮点所在。

(2) 与组长顺畅沟通。与组长保持顺沟通，便于设计经理将自己的独特设计思想传达给组长，并赢得组长的理解与认可，同时，通过顺畅沟通，设计经理也会更深入地理解组长对整个房地产开发项目策划的总体设计原则。

2. 设计经理与其他业务经理的磨合

在一些高校，设计经理来自建筑学院，而其他三个专业均来自经济管理学院，这就使得设计经理与其他三个专业经理的差异，不仅源于专业差异，还来自不同学院的差异。

对于设计经理，处理好与其他三个业务经理的关系，同样可以有以下两条路径。

(1) 借助组长的总体协调。借助组长的总体协调，对于设计经理可以大幅度地降低与其他三个业务经理的潜在冲突。

(2) 积极与其他三个业务经理加强沟通。积极与其他三个业务经理加强沟通，一方面，需要弥补一些知识上的不足，增加对其他三个专业的理解；另一方面，也可积极通过工作例会介绍自身工作，使其他三个专业增加对自己的理解。

4.2.4 营销经理与组长及其他经理磨合

营销经理常常与组长和其他经理是不同的专业。营销经理也应积极了解组长的总体思路，并加强与其他业务经理的相互了解。

1. 营销经理与组长的磨合

营销经理与组长的磨合，关键同样在于以下两点。

(1) 知道组长对营销方案的总体思路。与房地产开发项目规划设计类似，房地产开发项目策划报告中的市场营销部分重要性可能更高，因为这一部分常常是整个全国高校房地产创新创业竞赛报告产生亮点的部分，评委常常根据设计情况来判断这一报告的创新性。虽然组长并不来自市场营销相关专业，但他必然要求房地产开发项目市场营销方案成为整个报告的亮点所在。

与财务管理与投融资分析类似，房地产开发项目市场分析部分在整个全国高校房地产创新创业竞赛报告中占据非常重要的地位，评委常常根据房地产开发项目市场分析的结论来判断这一报告的可行性。虽然组长并不来自市场营销相关专业，但他必然要求市场分析要成为整个报告的重要组成部分。对于组长来说，关于市场分析这一部分的底线是不能拖整个报告的后腿，成为报告的短板。

(2) 与组长顺畅沟通。与组长保持顺畅沟通，便于营销经理将自己的独特营销理念传达给组长，并赢得组长的理解与认可，同时，通过顺畅沟通，营销经理也能更深入地理解组长对整个房地产开发项目策划的总体设计原则。

对于负责市场分析部分的营销经理，通过与组长的顺畅沟通，可以使组长对房地产开发项目市场现状有更准确的认识，这将为其做好整个房地产开发项目策划中重要事项的决策提供准确的市场分析依据。

2. 营销经理与其他业务经理的磨合

对于营销经理，处理好与其他三个业务经理的关系，同样可以有以下两条路径。

(1) 借助组长的总体协调。借助组长的总体协调，对于营销经理可以大幅度降低与其他三个业务经理的潜在冲突。

(2) 积极与其他三个业务经理加强沟通。积极与其他三个业务经理加强沟通：一方面，需要弥补一些知识上的不足，增加对其他三个专业的理解；另一方面，也积极通过工作例会介绍自身工作，使其他三个专业增加对自己的理解。

4.3 房地产策划竞赛小组成员磨合范例及其评析

本书所选择的房地产策划竞赛小组成员磨合范例是北京交通大学的竹邻筱居项目的房地产策划竞赛磨合记录，竹邻筱居项目是 2011 年下半年举办的第五届“中房信克而瑞杯”北京市大学生房地产策划大赛二等奖作品。

4.3.1 组长磨合范例及其评析

1. 组长磨合范例简介

关于该组组长磨合，可以从如下几个部分介绍。

(1) 该组组长对自身职责的界定。该组组长是来自北京交通大学经济管理学院工程管理专业2009级的张嘉乐同学，他也是该组唯一的工程管理专业学生，因此，他承担了策划经理的职责。此外，他还承担了北京市房地产市场分析的具体职责，并承担了小区开发计划工作(这一部分属于整个房地产开发项目策划报告的补充部分)的职责。

(2) 该组组长对自身职责的认识。关于组长的职责，该组组长认识到，组长协调领导工作对每个成员专业水平的发挥和最终策划报告形成会起到重要的作用。关于具体工作，该组组长认识到，他具体承担的三项工作都是策划报告的重要组成部分。

(3) 该组组长对组长工作的准备情况。关于工作准备，该组组长做了如下四项准备：

① 自学领导技巧；

② 自学会议主持人方法；

③ 自学房地产策划相关知识；

④ 拜访学长(该学长是北京交通大学经济管理学院工程管理专业2007级的刘长乐同学，曾作为组长连续参加两届北京地区高校房地产策划竞赛，分别率队获得了一次一等奖和一次二等奖)，并请该学长全面介绍了房地产策划竞赛以及如何担任组长的相关经验。

(4) 该组组长对策划工作的总体把控情况。该组组长在整个房地产开发项目策划的全过程中，能够积极发起小组讨论、确定讨论主题、引导小组讨论方向、解决分歧、总结讨论成果、分配任务并协调成员关系。

作为具体工作的承担者，该组组长通过上网搜集相关资料并整合形成报告，最终做出市场预测。

(5) 该组组长与业务经理的磨合。由于该组组长亲自担任策划经理，因此其与其他业务经理的磨合，就只限于与财务经理、设计经理和营销经理的磨合。

① 与财务经理的协调。该组组长与财务经理的协调，主要体现在作为开发进度经理与财务经理的协调。作为开发进度经理，该组组长根据财务经理的现金流分析设计了开发进度计划。

② 与设计经理的协调。该组组长与设计经理的协调，主要体现在作为策划经理与设计经理的协调。作为策划经理，该组组长为设计经理设计建筑产品提供了一些想法。

③ 与营销经理的协调。该组组长与营销经理的协调，主要体现在作为市场分析经理与营销经理的协调。作为市场分析经理，该组组长向营销经理提出了自己关于营销理念和客户定位的想法。

2. 组长磨合范例评析

北京交通大学竹邻筱居项目参赛队组长的磨合经历既有成功之处，也有需要改进之处。

（1）该组组长磨合的成功之处。该组组长磨合的成功之处体现在如下三点。

① 对自身职责定位准确。该组组长对自身职责，既包括作为组长的职责，也包括作为具体业务经理的职责，都有非常准确的认识，这是其作为组长带领该参赛队获得二等奖的重要组织保障。

② 工作准备充分。在该组组长的前期准备中，特别是第四项工作，即拜访曾经参加过房地产策划竞赛并取得优异成绩的学长（而且还是组长），对其后来工作起到了很大的帮助作用。

③ 总体协调比较成功。在房地产策划竞赛全过程中，该组组长能够把控参赛队的进程，使全体成员在有序状态下完成了各项工作。

（2）该组组长磨合中有待改进之处。该组组长磨合中有待改进之处体现在如下两点。

① 承担了过多的具体业务。一般来说，组长最多承担策划经理职责，但该组组长承担了三项具体工作，分别是市场分析、项目策划和开发进度管理。这就极易造成工作量过大的风险。

② 与其他业务经理的磨合未体现组长的特点。该组组长与其他业务经理的磨合，均作为具体业务经理与其他业务经理进行磨合，这不利于其作为组长对全局工作的掌控。

4.3.2 设计经理一的磨合范例及其评析

除了组长（包含其本人承担的市场分析经理、策划经理和开发进度经理）外，该组还有设计经理（两人）、财务经理和风险管理经理提交了磨合方面的总结资料。该组的其他几位经理，由于其未提交相关总结资料，难以确定他们的磨合情况。因此，本书就以这四位业务经理提交的总结资料作为业务经理的磨合范例，并对其进行评析。

1. 设计经理一的磨合范例简介

该组设计经理一是北京交通大学建筑与艺术学院建筑学专业 2009 级的高亚奇同学。

该同学的磨合包括如下四项内容。

（1）工作职责确定。根据分工，该同学承担如下五项工作：

① 协助策划经理（即组长）完善策划方案整体意向；

② 根据地域分析、环境分析和功能分析等提出了设计经济型住宅的定位，同时提出营造温馨舒适的具有“幸福感”小区的设计理念；

③ 完成建筑设计部分（包括三个户型平面图、制作总平面图、小区 Sketch 模型制作、小区 LOGO 制作、海报收集、效果图渲染、动画制作等）；

④ 参赛期间在唐永忠老师的指导下，经过多次修改整合，最终完成方案设计；

⑤ 为组员展示提意见、做准备，以丰富整个策划项目的外延与内涵。

(2) 工作准备情况。该同学在开展工作之前就主动学习关于房地产的知识，跟工程管理专业同学交流学习工程管理的一些原理，积累知识。关于北京地区房地产市场进行分析，同时需要考虑市场表现和对房地产产生影响的因素。在西三旗地区进行具体定位，并且实地调研周边情况等，同时向进行财务分析的同学学习大概的流程。

(3) 与组长的协调。首先，该同学能够与组长积极沟通，形成了良好的沟通关系，保证了比较好的工作进程。其次，在每次交流中都有很大的提升，每一次的讨论都是很有帮助的。

(4) 与其他组员的沟通。该同学能够在组长的协调下与小组内成员愉快合作，除了做好自己的工作，还对自己的工作进行了合适的阐释，在合作过程中充分表达了自己的意见，在有不同意见时能善于倾听，充分尊重每一个人的观点。

2. 设计经理一的磨合范例评析

该组设计经理一的磨合范例，优点是内容非常完整，既包括各种职责，各种准备，也包括与组长和其他业务经理的磨合情况说明。

不过，对于磨合的细节，介绍得不够详细，不利于对工作的深入总结。

4.3.3 设计经理二的磨合范例及其评析

1. 设计经理二的磨合范例简介

该组设计经理一是北京交通大学建筑与艺术学院建筑学专业 2009 级的谷跃华同学。

该同学的磨合包括如下三项内容。

(1) 工作职责确定。根据分工，该同学承担如下五项工作。

① 参与讨论市场分析。

② 参与地块分析、项目定位和市场策划。

③ 负责项目设计。

④ 负责 PPT 制作。

⑤ 负责现场讲解。

(2) 与组长的协调。该同学接受组长的指示：负责起案名、地块的设计、绿色设计、海报设计等。按照组长的分配完成各项必要工作。

该同学也能积极给组长进行反馈，以保证进度的顺利进行。

(3) 与其他组员的沟通。该同学能够在组长的协调下与小组内成员愉快合作，在前几次开会的时候带领大家集思广益，对项目进行整体分析。在确定大致思路后，在后几次的开会中，则提交分阶段的成果来进行讨论并继续完善。

该同学与其他业务经理进行了比较深入的磨合。

① 与财务经理的协调。根据财务经理的财务要求来确定建筑设计的风格与内容，确定户型大小，确定绿色设计的内容。并根据建筑设计的内容反馈给财务经理，商讨适宜的财务预算。

② 与市场经理的协调。根据市场经理的市场分析与客户定位，确定建筑设计的面向受众，对建筑设计产生很大影响。

③ 与营销经理的协调。将建筑设计的理念反馈给营销经理，根据营销方案确定宣传海报的制作。

2. 设计经理二的磨合范例评析

该组设计经理二的磨合范例，优点是内容非常详细，特别是与组长以及其他三个业务经理的磨合过程能够完整记录下来，无论是对于其自身工作的总结，还是对于指导教师对赛事进行总结，都提供了完整的范例资料。

不过，与该组设计经理一相比，内容有所欠缺，特别是缺乏对工作准备情况的描述。

此外，该组两个设计经理之间的工作分工情况，也做得不算很好，未能避免有的设计经理任务量偏重，而有的设计经理任务量偏轻。

不过，两个设计经理的分工依据没有透露出来，对拟参加全国高校房地产创新创业竞赛的参赛队来说，借鉴意义就打了折扣。

4.3.4 财务经理磨合范例及其评析

该组财务经理是北京交通大学经济管理学院会计学专业2009级的范芙蓉同学。

1. 财务经理磨合范例简介

该同学的磨合包括如下四项内容。

(1) 工作职责确定。根据分工，该同学承担如下五项工作：

① 负责项目的融资计划；

② 负责工程预算；

③ 负责盈利预测；

④ 负责全面的财务可行性分析；

⑤ 负责地块分析。

(2) 工作准备情况。该同学着重研读往届优秀作品中关于其所负责部分的内容，在明确撰写模式与标准后，进行了初步构思。

(3) 与组长的协调。该同学既积极接受组长指导，又能积极给组长反馈。

① 接受团队组长的指示：

a. 在项目开展初期，根据组长要求，研读往届优秀作品；

b. 根据手头的地块资料和调研结果，进行地块分析；

c. 结合项目初步定位，提议项目案名；

d. 根据建筑技术指标，进行财务分析；

e. 制作 PPT，准备初赛答辩。

② 给组长的反馈。某成员提出了“时光里”的案名，并对其进行了解释：大城市的快节奏让人们难以真正体验生活，在时间的慢慢流逝中，传达出闲适的居住环境的意境，但由于该案名没有体现出绿色、经济的项目定位，从而被否定，并最终定为“竹邻筱居”这一易于记忆、朗朗上口的案名。

(4) 与其他组员的沟通。该同学能够随时与负责建筑设计的同学保持交流，根据他们提供的技术指标，制订和完善财务计划。

积极参与后期的 PPT 制作和讲解，与其他组员进行合理分工。

2. 财务经理磨合范例评析

该组财务经理的磨合范例，几乎是上述两个设计经理磨合范例的综合体，集成了双方的优点，不仅内容非常全面，而且内容也相当详细，特别是与组长的磨合过程能够完整记录下来，无论是对于其自身工作的总结，还是对于指导教师对赛事进行总结，都提供了完整的范例资料。

不过，该同学与其他业务经理的磨合资料相对稀缺。

4.3.5 风险管理经理磨合范例及其评析

风险管理是房地产开发项目策划报告的补充部分，北京交通大学经济管理学院竹邻筱居项目设置了风险管理经理。

该组的风险管理经理是北京交通大学经济管理学院财务管理专业 2009 级的王希榕同学。

1. 风险管理经理磨合范例简介

该同学的磨合包括如下四项内容。

(1) 工作职责确定。根据分工，该同学承担如下两项工作。

① 负责风险分析工作。

② 协助财务经理进行财务管理工作。

(2)工作准备情况。该同学积极研读上届优秀报告，构思风险分析框架，搜集地域相关资料和项目相关资料，如社会治安报告、自然环境报告等。

(3)与组长的协调。该同学既能积极接受组长指导，又能积极给组长反馈。

① 接受总经理的指示。在项目开展初期，根据组长要求，研读往届优秀作品。其后，进行风险分析，从社会、经济等多方面角度分析项目可行性和潜在风险。在讨论过程中，参与提议项目案名。

② 给总经理的反馈。完成风险分析，客观地从各个方面精确定位风险，发现了项目实施过程中存在的可行性困难，并及时纠正；发现项目实施的潜在风险并提出规避方案。

(4) 与其他组员的沟通。该同学只提供了与财务经理协调的资料。

与财务经理进行协调，该同学发现了资金链上可能出现的问题，对财务规划提出了修改意见。

2. 风险管理经理磨合范例评析

该组风险管理经理的磨合范例，优点同样是内容非常全面，基本的四个部分全有。不过，与同组财务经理的磨合范例相比，内容略显薄弱。

本章小结

在知识讲解上，本章首先站在组长的角度，对其自身职责，与各位具体业务经理(主要是策划经理、财务经理、设计经理、营销经理)的磨合进行了讲解。

接下来，本章站在各个业务经理的角度，对于其组长与其他业务经理(主要是策划经理、财务经理、设计经理、营销经理)的磨合进行了讲解。

本章介绍并评析了一份优秀房地产策划竞赛参赛队的磨合历程范例，对这份范例的优点与不足都进行了简要评析。

本章进一步学习建议

在这一阶段，实践学习的重要性远大于理论学习的重要性。

1. 理论学习建议

(1) 学习内容建议。在这一阶段，拟参加全国高校房地产创新创业方案策划竞赛的各个专业同学，特别是组长，需要初步学习其他相关专业的基本知识，只有这样，才能在知识层面上具备与不同专业同组成员沟通交流的知识基础。

(2) 学习深度建议。除了本科教材外，鼓励同学们阅读期刊论文、硕士学位论文，以增加对房地产开发项目策划相关专业的学习深度。

(3) 专项理论学习建议。如果有条件，建议拟参加全国高校房地产创新创业方案策划竞赛的各个专业同学，共同学习"管理沟通"课程，提高管理沟通的水平与技巧。

2. 实践学习建议

(1) 专项实践学习建议。对于拟参加全国高校房地产创新创业方案策划竞赛的同学来说，应拜访本校以往各届的竞赛参赛队的本专业的学长，听取他们的经验与教训，对可能在磨合过程中产生的不同专业的误解与冲突有思想准备，并做好应对。

(2) 基本实践学习建议。对于拟参加全国高校房地产创新创业方案策划竞赛的同学来说，通过与已经毕业且在房地产开发企业工作的学长联系一家房地产开发企业，并进行相关工作的实地调研，在实地调研中，体会不同专业磨合的感受。

5 房地产开发项目市场调研

本章知识体系

本章知识体系见图 5.1。

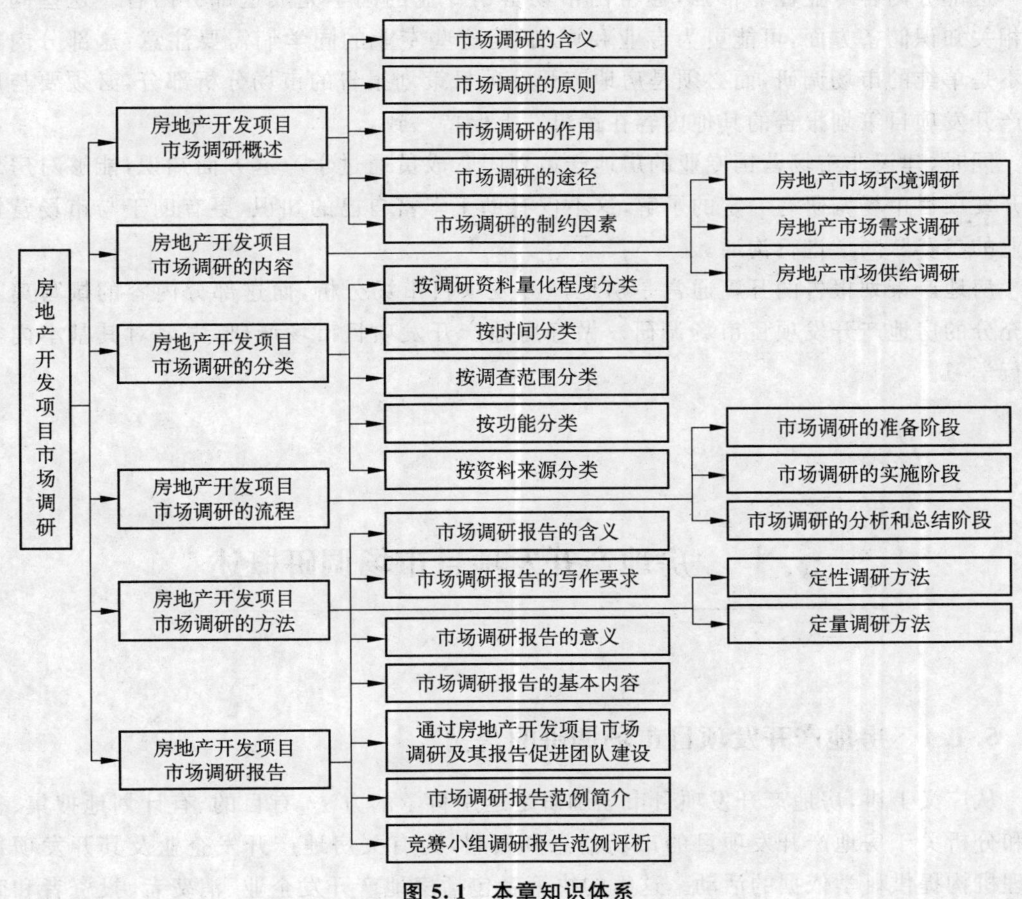

图 5.1 本章知识体系

本章导读

本章讲解的是房地产开发项目市场调研的基本知识。

本章内容分成两个部分，前一部分是相关知识讲解，后一部分是范例介绍及其评析。

关于知识讲解内容，建议同学们系统学习，完整地掌握房地产开发项目市场调研的基本知识，特别是需要在实地或网络调研中必须关注的事项。同学们可以将这些知识系统整理出来，这样在撰写房地产开发项目策划报告的市场分析部分时，可以充分利用这些知识。

本章介绍了一份房地产开发项目市场调研报告的优秀范例，先对其进行简要介绍，然后对这一范例的优点进行了简要评析。同学们可以把这份优秀范例作为学习的范本，学习其内容设计与资料获取方面的成功经验。

在范例学习过程中，最好要与前面的知识学习相对应，这既是巩固知识学习的过程，也是体会范例优秀之处的过程。

所有范例都可以被超越，鼓励同学们在撰写房地产开发项目策划报告的市场分析部分、撰写深度方面超越这些范例。

这部分内容专业性非常强，通常由市场营销专业的同学完成这部分内容。这些同学在相关知识储备方面，可能更为专业和详细，但这些专业的同学们需要注意：这部分内容并不是单纯的市场调研，而必须是房地产开发项目策划报告的市场分析部分，必须要与房地产开发项目策划报告的其他内容在逻辑性上保持一致。

同时，建议非市场营销专业的房地产策划团队成员通过学习这方面知识，能够对房地产开发项目市场调研有一定的了解，这不仅有助于丰富自己的知识，更有助于与市场营销专业的参赛队同学进行沟通。

房地产策划报告的开篇通常是房地产开发项目市场分析，而这部分内容的撰写离不开充分的房地产开发项目市场调研。做好房地产开发项目市场调研，先要对其基本内容进行学习。

5.1 房地产开发项目市场调研概述

5.1.1 房地产开发项目市场调研的含义

从广义上讲，房地产开发项目市场调研是运用科学的方法，有目的、有计划地搜集、整理和分析关于房地产开发项目的市场信息和资料，为有关房地产开发企业及其开发项目管理机构提供科学依据的活动。这里的决策者包括房地产开发企业、消费者、投资者和政府部门。

从狭义上讲,房地产开发项目市场调研通常就是指为房地产开发企业服务的房地产开发项目做市场调研。

5.1.2 房地产开发项目市场调研的原则

房地产开发项目市场调研是一项复杂而细致的工作过程,对于房地产项目的定位、投资策划和营销策划等具有重要的基础性作用。其遵循以下五项基本原则。

1. 准确性原则

准确性原则是指房地产开发项目市场调研必须真实地、准确地反映客观实际。科学的决策是建立在准确的预测基础之上的,而准确预测又应依据真实的市场调研。只有在准确的市场调研基础上尊重客观事实,实事求是地进行分析,才能瞄准市场,看清问题,作出正确的决策。

2. 时效性原则

时效性原则是指市场调研应该顺应瞬息万变的市场形势,及时反馈信息,以满足各方面的需要。

一份好的调查资料应该是最新的。因为只有最新的调查资料才能反映市场的现实状况,并成为企业制定市场经营策略的客观依据。

在市场调研工作开始进行后,要充分利用有限的时间,尽可能在较短的时间内收集更多的所需资料和信息,避免调查工作的拖延。否则,不但会增加费用支出,而且会使决策滞后,贻误良机。

3. 全面性原则

全面性原则是指根据调查目的,全面系统的收集有关市场经济信息资料。市场环境的影响因素有很多,既有人的因素,也有经济的因素、社会因素、政治因素等。甚至有时国际大气候对市场环境也有较大的影响。

房地产的开发不可能离开一个城市的社会、经济发展状况,因此,一个完整全面的市场调研包括宏观的背景情况,如社会政治经济环境、自然环境、区域因素以及整个市场的物业开发量、吸纳量、需求量、总体价格水平、空置率等内容,还应包括对顾客的调查、对竞争对手与竞争楼盘的调查等内容。

4. 针对性原则

针对性原则是指对于特定的市场、特定的项目、特定的顾客展开有目的的市场调研。比如,在房地产开发项目市场调研中,不同物业的目标顾客群体是不同的,不同顾客群体对房屋的偏好各异,比如中低收入家庭购房时更关注价格,而高收入家庭购房时更关注环境和景观等。市场调研的目的，就是要准确把握住不同顾客群体间方方面面显著或细微的差别，最终抓住目标顾客群，这也是房地产销售成功的关键因素之一。

5. 创造性原则

创造性原则是根据调查中发现的有价值的信息，提出一个很有创意的假设，然后采用准确、直接的调查新手段、新方法进一步去证明这种假设是否确实可行。创造性原则实际上是市场调研的诸多性质中最有价值的特性，是调查人员营销知识、调查技术、思维能力的综合体现，当然也是有效市场调研最有力的保障。有创意的调查总是来自调查人员对市场的把握，对营销的理解，以及对调查技法的精通。

5.1.3 房地产开发项目市场调研的作用

随着市场经济的不断发展，市场竞争不断加剧，市场关系也日趋复杂。通过调查，人们不但可以了解市场的过去和现在，而且能遇见其发展变化的趋势，从而正确把握市场的现状及其运行，作出正确的决策，促进经济工作发展。

房地产开发项目市场调研的作用具体体现在以下七个方面。

1. 有利于房地产开发企业进行正确的房地产市场定位

市场定位是指企业根据自身的经营资源和经营能力等内部条件，以及市场需求和营销环境等外部条件，经过科学决策，正确选定自己的目标市场的行为和过程。由于房地产市场风险巨大，对于房地产开发企业来说，市场定位是否正确，具有至关重要的作用。

2. 有利于房地产开发企业制定与实施正确的房地产营销战略

房地产营销战略是房地产开发企业为实现既定的目标，在复杂的营销环境中，对营销中较长期的、重大的、全局性的问题所做出的筹划和采取的对策。营销是一个竞技场，每一个参与者，必须有自己正确的营销战略，才能在竞争中立于不败之地，才能生存和发展。

3. 有利于房地产开发企业进行正确的产品开发

只有通过有效的市场调研，房地产开发企业才可以正确地掌握房地产消费者的需求特点，才能进行正确的产品开发。

4. 有利于房地产开发企业实行正确的产品定价与价格策略

房地产产品定价是房地产开发企业调节和诱导房地产市场需求、参与房地产市场竞争、实现房地产营销目标的十分重要的手段。实行正确的房地产产品定价和价格策略，除了需要考虑房地产开发企业自身的定价目标、成本因素以外，还必须充分考虑商品的供求关系、消费需求的类型、消费需求数量、购买力总量和购买水平、消费习惯和偏好、竞争与垄断的格局、政府干预、产品特征、通货膨胀、相关与连带产品的价格等诸多因素。通过市场调研，房地产开发企业能充分占有上述各类信息，为产品定价和选择价格策略提供保证。

5. 有利于房地产企业正确选择销售渠道和销售策略

销售渠道是指产品从生产领域进入消费领域的通道。任何产品均需经过一定的渠道才能最终到达消费者和用户手中。采用什么样的流通渠道更有利于产品销售，是否进行产品销售的经营指导，是否给经销商以支援，销售地区是否有特殊的政策法律，顾客有些什么特点等，都必须通过市场调研，才能获得上述各类信息，才能正确地选择销售渠道和渠道策略。

6. 有利于房地产企业进行科学的广告决策

在制定了正确的营销战略之后，如何进行有效的广告宣传，就是一个紧迫的问题。现代营销者都知道，“酒香还怕巷子深”。有了好的产品，还必须适合消费者的需要；有了适合消费者需求的产品，还必须让人们都知道；有了人们都知道的产品，还必须使大家都乐意购买。而这一切，都必须依靠正确的广告策略。而正确的广告策略的制定，又依赖于科学的市场调研。

7. 有利于房地产企业有效开展促销活动

在当今市场竞争日益激烈的情况下，房地产开发企业所开发的房地产产品能否打开销路，不仅依赖于房地产产品的质量、性能，还在很大程度上依赖于房地产产品的促销活动。促销活动的最终目的是促使消费者或顾客购买产品。然而影响消费者购买产品的因素有很多，企业必须对这些因素进行深入的了解才能使促销活动有的放矢。因此，在制订促销计划之前，要充分了解目标消费者对企业形象、品牌态度以及他们有哪些需求等。

5.1.4 房地产开发项目市场调研的途径

房地产开发项目市场调研大体可以依据如下六个途径进行。

1. 访问交易双方的当事人

访问曾经发生过房地产交易的买方或卖方。调查交易双方当事人，应该重点查访交易房地产的位置、面积、成交价格、成交当时的状况和相关条件。

2. 访问促成房地产交易的房地产经纪人

通过访问这些经纪人，房地产开发项目市场调研人员可以利用其提供的资料，增加市场调研的质量。

3. 搜集房地产相关企业的广告和宣传资料

这些材料可以看成房地产市场的“准交易资料”，对了解房地产市场的实际交易情况具有很大的参考价值。

4. 向房地产业内人士请教

通过他们可以了解房地产市场的各类信息、行情等情况。

5. 搜集各种次级资料

次级资料主要包括政府机构的各类统计资料、房地产业相关企业的资料和研究机构的研究资料。

6. 与同业交换资料

如果同业间能够交换资料，将极大降低调研成本。但由于同业间存在一定的利益竞争关系，只有在完全互利互惠的条件下，这种交换才有可能实现。

5.1.5 房地产开发项目市场调研的制约因素

房地产开发项目市场调研通常也会受到如下因素的制约。

1. 费用的制约

房地产开发项目市场调研是需要费用的。通常来说，房地产开发企业会安排相对固定的预算，市场调研者只能在其预算范围内进行调查。

2. 时间的制约

房地产开发项目市场调研是一项极其耗费时间的活动，但提供给房地产开发项目市场调研人员的时间一般都很短，要在很短的时间内拿出一份客观翔实的市场调研报告是非常困难的。

3. 技能的制约

不同的房地产开发项目市场调研人员，由于技能的不同，其调研的质量将完全不同。

4. 偏见的制约

每个人都会有自己的主观意识，带有或多或少的成见。克服自己的偏见，是房地产开发项目市场调研人员的挑战。

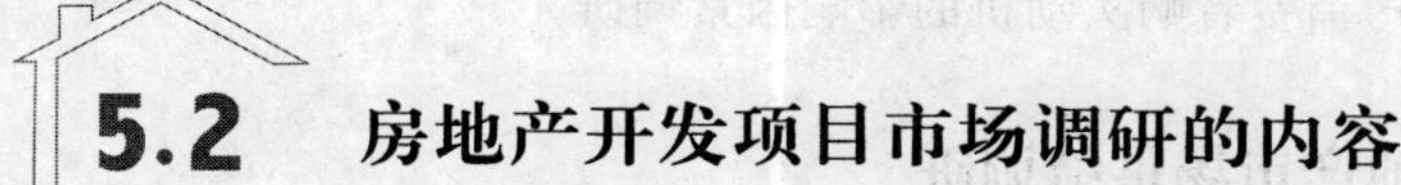

5.2 房地产开发项目市场调研的内容

房地产开发项目市场调研的基本内容就是房地产市场环境调研、房地产市场需求调研和房地产市场供给调研。

5.2.1 房地产市场环境调研

房地产市场环境调研，就是对各种房地产开发经营环境内容的调研。由于关于房地产开发经营自然环境的调研，通常是由房地产开发项目勘察设计单位进行的，因此，房地产开发项目市场调研中的市场环境调研，一般就不包括自然环境调研，只包括房地产市场经济环境调研、房地产市场政治环境调研、房地产市场法律环境调研、房地产市场社会环境调研和房地产市场区域环境调研五方面的内容。

5.2.2 房地产市场需求调研

房地产市场需求调研通常包括如下三个方面的调研。

1. 房地产消费者调研

房地产消费者调研主要是调研房地产消费者的数量和构成，通常包括如下内容：
① 消费者对房地产总需求和具体房地产类型的需求；
② 潜在和现实消费者数量和构成；
③ 消费者的经济情况；
④ 消费者的购买能力。

2. 房地产消费动机调研

房地产消费动机的调研包括如下内容：
① 消费者购买意向的调研；
② 影响消费者购买动机相关因素的调研；
③ 消费者房地产购买动机分类的调研。

3. 房地产消费行为调研

房地产消费行为调研包括如下内容：

① 消费者购买房地产情况的调研；
② 消费者对房地产的基本要求；
③ 消费者对房地产开发企业认知情况的调研；
④ 影响房地产消费者购买动机的影响因素调研。

5.2.3 房地产市场供给调研

房地产市场供给调研通常包括如下三个方面的调研。

1. 房地产市场行情调研

房地产市场行情调研通常包括如下内容：
① 现有房地产产品的供给行情；
② 现有房地产产品的销售行情；
③ 现有房地产产品的市场周期情况；
④ 现有房地产市场的供求对比情况；
⑤ 现有房地产市场的价格行情。

2. 房地产市场反响调研

房地产市场反响调研通常包括如下内容：
① 现有业主对房地产供给的评价调研；
② 房地产市场供给中的创新情况调研。

3. 房地产市场竞争情况调研

房地产市场竞争情况调研通常包括如下内容：
(1) 房地产竞争对手调研。房地产竞争对手调研通常包括如下内容：
① 竞争对手的数量、规模和实力；
② 竞争对手的竞争力；
③ 竞争对手的市场营销策略；
④ 竞争对手的产品策略；
⑤ 竞争对手的发展战略。
(2) 房地产竞争产品调研。房地产竞争产品调研通常包括如下内容：
① 竞争产品的状况；
② 竞争产品的价格；
③ 竞争产品的市场反响；
④ 消费者对竞争产品的评价。

5.3 房地产开发项目市场调研的分类

在市场经济条件下，房地产开发企业开发房地产项目，离不开市场调研。由于市场调研涉及的内容很多，其类型也是多种多样。按照不同的分类方法，房地产开发项目市场调研可以划分为不同的类型。

5.3.1 按调研资料量化程度分类的房地产开发项目市场调研

依据调研资料的量化程度，可以将房地产开发项目市场调研分成房地产市场定性调研和房地产市场定量调研。

1. 房地产市场定性调研

房地产市场定性调研是指对房地产市场参与者的基本特征、行为动机、倾向性和有关态度、反应和感觉等方面的资料进行的市场调研。房地产市场定性调研重点回答“为什么”的问题，通常采用的方法是“认识、发现、判断、了解”等。

2. 房地产市场定量调研

房地产市场定量调研是指运用统计与分析方法对房地产开发项目市场调研数据进行数量关系分析并比较准确地揭示房地产市场各种变量之间相互关系的房地产开发项目市场调研。房地产市场定量调研重点回答“有什么”的问题，通常采用的方法是“测量、监控、估计、预测”等。

5.3.2 按时间分类的房地产开发项目市场调研

1. 定期市场调研

定期市场调研，是指房地产开发企业针对市场情况和经营决策的要求，按约定时间周期(如每年或每半年)定期所做的市场调研。

2. 不定期市场调研

不定期市场调研，又称经常性市场调研。房地产开发企业在市场营销活动中，需要随时根据市场的变化，不断地作出经营决策。为了制定科学的决策，需要掌握必要的市场信息，由此也要经常开展市场调研活动。按照企业管理、经营决策的要求，每次调查的时间、内容一般都不是固定的。

3. 临时性市场调研

临时性市场调研，是房地产企业投资开发新项目，开拓新市场，建立新经营机构或者根据市场的某些特殊情况而开展的临时性的市场调研活动。这种调查可以了解市场的基本情况，如市场的范围、规模、交通条件和竞争对手等。一般说来，这类信息的变化并不十分频繁，在一定时间内有某种相对稳定性，因此，只需针对这些问题做一次性调查。

5.3.3 按调查范围分类的房地产开发项目市场调研

1. 全面普查

全面普查就是对所要研究的对象总体，进行逐一的、普遍的、全面的调查。采用市场普查形式，一般要组织专门机构，调配专门人员，在规定的时间内，按照统一要求，分头了解市场某一方面的情况，然后集中进行统计、汇总。

普查具有明显的优势，但是在调查实践中却较少采用到，有如下几个原因。

① 普查涉及的调查对象数量多，工作量大，需要很长时间才能获得满意结果。

② 进行普查，需要消耗大量的人力、物力、财力。

③ 进行普查，调查质量在很大程度上取决于参与调查人员的知识水平、业务能力、调查经验等因素，而且每次普查还要花费时间进行人员培训。

④ 普查是对市场总体进行逐一的调查，但在通常情况下，企业难以做到这一点。

2. 抽样调查

抽样调查是根据概率统计的随机原则，从被研究的总体中抽出一部分单位作为样本进行调查分析，以此推断总体基本特征的一种非全面性的调查方法。

5.3.4 按功能分类的房地产开发项目市场调研

1. 探测性调查

探测性调查又称初步调查。它是调查者对所出现的问题不知症结所在，做不到心中有数，无法确定要调查哪些内容而进行的简单调查。其目的是针对广告营销所在的问题，探寻关键的变量和主要的联系，为探寻解决问题的途径而获取信息，为正式深入调查做好准备。

2. 描述性调查

描述性调查是以获得一般性广告营销信息为主的调查，多数以问卷调查的形式出现，在实际市场调研中是最普遍、最常见的。描述性调查所要了解的是有关问题的相关因素和相关联系。它所要回答的是“什么”“何时”“如何”等问题，并非要回答“为什么”的问题(要找出现象之间的因果关系需要采用因果性调查)。所以，描述性调查的结果通常说明事物的表征，并不涉及事物的本质及影响事物发展变化的内在原因。

描述性调查通常用于下述情形。

① 描述相关群体的特征。例如，描述消费者、销售人员、广告代理、地区市场等特征。

② 确定消费者对房地产产品的理解和反应。例如，确定对产品的理解以及这些因素对其购买决策的影响。

③ 估计某个特殊群体在具有某种行为特征的群体中的比重。例如，白领阶层中在购物时使用信用卡者的比重。

④ 确定各种变量对广告营销问题的关联程度。例如，确定住宅建设(主要是竣工面积)与装饰材料的需求之间的关系等。如果想了解市场中有多少种竞争品牌，各竞争品牌的市场占有率、广告策略及广告投入、产品的分销线路等问题，通常采用描述性研究。

3. 因果性调查

因果性调查，目的是挖掘市场某一问题的原因与结果之间变化关系而进行的专项调查。因果性调查强调调查方法的科学性，有关市场变量的选择要考虑它们的相关性、出现时间的先后顺序以及量化的因果关系模式。

4. 预测性调查

预测性调查，是对市场未来可能再现的情况所做的调查研究。这类市场调研事实上是调查研究方法在市场预测中的应用，它将市场调研与市场预测有机地结合起来。

5.3.5 按资料来源分类的房地产开发项目市场调研

1. 实地调查

实地调查是指深入现场，与受访对象直接接触，从而取得有关资料的调查方法。实地调查所花费的时间较多，开支也较大，但能够取得第一手资料。

2. 文献调查

文献调查是指利用各种现有的文献、档案对现有的信息资料进行搜集、分析、研究的调查活动。文献调查可以为企业的广告销售活动提供部分必要信息，同时也为实地调查打下基础，并节约调查时间与调查费用。文献调查要注意检索最新的有关文献资料，同时，由于文献调查所得的资料是二手资料，必须对其进行甄别。

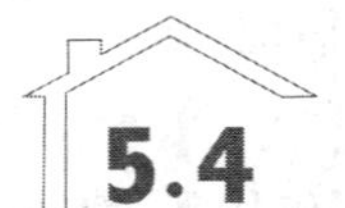

5.4 房地产开发项目市场调研的流程

房地产开发项目市场调研的流程，是指市场调研的工作流程，即从调查准备到调查结束全过程工作的先后次序。在房地产开发项目市场调研中，建立一套系统的科学流程，有助于提高调查工作的效率和质量。

通常，房地产开发项目市场调研的流程一般分为调查准备、调查实施以及分析总结三个阶段，每一个阶段又可以分为若干个具体的步骤，如图 5.2 所示。

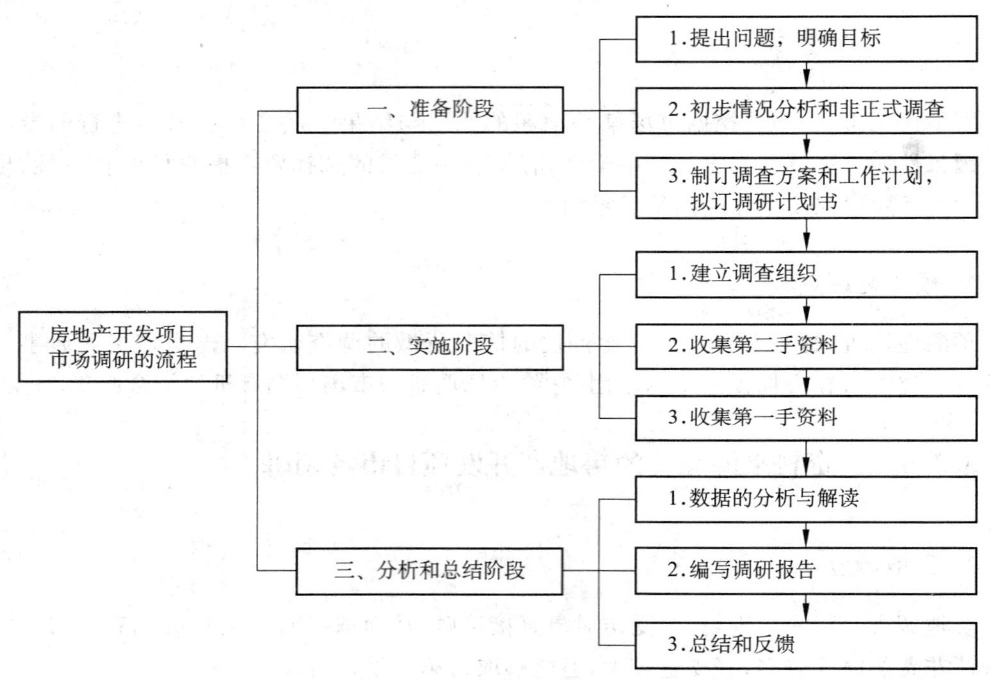

图 5.2 房地产开发项目市场调研流程

5.4.1 房地产开发项目市场调研的准备阶段

房地产开发项目市场调研准备阶段是调查工作的开端。准备是否充分，对于实际调查工作和调查质量影响颇大。一个良好的开端，往往可收到事半功倍之效。

调查准备阶段，重点是解决调查的目的、要求、范围、规模、调查力量的组织等问题。在此基础上，制订一个切实可行的调查方案和调查工作计划。这个阶段的具体工作步骤包括以下三个方面。

1. 提出问题，明确目标

市场调研的意义重大，其中一个重要的作用就是帮助人们确定需要解决的问题。调查人员必须牢记调查是为营销服务的，其目的是发现问题并解决问题，任何偏离主体的调查都不能成为有效的调查，因此，在每次起草调查提案之前，调查人员首先要知道自己要干什么，调查的目的与目标应十分明确。

2. 初步情况分析和非正式调查

对初步提出来需要调查的课题，调查人员要收集有关资料做进一步分析研究，必要时还可以组织非正式的探测性调查，以判明问题的症结所在，弄清真正在调查什么。

3. 制订调查方案和工作计划，拟订调查计划书

房地产开发项目市场调研方案是对某项调查本身的设计，目的是使调查有秩序、有目的进行，它是指导调查实施的依据，对于大型的市场调研显得更为重要。

市场调研计划书必须具有可操作性，对调查对象、调查范围、调查内容、调查方法、调查经费预算、调查日程安排等都应给出明确的操作说明。

5.4.2 房地产开发项目市场调研的实施阶段

房地产开发项目市场调研方案和调查计划经论证确定后，就进入调查实施阶段。这个阶段的主要任务是组织调查人员深入实际，按照调查方案或者调查提纲的要求，系统地收集各种资料和数据，听取被调查者的意见。这一阶段的具体步骤包括如下内容。

1. 建立调查组织

房地产开发项目市场调研部门，应当根据调查任务和调查规模的大小，配备调查人员，建立房地产开发项目市场调研组织。调查人员确定后，需要集中进行学习。对于临时加入的调查人员，更需要进行短期的培训。学习和培训的内容主要包括如下内容。

(1) 明确房地产开发项目市场调研方案。

(2) 掌握房地产开发项目市场调研技术。

(3) 掌握与房地产有关的方针、政策、法令。

(4) 学习必要的经济知识和业务技术知识。

2. 收集第二手资料

第二手资料是指企业内部记录或已出版的外部记录。取得这部分资料比较容易，花费较少。在实际调查的过程中，应当根据调查方案提出的内容，尽可能组织调查人员搜集二手资料。收集第二手资料，必须保证资料的时效性、准确性和可靠性。对于统计资料，

应该弄清楚指标的含义和计算的口径，使之符合调查项目的要求；对于某些估计性的数据，要了解其估算方法和依据以及可靠程度；对于某些保密的资料，应当根据有关保密的规定，由专人负责收集、保管。

3. 收集第一手资料

第一手资料是指通过实地调查才能取得的资料，经常遇到的情况是，为解决问题所需的资料并不能完全地从第二手资料中获得，必须以第一手的资料为基础。第一手资料是专门为项目研究而收集的。收集第一手房地产资料常要回答下面几个问题：①是通过观察实验，还是通过询问获得的资料；②问卷采用封闭式结构还是开放式结构；③是将研究的目的直截了当地告诉被访者还是对他们隐瞒研究的目的。

在收集第一手资料的过程中，还必然伴随着对调查样本的设计和样本的采集。在房地产开发项目市场调研中，广泛采用的是抽样调查法。

5.4.3 房地产开发项目市场调研的分析和总结阶段

房地产市场的分析和总结阶段，是得出调查结果的阶段。这一阶段的工作如果抓得不紧或者草率从事，会导致整个调查工作功亏一篑，甚至前功尽弃。它既是调查全过程的最后一环，也是调查能发挥作用的关键环节。这一阶段具体步骤包括如下内容。

1. 数据的分析与解读

数据分析包括对采用的抽样方法进行统计检验，以及对数据的编辑、编码和制表。编辑就是对问卷表进行纵览的过程，以保证问卷的完整、连续；编码就是对问题加以编号，以使资料更好地发挥分析作用；制表就是根据某种指标对观察现象得到的数据进行分类和交叉分类。

大多数研究都要涉及编码、编辑和制表流程。而统计检验作为一种独特的抽样过程和数据收集工具，往往仅应用于某些特殊的研究。在可能的情况下，统计检验一般都在数据收集和分析之前就进行，以保证所得到的数据与所要研究的问题密切相关。

2. 编写调研报告

调研报告主要归纳研究结果并得到结论，提交给管理人员供决策使用。很多主管人员都十分关心这一报告，并将它作为评价研究成果好坏的标准。因此，研究报告必须写得十分清楚准确。

3. 总结和反馈

房地产开发项目市场调研结束后要认真回顾和检查各个阶段的工作，做好总结和反馈，以便改进今后的调查工作，总结的内容主要有以下几个方面。

① 调查方案的制订和调查表的设计是否符合实际。

② 调查方式、方法和调查技术的实践结果，有哪些经验可以推广，有哪些教训应当吸取。

③ 实地调查中还有哪些问题没有真正搞清，需要继续组织追踪调查。

④ 对参加调查的工作人员做出绩效考核，以促进调查队伍的建设，提高调查水平和工作效率。

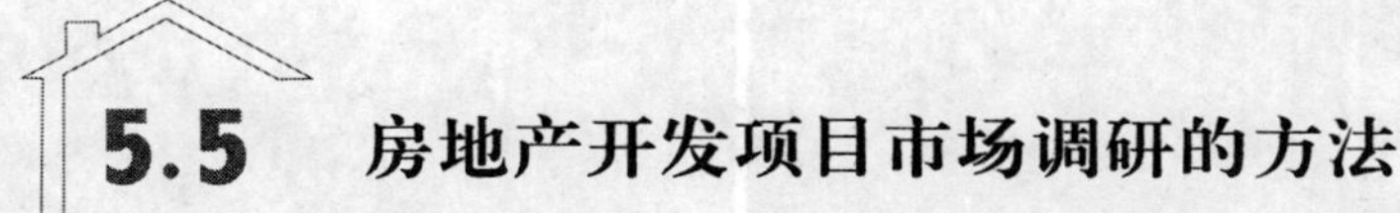

5.5 房地产开发项目市场调研的方法

5.5.1 房地产市场定性调研方法

在房地产市场定性调研中，常用方法有如下两种。

1. 小组访谈法

小组访谈法一般由少量(通常不超过 10 人)的被访者组成，在调研者的引导下对预设的某一主题开展深入的探讨。其主要目的在于尽可能深入地了解被访者对这一主题的看法及其原因，寻找其中的缺陷，吸收好的建议。实施这类调研的关键在于使被访者在不受压抑的环境下进行充分和详尽的讨论。

2. 深度访谈法

深度访谈法也称个人访谈法，其主要特点是深入挖掘单个被访者的态度、感受和动机。个人访谈法可以克服小组访谈法中个人因承担群体压力而发生观点变异的现象。深度访谈法一般由调研者根据被访者的回答情况而调整提问方法和范围。

5.5.2 房地产市场定量调研方法

房地产市场定量调研的方法主要分为访问法和观察法。

1. 访问法

访问法是向被访问者提出一些问题，由被访问者回答，调研者根据这些回答进行归类统计分析而获得相关的房地产市场数据。

访问法通常包括如下几类：①入户访问法；②路上拦截法；③邮寄访问法；④经理询问法；⑤电话询问法；⑥网络询问法。

2. 观察法

观察法就是指房地产开发项目市场调研人员不是被调研者提问，而是将被调研者与调研相关主题有关的活动记录下来的一种方法。由于被调研者并没有意识到自己被调研，其行为比较真实。但是，由于外部观察难以判断被调查者的内心感受，因此，观察法只具有间接性。

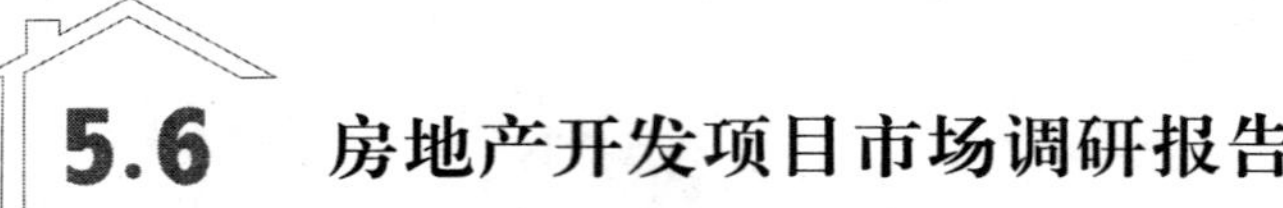

5.6 房地产开发项目市场调研报告

房地产开发项目市场调研报告是房地产开发项目市场调研的书面成果。对于市场调研的委托方来说，如果没有提供房地产开发项目市场调研报告，就视同没有进行房地产开发项目市场调研活动。

5.6.1 房地产开发项目市场调研报告的含义

房地产开发项目市场调研报告是房地产市场调研人员以书面形式，向房地产市场调研的委托方提供的房地产市场调研结论和建议。

房地产开发项目市场调研报告是一种陈述性和说明性相结合的文体，在语言运用、篇章结构等各方面有特定的写作要求。

房地产开发项目市场调研报告将房地产市场调研成果组织整理成一种逻辑顺序的形式，为委托人提供数据支持和理论依据。

5.6.2 房地产开发项目市场调研报告的写作要求

房地产开发项目市场调研报告作为一种特殊的应用文，在写作和语言运用方面都有着一定的要求。

1. 房地产开发项目市场调研报告写作的基本要求

（1）实事求是。房地产开发项目市场调研报告最基本的要求就是尊重事实，应该尽可能弄清事实、找出原因。

（2）易于理解。房地产开发项目市场调研报告作为决策依据，应该结构清晰、主题明确、易于理解。

（3）简明扼要。房地产市场调研的阅读者通常事务繁忙，没有太多时间阅读长篇大论，这就要求房地产开发项目市场调研报告必须简明扼要。

(4) 针对性强。房地产开发项目市场调研报告必须要有针对性，重点突出。

(5) 客观中立。房地产开发项目市场调研报告应该尽量避免房地产市场调研人员的主观偏见。

2. 房地产开发项目市场调研报告的语言运用要求

(1) 简明。房地产开发项目市场调研报告应该力争用较少的文字清楚地表达丰富的内容。

(2) 严谨。在房地产开发项目市场调研报告中应该避免使用"可能""大概""也许"等含糊词语。

(3) 朴实。房地产调查调研报告的语言应力求朴实，切忌使用不当的华丽词语。

5.6.3 撰写房地产开发项目市场调研报告的意义

撰写房地产开发项目市场调研报告的意义体现在两个层次。

1. 对房地产开发企业的意义

对于房地产开发企业来说，房地产开发项目市场调研报告具有如下两个方面的意义。

(1) 有利于房地产开发企业了解市场。房地产开发企业要想在房地产市场竞争中站稳脚跟，并且在保持原有房地产市场份额的情况下进一步扩大份额，或者开拓新的房地产市场，就必须全面了解房地产市场供求情况、市场最新趋势、房地产消费者的要求以及本企业房地产产品的销售情况等方面的市场动态。房地产开发项目市场调研报告就是房地产开发企业了解房地产市场动态的窗口。

(2) 有利于房地产开发企业制定经营决策。房地产开发企业需要不断客观判断自身的竞争能力，调整经营决策、产品开发和生产计划。

房地产开发企业要想在市场竞争中明确自身所处的位置，就要做市场调研，从房地产开发项目市场调研报告中获取准确的信息。房地产开发企业决策层在考虑开发新的房地产项目，决定开发项目的规模、档次、风格，均需要先进行房地产开发项目的市场调研。只有有了房地产开发项目市场调研报告提供的准确数据、科学合理的分析，房地产开发企业才能保证决策正确；才能找准位置，认清自身不足，扬长避短，寻求资源的最佳配置，以达到实现高利润的目的。

2. 对于房地产策划竞赛的意义

房地产策划竞赛就是真实的房地产项目开发的模拟，因此，在房地产策划竞赛中，房地产开发项目市场调研报告也同样具有十分重要的作用。

(1) 它是后续房地产开发项目定位的依据。在整个房地产开发项目策划报告中,居于核心地位的是房地产开发项目的定位,而这一定位直接源于前面的房地产开发项目市场调研报告,只有建立在房地产开发项目市场调研报告的基础上,整个房地产开发项目策划报告才能做到符合市场需要。

(2) 它是后续市场营销方案的依据。只有对房地产开发项目市场进行了全面的分析,后期的房地产开发项目市场营销方案才能有的放矢,锁定真正的客户。

5.6.4 房地产开发项目市场调研报告的基本内容

房地产市场调研报告一般由呈送函件、报告标题、报告目录、报告摘要、报告正文和报告附件等部分组成。

1. 呈送函件

呈送函件中应该指出房地产市场调研报告直接送给谁,在何种情况下或授权下进行该项房地产市场调研。

2. 报告标题

房地产市场调研报告标题应该文题相符,简要准确地表达报告的主要内容。

3. 报告目录

如果房地产市场调研报告内容比较多时,应该使用目录。

4. 报告摘要

房地产市场调研报告主要包括四个方面的内容。

(1) 调研目标。报告摘要应该明确指出本次房地产市场调研的目标。

(2) 简要指出调研情况。报告摘要应该简要指出本次房地产市场调研的时间、地点、对象、范围以及主要的项目。

(3) 简要介绍调研方法和手段。报告摘要应该简要介绍本次房地产市场调研的方法、手段以及对调研结果的影响。

(4) 说明结果。报告摘要应该说明本次房地产调查调研的执行结果,提炼结论。

5. 报告正文

房地产市场调研报告一般包括如下五个部分。

(1) 导言。在导言中,通常介绍本次房地产市场调研的原因、背景、工作范围、要达到的目的以及所做的假设。

(2) 调研方法。在这部分内容中,不仅要说明所采用的方法,还要说明选择此方法的原因和执行该方法的评价。

(3) 调研成果。这部分内容通常包括基本情况说明和分析两部分。

(4) 限制条件。阐明限制条件有助于达到房地产市场调研报告的中立性。

(5) 建议和结论。这部分内容应该概括全文,得出结论,提出建议。

6. 报告附件

附件是正文不包含或没有提及,但与正文有关的材料,是对正文的补偿说明。

5.6.5 通过房地产开发项目市场调研及其报告促进团队建设

通过房地产开发项目市场调研以及报告的撰写,可以有力地促进全国高校房地产创新创业竞赛团队的建设。

1. 市场调研活动能促进团队成员的彼此熟悉

房地产开发项目的市场调研活动,是房地产策划竞赛参赛队组建之后共同进行的第一项大型活动,通过这种活动,可以使参赛队员在共同行动过程中,增加彼此的相互了解,加快团队成员之间的磨合。

2. 市场调研活动能激发团队的策划思路

与单纯在会议室里的讨论不同,房地产策划竞赛参赛队要走出会议室,来到真正的房地产市场进行调研。通过与实际情况的碰撞,原来仅在会议室里的设想就会更接近实际,在市场调研过程中所发现的新现象,又会促使调研者进行进一步的思索。

因此,通过房地产开发项目的市场调研,既有助于形成团队的默契,也有助于团队产生新的策划思路。

5.6.6 房地产开发项目市场调研报告范例简介

本书所选择的房地产开发项目市场调研报告范例是北京交通大学的若水方圆项目的房地产开发项目市场调研报告,若水方圆项目是 2011 年下半年举办的第五届“中房信克而瑞杯”北京市大学生房地产策划大赛二等奖作品。

若水方圆项目的房地产开发项目市场调研,既有实地调研,也有网络调研。

1. 若水方圆项目实地调研报告

若水方圆项目实地调研报告见表 5.1。

表 5.1　若水方圆项目实地调研报告

调研时间	2011 年 10 月 16 日、23 日	调研地点	项目所在地(金隅一期)
调研人员	宋卓男、沈文欣、张亚菲、郭和圆、陈子卓		
调研目的	熟悉项目地块,考察周边环境与配套设施		
1. 调研准备工作 查找地块的具体位置。 2. 调研过程记录 第一阶段调研:考察项目地块。 第二阶段调研:进入金隅安置楼,从高层俯视地块及周边环境与周边楼盘。 第三阶段调研:去金隅一期售楼部考察,试探金隅一期楼盘价。 3. 调研中的困难及其解决 项目所在地周围被围起,无法进入其内部。解决:寻找围墙的残缺处,从中进入。 4. 调研成果 调研成果一及其在整个房地产策划报告形成过程中的作用:熟悉了项目地块的基本情况,对设计楼盘起到了很重要的作用。 调研成果二及其在整个房地产策划报告形成过程中的作用:考察了周边环境、周边楼盘与配套设施,有利于撰写区域分析、规划设计方案、项目定位、市场分析、SWOT 分析、楼盘定价和销售方案。			

2. 若水方圆项目网络调研报告

若水方圆项目网络调研报告见表 5.2。

表 5.2　若水方圆项目网络调研报告

调研时间	2011 年 11 月 1—8 日	调研地点	网络、电话等
调研人员	沈文欣、宋卓男、林溪垚、陈子卓		
调研目的	为比赛提供所需的资料		
1. 调研准备工作 先确定了有哪些方面需要查询资料。 2. 调研过程记录 第一阶段调研:查询了关于西三旗地区的相关资料,包括概况、房价走势、当地户型比例、买房人口收入、未来发展和周围竞争对手等。 第二阶段调研:在上一阶段的基础上又添加了绿色环保建筑这一项,所以又查询了相关资料。 3. 调研中的困难及其解决。 困难一及其解决:因为相关资料多且复杂而且可信度不确定所以找了搜房网、新浪房产和统计局相关网站查询了资料,并对不同数据做了统计和分析。 困难二及其解决:有时绿色建筑的技术等具体价格在网上不能显示,所以选择了用打电话的方式去调查。 4. 调研成果 调研成果一及其在整个房地产策划报告形成过程中的作用:调查了地块的相关信息。作用:为房地产策划提供资料,为可行性分析提供资料。 调研成果二及其在整个房地产策划报告形成过程中的作用:调查了绿色技术的相关资料和价格。作用:为房地产策划报告中绿色技术提供资料。			

5.6.7 房地产策划竞赛小组调研报告范例评析

北京交通大学若水方圆项目的房地产开发项目市场调研报告具有范例水平,所有拟组建参加全国高校房地产创新创业邀请赛的同学,均可以学习其进行房地产开发项目市场调研的经验。

北京交通大学若水方圆项目房地产开发项目市场调研报告优点表现在三个方面。

1. 调研方式齐备

若水方圆项目的房地产开发项目市场调研,既有实地调研也有网络调研,将两种调研方式有机结合起来,在最短的时间内,通过调研获得了最多的可用信息。

2. 调研报告框架完整

若水方圆项目的房地产开发项目市场调研报告包括四部分内容:调研准备情况、调研过程、调研困难与应对、调研成果。

若水方圆项目的房地产开发项目市场调研报告的这种结构,可以供其他拟组建参加全国高校房地产创新创业邀请赛的同学借鉴。

3. 调研准备充分

准备工作完成质量的高低常常决定了调研质量的高低。若水方圆项目无论是实地调研还是网络调研,均进行了比较充足的事前准备,这种工作习惯具有较高的职业性,值得其他拟组建参加全国高校房地产创新创业邀请赛的同学借鉴。

当然,对比本书前文所介绍的房地产开发项目市场调研内容来说,若水方圆项目的房地产开发项目市场调研报告还比较粗糙。

本章小结

本章讲解了六部分知识。

第一部分知识是房地产开发项目市场调研基本知识,讲解了房地产开发项目市场调研的含义、原则、作用、途径和制约因素等相关知识。

第二部分知识是房地产开发项目市场调研内容,讲解了房地产市场环境调研、房地产市场需求调研、房地产市场供给调研等基本知识。

第三部分知识是房地产开发项目市场调研分类,讲解了按调研资料量化程度分类的房地产开发项目市场调研、按时间分类的房地产开发项目市场调研、按调查范围分类的房地产开发项目市场调研、按功能分类的房地产开发项目市场调研、按资料来源分类的房地产开发项目市场调研等相关知识。

第四部分是房地产开发项目市场调研的流程,讲解了房地产开发项目市场调研的准备阶段、实施阶段、分析和总结阶段等各阶段相关知识。

第五部分知识是房地产开发项目市场调研的方法，讲解了房地产市场定性调研方法、房地产市场定量调研方法两方面知识。

第六部分知识是房地产开发项目市场调研报告相关知识，讲解了房地产开发项目市场调研报告的含义、写作要求、撰写意义、基本内容等。

在第六部分中，本章还推荐了一份优秀的房地产开发项目市场调研报告范例，对其进行了简要介绍，然后对这份范例的优点进行了简要评析。

本章进一步学习建议

在这一阶段，无论是理论学习，还是实践学习，都非常重要。

1. 理论学习建议

（1）基本学习内容建议。拟参加全国高校房地产创新创业方案策划竞赛的同学，特别是组长或负责市场分析工作的同学，不仅必须把本章的理论知识充分掌握，而且要能够完整地应用。

（2）学习深度建议。除了本科教材外，鼓励同学们阅读期刊论文、硕士学位论文，以增加对房地产开发项目市场分析相关理论、知识、方法、技巧的学习深度。

（3）专项理论学习建议。如果有条件，建议拟参加全国高校房地产创新创业方案策划竞赛的各个专业同学，共同学习“市场调研”课程，以提高市场调研的水平与技巧。

2. 实践学习建议

（1）专项实践学习建议。对于拟参加全国高校房地产创新创业方案策划竞赛的同学来说，特别是组长或负责市场分析工作的同学，应拜访本校以往各届的竞赛参赛队的学长，以及在房地产开发企业或房地产策划企业工作的同专业学长，听取他们对进行房地产开发项目市场调研的经验与教训，对可能在调研过程中产生的困难做好思想准备，并做好应对。

（2）基本实践学习建议。对于拟参加全国高校房地产创新创业方案策划竞赛的各个参赛队的同学来说，自组建参赛队之日起，就应该养成随时进行调研的习惯，不断进行各种方式的调研，以此来提高自己对房地产市场的判断能力和认识水平。

6 做好房地产策划竞赛全过程相关工作记录

本章知识体系

本章知识体系见图 6.1。

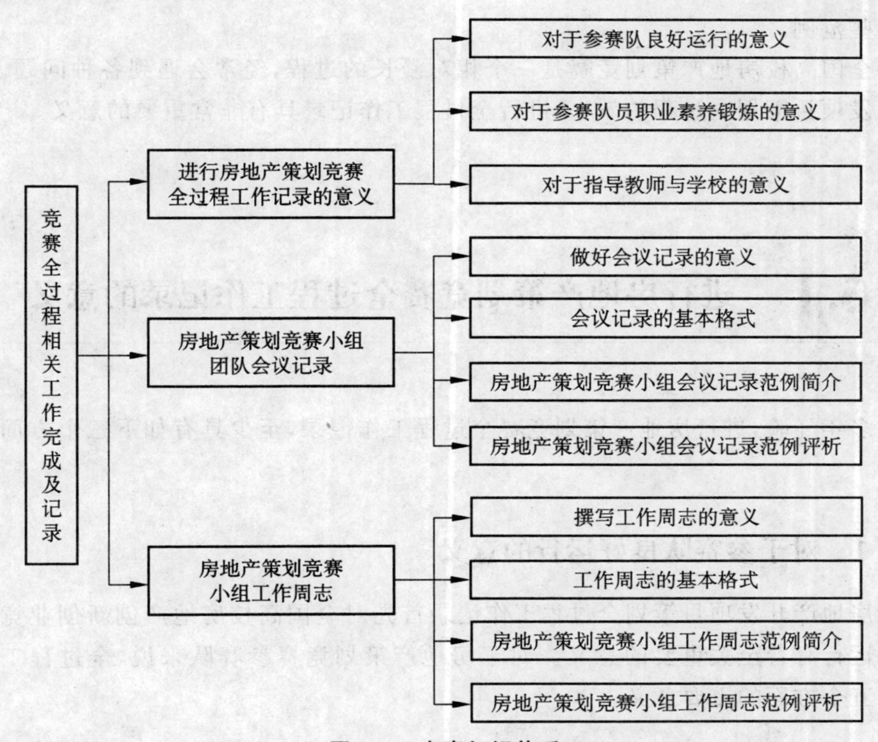

图 6.1　本章知识体系

本章导读

本章讲解的是房地产策划竞赛全过程相关工作完成与记录的相关知识。

关于知识讲解内容，建议同学们系统学习，完整地掌握房地产策划竞赛全过程相关工作及记录的基本知识，并能够在竞赛的全过程中应用这些知识。

参加全国高校房地产创新创业方案策划竞赛的各个参赛队，应该深刻理解进行全过程工作记录的重要意义。

在此基础上，特别要学习做好会议记录和工作周志两种工作记录的基本知识，并做好这两种工作记录。

本章推荐了一份优秀的房地产竞赛团队的会议记录范例和一份优秀的房地产竞赛团队的工作周志范例，先对其进行了简要介绍，然后对这两份范例的优点与不足都进行了简要评析。同学们可以把这两份优秀范例作为学习的范本，学习其内容设计与资料获取方面的成功经验。

在范例学习过程中，最好要与前面的知识学习相对应，这既是巩固知识学习的过程，也是体会范例优秀之处的过程。

所有范例都可以被超越，鼓励同学们在撰写房地产开发项目策划全过程工作记录方面超越这些范例。

参加全国高校房地产策划竞赛是一个相对漫长的过程，经常会遇到各种问题。对提高房地产开发项目策划全过程的效率，进行全过程工作记录具有非常重要的意义。

6.1 进行房地产策划竞赛全过程工作记录的意义

根据多年经验，进行房地产策划竞赛全过程工作记录，至少具有如下三个方面的重要意义。

6.1.1 对于参赛队良好运行的意义

进行房地产开发项目策划全过程工作记录首先对全国高校房地产创新创业竞赛参赛队的良好运行有着至关重要的意义。对于房地产策划竞赛参赛队来说，全过程工作记录具有如下五个方面的重要意义。

1. 检查工作的意义

通过工作记录，参赛队可以检查其成员对工作要求的理解情况、落实情况、执行情况和效果情况。

2. 了解员工的意义

通过工作记录，参赛队可以了解成员详细的工作执行过程、方式、结果。

3. 查找问题的意义

通过各种记录，参赛队可以了解成员为什么难以完成预期工作，并可以探究造成工作延误的原因。

4. 发现问题的意义

通过工作记录，参赛队可以掌握房地产开发项目策划全过程各个环节的运行情况，及时发现存在的问题，避免问题变得更为严重。

5. 确定贡献的意义

通过全过程的工作记录，可以知道整个房地产开发项目策划过程的每一个重要的细节，得知每一个亮点的提出者、完善者，从而能够明确房地产策划竞赛参赛队各位成员对项目的贡献。

6.1.2 对于参赛队员职业素养锻炼的意义

自觉进行全过程工作记录，是现代职业人士最重要的基本职业素养之一，它对于全面提升职业人士的职业素养具有如下八项重要意义。

1. 养成良好习惯的意义

全过程工作记录是一个良好的习惯，训练自己进行全过程工作记录的过程，就是一个培养自己良好工作习惯的过程。

2. 总结已完成工作的意义

进步通常是在不断总结以往成功经验和失败教训的基础上逐步取得的。要想很好总结自己，最好的方式就是将以往的工作全部记录下来。

通过回顾自己以往的各项工作，特别是对以往各项工作的完成情况进行评价，就可以看出在哪些方面还存在不足之处，这就有利于日后的持续进步。

3. 做好计划的意义

总结过去就可以在很大程度上做好未来。实际上，在总结以往的同时，就可以对以后的工作制订一个计划，特别是那些例行性工作。

4. 提高效率的意义

提高效率的重要方式就是抓大放小。而什么是大事，什么是小事，往往需要经过较长时间才能看得出来。通过全过程工作记录及其及时总结，就可以得知哪些事是真正有意义的大事，即使当时看起来好像是小事，而哪些事实际上只是小事，即使当时看起来好像是大事。如果能够通过全过程工作记录及其总结，正确判断出什么是大事，什么是小事，就能够做到抓住真正的大事，而舍弃真正的小事，从而实现事半功倍的效果。

5. 加强时间管理的意义

时间管理是现代职业人士必须掌握的基本技能。如果没有严格的时间管理能力，人们就会由于兴趣，从而对自己喜欢做的工作在时间上没有限制，这样会影响那些虽然不喜欢做，却又很重要的事。进行全过程工作记录，本身就能通过记录者对时间的把控，从而提高时间管理的水平。

6. 认识自己的意义

常言道：自知者明。而认识自己并不是一件很容易的事情。有了全过程工作记录，再时常浏览自己的工作记录，就可以很清楚地梳理出自己工作的脉络，以及工作特点，从而可以看到自己的不足，也可以总结出做好自己的岗位所需要的能力和素质。

7. 促进学习的意义

进行全过程工作记录，记录者必然同时记录自己所面临的诸多难题。而要解决这些难题，记录者就需要不断进行进一步的学习，这既包括向那些成功解决这些难题的成功人士学习，也包括学习那些针对这些专业问题的专业知识。

8. 避免遗漏的意义

工作记录常常包括待完成工作清单的记录，有了这些记录，记录者就可以通过查阅工作记录完成所有预定完成的工作，而如果仅仅只靠大脑的记忆，就难免有所遗漏。这时，工作记录就是工作备忘录。

6.1.3 对于指导教师与学校的意义

房地产策划竞赛参赛队的全过程工作记录对于指导教师和参赛学校也具有十分重要的意义。

全国高校房地产创新创业竞赛参赛队的全过程工作记录，对于指导教师及参赛学校来说是一笔非常宝贵的财富，它对于指导教师及参赛学校至少具有如下两个方面的意义。

1. 总结的意义

通过查阅所指导的全国高校房地产创新创业竞赛参赛队的全过程工作记录，指导教师及参赛学校可以对已经过去的竞赛进行一次全面的总结。通过这种总结，发现成功经验，反思失利教训，才能在后续的全国高校房地产创新创业竞赛中，使所指导的参赛队获得更加优异的成绩。

2. 示范的意义

这些完整的竞赛全过程记录，就可以成为指导教师及参赛学校最有价值的范例，供后续拟参加全国高校房地产创新创业竞赛参赛队及其学生进行全面的学习和借鉴。

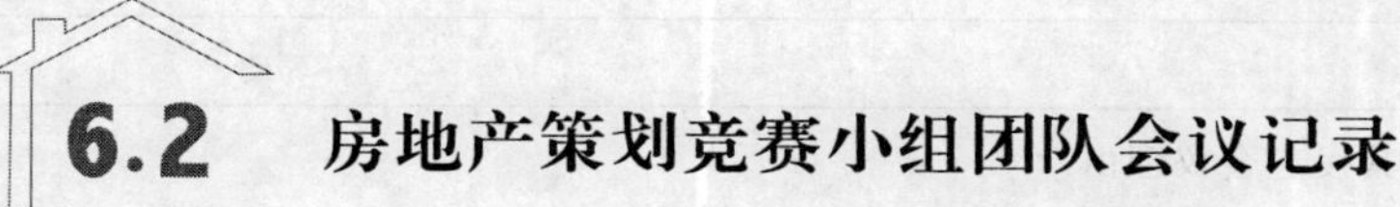

6.2 房地产策划竞赛小组团队会议记录

在全过程工作记录中，会议记录和工作周志（甚至是工作日志）是其中两种最主要的组成部分。

6.2.1 做好会议记录的意义

做好会议记录通常具有如下三个方面的意义。

1. 作为依据的意义

对于全国高校房地产创新创业竞赛的参赛队来说，会议记录忠实地记录了其工作会议的全貌，包括会议精神、会议形成的决定和决议、会议对重大问题做出的安排，如果在会议后期需要形成文件，要以会议记录为依据；如果不形成文件，与会者在会后传达贯彻会议精神和决定是否准确，也要以会议记录为依据进行检验。

2. 作为素材的意义

会议记录将对房地产策划参赛队后续工作起到一种作为素材的意义。后续一些工作将需要追根溯源时，会议记录就是其最原始的素材之一。具有重要意义的工作，特别是房地产策划竞赛参赛团队在构思其几个亮点的创造性工作，查阅其关于这些亮点的会议记录，往往能够达到温故知新的效果。

3. 作为备忘录的意义

会议记录可以用作会议情况和会议内容的原始凭证。时过境迁，有关会议的内容和情况可能无法在记忆中复现了，甚至当时做出的重要决定可能也记不清了，这时就不妨查查会议记录。会议记录还可以成为指导教师及参赛学校的历史资料，若干年后，通过大量会议记录可以了解这个学校参加全国高校房地产创新创业竞赛的历史进程和发展状况。

6.2.2 会议记录的基本格式

会议记录并没有严格的模板，不过，一般来说，会议记录应包括如下内容，见表 6.1。

表 6.1 会议记录的基本格式

<table>
<tr><td>开会时间</td><td></td><td>开会地点</td><td></td></tr>
<tr><td>参加人员</td><td colspan="3"></td></tr>
<tr><td>记录人员</td><td colspan="3"></td></tr>
<tr><td>会议主题</td><td colspan="3"></td></tr>
<tr><td colspan="4">1. 会议发起人及其发起会议理由
2. 会议过程记录
第一发言人及其发言主题：
第二发言人及其发言主题：
……
3. 会议中的争议及其解决
争议一及其解决：
争议二及其解决：
……
4. 会议成果
会议成果一及其在整个房地产策划报告形成过程中的作用；
会议成果二及其在整个房地产策划报告形成过程中的作用。
……</td></tr>
</table>

6.2.3 房地产策划竞赛小组会议记录范例简介

本书所选择的房地产策划竞赛小组会议记录范例是北京交通大学的若水方圆项目的房地产策划竞赛小组会议记录，若水方圆项目是 2011 年下半年举办的第五届“中房信克而瑞杯”北京市大学生房地产策划大赛二等奖作品。

若水方圆项目共召开过 8 次小组会议，其会议记录如下。

1. 若水方圆项目竞赛小组第一次会议记录

若水方圆项目竞赛小组第一次会议记录见表 6.2。

表 6.2 若水方圆项目第一次会议记录

开会时间	2011-09-30	开会地点	YF104
参加人员	全体成员		
记录人员	陈子卓		
会议主题	分配任务		
1. 会议发起人及其发起会议理由 宋卓男，为了相互认识本组组员并分配比赛的任务。 2. 会议过程记录 第一发言人及其发言主题：宋卓男，介绍小组组员及比赛用地的资料。 第二发言人及其发言主题：沈文欣，针对赛题为大家分配比赛初期的任务。 3. 会议中的争议及其解决 争议与解决：组员们都认为赛题中的地块介绍不够详细；定于 2011 年 10 月 16 日由宋卓男、沈文欣、张亚菲、郭和圆、陈子卓到项目所在地实地调研。 4. 会议成果 会议成果一：确定了实地调研的日期，对地块有了实质性的了解。 会议成果二：实现了组员间的分工与合作，为房地产策划报告中各个部分的形成打下基础。			

2. 若水方圆项目竞赛小组第二次会议记录

若水方圆项目竞赛小组第二次会议记录见表 6.3。

表 6.3 若水方圆项目第二次会议记录

开会时间	2011-10-18	开会地点	YF104
参加人员	全体成员		
记录人员	林溪垚		
会议主题	汇总小组成员搜集的数据和资料，初步确定楼盘名称及主打宣传语		
1. 会议发起人及其发起会议理由 沈文欣，汇总小组成员搜集的数据和资料，初步确定楼盘名称及宣传语。 2. 会议过程记录 第一发言人及其发言主题：宋卓男，组织大家对搜集到的资料进行汇总与讨论。 第二发言人及其发言主题：陈子卓，组织大家讨论并确定楼盘名称，强调宣传语要与名字含义相匹配。 3. 会议中的争议及其解决 争议及其解决：确定楼盘名称时体现的风格有较大争议；通过与地块周围楼盘进行对比发现大多数都为欧式风格，为了体现不同最后将其定为中国风。 4. 会议成果 会议成果：初步确定了楼盘名称以及宣传语，为后期初步策划设计提供了大致目标。			

3. 若水方圆项目竞赛小组第三次会议记录

若水方圆项目竞赛小组第三次会议记录见表 6.4。

表 6.4　若水方圆项目第三次会议记录

开会时间	2011-10-22	开会地点	YF104
参加人员	宋卓男、沈文欣、陈子卓、林溪垚、张亚菲、郭和圆、韩旭童、何中值		
记录人员	陈子卓		
会议主题	分配任务		
1. 会议发起人及其发起会议理由 沈文欣，最终确定楼盘名称及主打宣传语和楼盘整体风格。 2. 会议过程记录 第一发言人及其发言主题：陈子卓，最终确定楼盘名称和宣传语； 第二发言人及其发言主题：林溪垚，最终确定楼盘的整体风格。 3. 会议中的争议及其解决 争议及其解决：对楼盘名称存在争议；通过讨论最后确定“若水方圆”的名称，以及“厚德载物宽天下，上善若水任方圆”的宣传语。 4. 会议成果 确定了楼盘名称与宣传语，确定了房地产策划的主题。			

4. 若水方圆项目竞赛小组第四次会议记录

若水方圆项目竞赛小组第四次会议记录见表 6.5。

表 6.5　若水方圆项目第四次会议记录

开会时间	2011-10-31	开会地点	YF104
参加人员	全体成员		
记录人员	沈文欣		
会议主题	分配初赛作品任务		
1. 会议发起人及其发起会议理由 宋卓男，为小组组员分配初赛任务。 2. 会议过程记录 第一发言人及其发言主题：宋卓男，分配初赛任务。 3. 会议中的争议及其解决 组员对初赛作品所分配的任务不明确；通过对往届优秀作品的学习，确立了清晰的思路。 4. 会议成果 组员明确了在初赛中各自分配的任务，并初步掌握了撰写房地产策划报告的方法。			

5. 若水方圆项目竞赛小组第五次会议记录

若水方圆项目竞赛小组第五次会议记录见表 6.6。

表 6.6　若水方圆项目第五次会议记录

开会时间	2011-11-08	开会地点	YF104
参加人员	宋卓男、沈文欣、陈子卓、林溪垚、张亚菲、郭和圆、韩旭童		
记录人员	宋卓男		
会议主题	针对作品初稿提出修改意见，组长制作简版		
1. 会议发起人及其发起会议理由 陈子卓，完善初稿作品。 2. 会议过程记录 第一发言人及其发言主题：沈文欣，初稿过于冗长； 第二发言人及其发言主题：林溪垚，逻辑结构不合理。 3. 会议中的争议及其解决 调整初稿各部分的逻辑结构，压缩总篇幅。 4. 会议成果 完善了报告的逻辑结构，使报告显得更加简洁明了。			

6. 若水方圆项目竞赛小组第六次会议记录

若水方圆项目竞赛小组第六次会议记录见表 6.7。

表 6.7　若水方圆项目第六次会议记录

开会时间	2011-12-01	开会地点	YF404
参加人员	全体成员		
记录人员	沈文欣		
会议主题	商量视频的构思，完善半决赛的作品		
1. 会议发起人及其发起会议理由 何中值，完善视频构思和半决赛的作品。 2. 会议过程记录 第一发言人及其发言主题：李治锦，进一步完善半决赛的视频； 第二发言人及其发言主题：沈文欣，半决赛的 PPT 展示。 3. 会议中的争议及其解决 视频的制作方式；确定视频由团队自身制作，并选定了 PPT 演讲者人选。 4. 会议成果 确定了视频制作与 PPT 的负责人。			

7. 若水方圆项目竞赛小组第七次会议记录

若水方圆项目竞赛小组第七次会议记录见表 6.8。

表 6.8　若水方圆项目第七次会议记录

开会时间	2011-12-05	开会地点	YF412
参加人员	全体成员		
记录人员	林溪垚		
会议主题	全组分别完善自己部分的内容，组长负责制作开场视频， 宋卓男、沈文欣制作决赛 PPT，李治锦制作决赛用的宣传册		

续表

1. 会议发起人及其发起会议理由 宋卓男，准备决赛。 2. 会议过程记录 第一发言人及其发言主题：林溪垚，每个人负责的部分应该精益求精； 第二发言人及其发言主题：李治锦，制作更好的宣传册。 3. 会议中的争议及其解决 宣传册的制作标准由设计者自行确定。 4. 会议成果 组员分别完善自己所负责的内容，由组长负责制作开场视频，宋卓男、沈文欣制作决赛 PPT，李治锦制作决赛用的宣传册。

8. 若水方圆项目竞赛小组第八次会议记录

若水方圆项目竞赛小组第八次会议记录见表 6.9。

表 6.9 若水方圆项目第八次会议记录

开会时间	2011-12-08	开会地点	SD820
参加人员	全体成员		
记录人员	沈文欣		
会议主题	对决赛进行模拟，做好最后准备		
1. 会议发起人及其发起会议理由 宋卓男，进行赛前模拟。 2. 会议过程记录 第一发言人及其发言主题：宋卓男，沈文欣，比赛模拟。 3. 会议中的争议及其解决 无。 4. 会议成果 确定了最后的展示方案。			

关于会议地点的补充说明，八次会议中的 YF 是指北京交通大学逸夫楼，SD 是指北京交通大学思源东楼。

6.2.4 房地产策划竞赛小组会议记录范例评析

从事项目管理的一项专业素养就是坚持做工作记录。这既锻炼记录者的记录水平，更锻炼记录者的职业意识。

在作者指导过的多届参赛队中，这不仅是极少几份完整记录其所有会议的参赛队，而且可以从这些会议记录中，清楚地看到同学们如何确立其房地产策划报告的每一个亮点。比如，在 2011 年 10 月 18 日在北京交通大学逸夫楼 104 教室召开的第 2 次会议上，主题就是确定楼盘名称及主打宣传语，此次会议记录表明，对确定初步名称时体现的风格有较大争议，与地块周围楼盘进行对比发现大多数是欧式风格，为了体现不同最后才定为“中国风”,当风格确定后对采用哪些“中国风”的汉字产生了争议,通过团队协商最后确定了用“水”与“方圆”之意体现中国风与居善地之意。

从这些会议记录中,更可以看出若水方圆项目既充分发动所有组员的积极性和创造性,也能够在存在争议的情况下,迅速形成统一意见,避免了就某些问题的反复争议。

当然,若水方圆项目的会议记录内容还比较单薄,项目设置还可以再增加。

若水方圆项目的会议记录版式也可以作为其他拟参加全国高校房地产策划创新创业竞赛参赛队的会议记录模板。

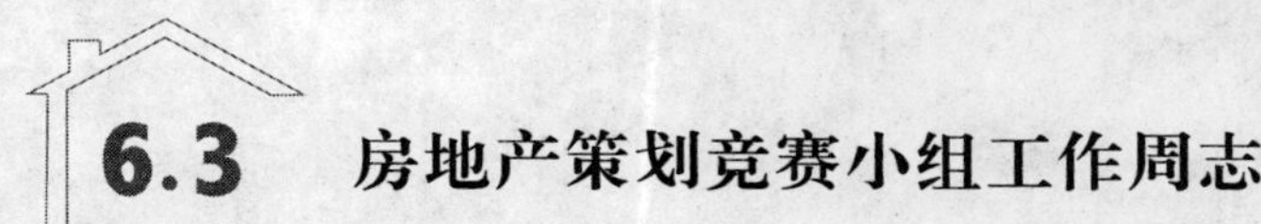

6.3 房地产策划竞赛小组工作周志

工作周志是以每一周为单位,对房地产策划参赛队的工作所进行的记录。

6.3.1 撰写工作周志的意义

撰写工作周志通常具有如下三个方面的意义。

1. 提醒的意义

撰写工作周志的过程,必然是记录任务来源及任务输出的过程,因此,对于全国高校房地产创新创业竞赛参赛队员来讲,工作周志的提醒作用就体现得非常明显。参赛队员在完成实际工作的过程中,可能会同时进行多项工作(尤其对参赛队的组长),在完成实际工作的过程中,可能会因注意小的现象而忽略重要的事情,所以及时的查看工作周志,并进行标注,对全国高校房地产创新创业竞赛参赛队的每一位员工都有重要的提醒意义。

2. 跟踪的意义

在参赛队中,不同的参赛队员具体负责的业务是不同的,其工作内容就会有本质上的不同。因此,对房地产策划参赛队员的工作效率及工作的及时性就非常难以进行控制,此时参赛队的组长就可以把工作周志看成跟踪其成员工作情况的重要手段。参赛队的组长根据工作周志所记录的内容,对相关员工的重要事件进行跟踪,在跟踪过程中增加资源支持的优势,把风险降低到最低限度。

3. 证明的意义

对于全国高校房地产创新创业竞赛的参赛队老师,其内部队员之间的合作需要一个公平公开的平台,在这个平台上做事,参赛队员之间就不会有太多的疑义。如果房地产策划竞赛参赛队内部不建立这样的平台，就会出现工作效率日益低下的现象，而这种现象一旦发生，参赛队的内部矛盾就会出现，房地产策划竞赛的参赛队获得佳绩就会变成一种奢望，因此建立一种业绩证明的平台是必须的。而工作周志就是这样一种平台，通过对工作周志的复查，就可以看出不同参赛队员在每一周的工作业绩。

6.3.2 工作周志的基本格式

工作周志也没有严格的模板，不过，一般来说，工作周志应包括如下内容。

1. 本周工作目标

目标一：×××
目标二：×××
……

2. 本周工作过程简述

目标一的完成过程简述：×××
目标二的完成过程简述：×××
……

3. 本周工作成果评价

本周工作成果一及其在整个房地产策划报告形成过程中的作用：×××
本周工作成果二及其在整个房地产策划报告形成过程中的作用：×××
……

4. 下周预期完成目标

目标一：×××
目标二：×××
……

5. 下周预期完成目标困难分析

目标一困难分析：×××
目标二困难分析：×××
……

6.3.3 房地产策划竞赛小组工作周志范例简介

本书所选择的房地产策划竞赛小组工作周志范例是北京交通大学的竹邻筱居项目的房地产策划竞赛小组工作周志，竹邻筱居项目是2011年下半年举办的第五届“中房信克而瑞杯"北京市大学生房地产策划大赛二等奖作品。

竹邻筱居项目的工作周志共记录了七周。

1. 竹邻筱居项目竞赛小组工作第一周和第二周周志

第一周和第二周(2011 年 10 月 24 日—11 月 6 日)

(1) 本周工作目标。目标一:确定案名;目标二:分配具体任务。

(2) 本周工作过程简述。目标一的完成过程简述:开会之前个人独自搜集资料寻找灵感。会议中运用头脑风暴法,每人说出自己的想法,汇总并逐项排除。讨论最后三个案名并确定最终案名。

目标二的完成过程简述:组长根据各人专业及特长分配任务。由两人或两人以上合作完成的任务则由其自行讨论协商并及时汇报。

(3) 本周工作成果评价。本周工作成果一及其在整个房地产策划报告形成过程中的作用:案名的确立过程也是整个项目定位的过程,案名的最后确立也为之后的产品设计指明了方向。

本周工作成果二及其在整个房地产策划报告形成过程中的作用:具体任务的分配使组员对自己的工作内容有了大致的了解,组员搜集资料并完成工作的过程为进一步的讨论奠定了基础。

2. 竹邻筱居项目竞赛小组工作第三周周志

第三周(2011 年 11 月 7—13 日)

(1) 本周工作目标。目标一:做好调研准备工作;目标二:调研并统计结果。

(2) 本周工作过程简述。目标一的完成过程简述:由组长分配调研准备任务并由个人独立完成相关资料搜集工作;目标二的完成过程简述:实地调研采访汇总结果并进行统计。

(3) 本周工作成果评价。本周工作成果一及其在整个房地产策划报告形成过程中的作用:促成了调研工作的顺利进行,所搜集的相关资料构成了策划报告的部分内容。

本周工作成果二及其在整个房地产策划报告形成过程中的作用:了解了周边楼盘和潜在客户的信息,为策划方案的定位和设计提供了真实准确的数据支持。

3. 竹邻筱居项目竞赛小组工作第四周和第五周周志

第四周和第五周(2011 年 11 月 14—27 日)

(1) 本周工作目标。目标一:策划报告分模块完成;目标二:各模块整合形成最终报告。

(2) 本周工作过程简述。目标一的完成过程简述:根据任务分配情况个人独立完成各自模块;目标二的完成过程简述:各模块汇总形成完整报告并进行讨论分析修改。

(3) 本周工作成果评价。本周工作成果一及其在整个房地产策划报告形成过程中的作用:队员各自完成了负责模块,这也是整个策划工作的重中之重。

本周工作成果二及其在整个房地产策划报告形成过程中的作用:对整合版本报告的讨论分析,修改理顺了各模块之间的逻辑关系,使策划报告更加完善。

4. 竹邻筱居项目竞赛小组工作第六周周志

第六周(2011 年 11 月 28 日—12 月 4 日)

(1) 本周工作目标。目标一:商量视频的构思;目标二:完善半决赛的作品。

(2) 本周工作过程简述。目标一的完成过程简述:确立了负责制作视频成员;目标二的完成过程简述:确定负责制作半决赛演讲 PPT 的成员。

(3) 本周工作成果评价。本周工作成果一及其在整个房地产策划报告形成过程中的作用:视频制作完成,在半决赛中效果很好。本周工作成果二及其在整个房地产策划报告形成过程中的作用:半决赛演讲 PPT 制作完成,半决赛顺利晋级。

5. 竹邻筱居项目竞赛小组工作第七周周志

第七周(2011 年 12 月 5—11 日)

(1) 本周工作目标。目标一:完善决赛的作品;目标二:制作决赛演讲 PPT。

(2) 本周工作过程简述。目标一的完成过程简述:完善了决赛作品。目标二的完成过程简述:完善了决赛演讲 PPT。

(3) 本周工作成果评价。本周工作成果一及其在整个房地产策划报告形成过程中的作用:决赛作品的最终形成。本周工作成果二及其在整个房地产策划报告形成过程中的作用:决赛答辩。

6.3.4 房地产策划竞赛小组工作周志范例评析

在竹邻筱居项目完成过程中,5 份工作周志记录了完整的工作历程。在作者指导过的多届参赛队中,这是极少完整记录其所有工作周志的参赛队,而且可以从这些工作周志中,清楚看到同学们如何充分抓紧每一周的时间,有条不紊地开展工作。

从一定意义上讲,工作周志才是全过程工作记录的基本内容。会议记录、调研报告、其他专项工作记录都是工作周志的补充。

当然,竹邻筱居项目的会议记录内容还比较单薄,项目设置还可以再增加。

竹邻筱居项目工作周志版式也可以作为其他拟参加全国高校房地产策划竞赛参赛队的工作周志模板。

本章小结

本章在知识上,讲解了三部分内容,分别是进行房地产策划竞赛全过程工作记录的意义、房地产策划竞赛小组团队会议及其记录、房地产策划竞赛小组工作周志。

关于进行房地产策划竞赛全过程工作记录的意义,分别讲解了其对于参赛队、参赛队员、指导教师与学校的意义。

关于团队会议记录,讲解了做好会议记录的意义,会议记录的两项基本格式等知识。

在这部分中,本章还推荐了一份优秀的房地产竞赛参赛队会议记录范例,对其进行了简要介绍，并对这份范例的优点与不足进行了简要评析。

关于工作周志，讲解了撰写工作周志的意义、工作周志的两项基本格式。

在这部分中，本章还推荐了一份优秀的房地产竞赛参赛队工作周志范例，对其进行了简要介绍，并对这份范例的优点与不足进行了简要评析。

本章进一步学习建议

在这一阶段，实践学习的重要性远大于理论学习的重要性。

1. 理论学习建议

（1）基本学习内容建议。拟参加全国高校房地产创新创业方案策划竞赛的同学，特别是组长，必须把本章的理论知识充分掌握，而且能够完整地应用。

（2）学习深度建议。除了本科教材外，鼓励同学们阅读期刊论文、硕士学位论文，以增加对房地产开发项目策划全过程工作相关理论、知识、方法、技巧的学习深度。

（3）专项理论学习建议。建议拟参加全国高校房地产创新创业方案策划竞赛的同学，共同学习本书附录的第一部分和第二部分，提高进行房地产开发项目策划全过程工作记录的水平与技巧。

2. 实践学习建议

（1）专项实践学习建议。对于拟参加全国高校房地产创新创业方案策划竞赛的同学来说，特别是组长，应拜访本校以往各届的竞赛参赛队的学长，以及在房地产开发企业或房地产策划企业工作的同专业学长，听取他们对进行房地产开发项目策划全过程工作记录的经验与教训，对可能在全过程中产生的困难有思想准备，并做好应对。

（2）基本实践学习建议。对于拟参加全国高校房地产创新创业方案策划竞赛的同学来说，自组建参赛队之日起，就应该养成随时进行工作记录的习惯，并对已经记录的工作情况进行不断补充，以此来提高自己对房地产开发项目策划全过程工作记录的能力和水平。

7 房地产策划报告撰写与修改

本章知识体系

本章知识体系见图 7.1。

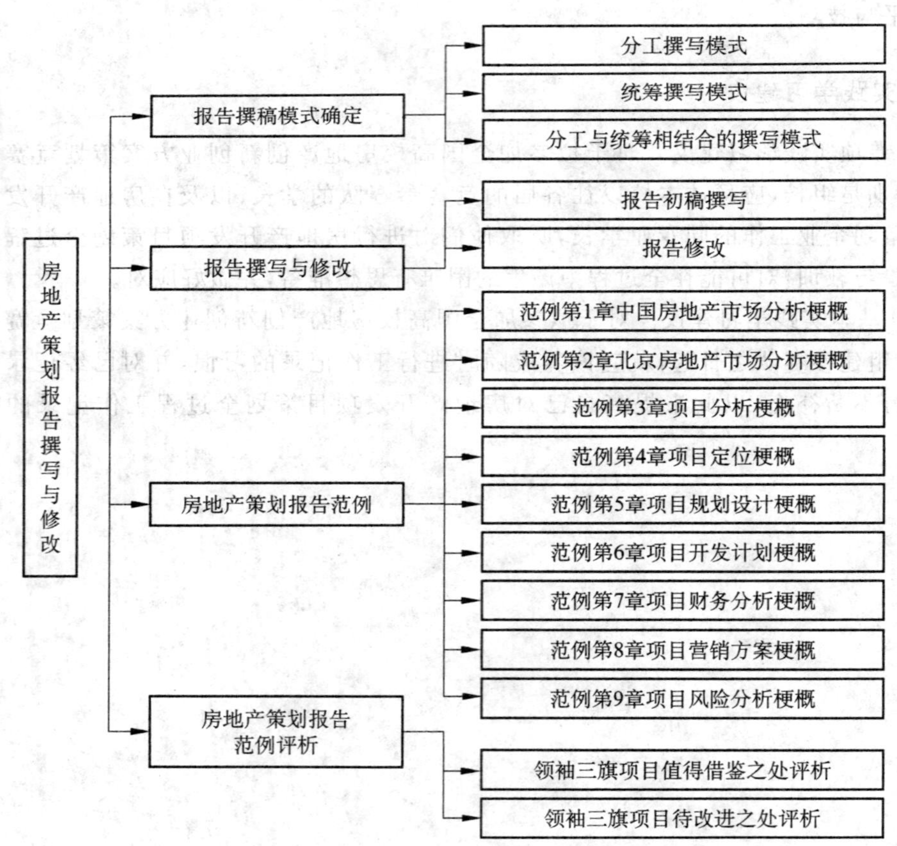

图 7.1　本章知识体系

本章导读

本章讲解的是房地产策划竞赛核心成果——房地产开发项目策划报告撰写与修改的基本知识。

本章内容分成两个部分，前一部分是相关知识讲解，后一部分是范例介绍及其评析。

关于知识讲解内容，建议同学们系统学习，完整地掌握房地产开发项目策划报告的基本知识，特别是需要在撰写房地产开发项目策划报告时全面而合理地运用这些知识。

本章推荐了一份完整的房地产开发项目策划报告的优秀范例，先对其进行了简要介绍，然后对这份范例的优点与不足都进行了简要评析。拟参加全国高校房地产创新创业方案策划竞赛的同学们，可以把这份优秀范例作为学习的范本，学习其内容设计与资料获取方面的成功经验。

在范例学习过程中，最好要与前面的知识学习相对应，这既是巩固知识学习的过程，也是体会范例优秀之处的过程。

所有范例都可以被超越，鼓励后来参加全国高校房地产创新创业方案策划竞赛的同学们，在撰写房地产开发项目策划报告时，在撰写内容、撰写深度、撰写水平等方面超越这份范例。

房地产开发项目策划报告是全国高校房地产创新创业方案策划竞赛成果载体，撰写一份高质量的房地产开发项目策划报告，对于参加全国高校房地产创新创业方案策划竞赛的各个参赛队来说，是最重要的工作任务。

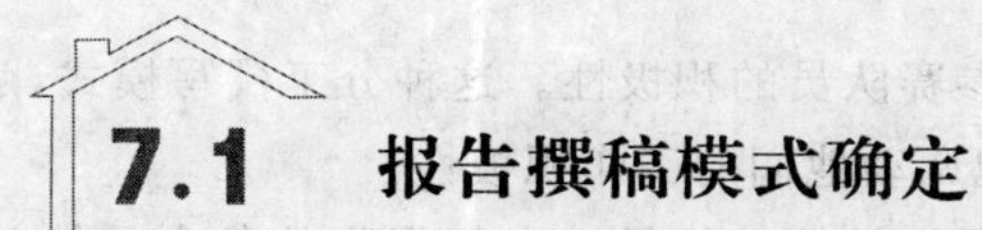

7.1 报告撰稿模式确定

根据多年的经验，全国高校房地产创新创业竞赛策划报告的撰写模式大体有如下三种模式。

7.1.1 分工撰写模式

这是绝大多数房地产策划竞赛参赛队撰写其策划报告的基本模式。

1. 分工撰写模式的含义

全国高校房地产创新创业竞赛策划报告的分工撰写模式，就是将报告按照其组成部分，通常是六个基本组成部分，即市场分析、地块分析、案名确定与项目定位、规划设计、财务管理与投融资分析、市场营销方案，分别交给专业的业务经理撰写。

2. 分工撰写模式的优点

这种房地产策划竞赛报告的撰写模式，有其显著的优点，通常包括如下四项优点。

(1) 充分发挥专业优势。一般来说，如果采用分工撰写模式，则报告各部分的分工情况见表7.1。

表7.1 分工撰写模式下报告各部分的撰写者

报告内容名称	该内容通常序号	撰写者首选专业	撰写者替代专业
房地产开发项目市场分析	1	市场营销	工商管理
房地产开发项目地块分析	2	房地产开发与管理	工程管理、土地资源管理
房地产开发项目案名确定与项目定位	3	房地产开发与管理	工程管理、土地资源管理
房地产开发项目规划设计	4	建筑学	城乡规划
房地产开发项目财务管理与投融资分析	5	财务管理	会计学专业、审计学专业、资产评估专业
房地产开发项目市场营销方案	6	市场营销	工商管理

按照表7.1确定的分工，则整个房地产开发项目策划报告的六个主要组成部分都是由专业对口的同学完成的，能够最大程度地发挥这些房地产竞赛参赛队员的专业优势。

(2) 最大程度地调动参赛队员的积极性。这种分工撰写模式，赋予了撰写者最大的自主权，因而能够最大程度地调动他们的工作积极性。

(3) 最大程度地减轻了组长的工作量。由于报告的各个具体部分都交由具体的业务经理负责，组长的工作量就可以得到最大程度地减轻。

(4) 最大程度地避免了单一决策的风险。由于每个报告都是由专业的业务经理来完成，体现了专业知识方面的优势，因此可以最大程度地避免组长单一决策所潜在的风险，即组长1个人决策失误，全组的成绩都得不到保障。

3. 分工撰写模式的缺点

不过，这种房地产策划竞赛报告的撰写模式，也有其鲜明的缺点，通常包括如下四项缺点。

(1) 难以保障报告整体风格的一致。由于报告各个部分由不同人撰写，报告的整体风格就难以保持一致，而报告的一致性是评委评价报告质量的重要指标。

(2) 难以保障报告内在逻辑的一致。由于报告各个撰写者都有其各自的思路，这又会造成报告内在逻辑难以保持一致，而内在逻辑的一致，其重要性高于风格的一致。

(3) 难以避免本位主义。所谓本位主义，就是指一个组织中，该组织的内部单位在处理本单位与其他单位、本单位与组织整体的关系时只顾本单位的利益，而不顾及其他单位利益乃至组织的整体利益，对其他单位以及整个组织的合理利益都漠不关心的一种思想作风或行为态度和心理状态。

本位主义是任何有内部单位的组织都不可能根除的一种隐患。但是，如果一个组织不能对本位主义进行合理的抑制，这种倾向就会愈演愈烈，最终导致组织的解体或组织涣散。

对于房地产策划竞赛策划报告来说，所谓本位主义，就是每个撰写者都将自己的这一部分看成整个报告的中心，使整个报告缺乏重点。

7.1.2 统筹撰写模式

一些房地产策划竞赛参赛队会选择统筹撰写模式。

1. 统筹撰写模式的含义

全国高校房地产创新创业竞赛策划报告的统筹撰写模式，就是将报告撰写任务统一交给 1 个人来完成的写作模式。

2. 统筹撰稿模式的可行性

一般来说，全国高校房地产创新创业竞赛策划报告，通常篇幅在 100 页左右，字数通常在 5 万～7 万字，如果比照学位论文的篇幅，大体在硕士学位论文和博士学位论文之间。而如果在资料充分的条件下，1 个硕士研究生，特别是 1 个博士研究生，是可以在 1 年的时间内完成其学位论文的。而房地产策划竞赛的周期通常在 3 个月左右，如果不考虑图表的制作任务，仅是完成文字的撰写工作，1 个能力出众的撰写者，完全有能力在 3 个月的时间里，独立撰写 1 篇 100 页篇幅的报告。

3. 统筹撰写模式的优点

统筹撰写模式的优点正好可以克服分工撰写模式的缺点，它体现在如下三项。

(1) 可以保障报告整体风格的一致。由于房地产开发项目策划报告是 1 个人撰写，其报告的整体风格就可以得到保证。

(2) 可以保障报告内在逻辑的一致。同样，由于房地产开发项目策划报告是 1 个人撰写，其报告的内在逻辑也可以得到保证。

(3) 使报告重点突出。对于房地产开发项目策划报告是由 1 个人整体设计，其重点自然而然就会显露出来。

4. 统筹撰写模式的缺点

统筹撰写模式的缺点正好对应着分工撰写模式的优点，它体现在如下四项。

(1) 难以发挥专业优势。由于报告均由1个人完成，因此，报告各个部分的专业性就难以保障，房地产策划参赛队组成的专业优势就难以体现出来。

(2) 限制了参赛队员的积极性。这种分工撰写模式，相当于剥夺了业务经理的自主权，这些业务经理就难以发挥其工作积极性。

(3) 大幅度增加了组长的工作量。一般来说，1支参赛队采用统筹撰写模式，只能由组长担任此角色，这就使组长承担了太多的工作。

(4) 难以避免单一决策风险。由于报告由组长1人独立完成，一旦其决策失误，就将使全组的成绩都受到影响。

7.1.3 分工与统筹相结合的撰写模式

鉴于分工撰写模式与统筹撰写模式各有优缺点，于是就有一些参赛队采用了分工与统筹相结合的撰写模式。

1. 分工与统筹相结合撰写模式的潜在风险

分工撰写模式与统筹撰写模式，本来是两种对立的模式，其优缺点正好相反。将两种模式结合，可能有四种后果，见表7.2。

表7.2 分工与统筹相结合撰写模式的四种后果

后果	克服了分工撰写模式的缺点	未克服分工撰写模式的缺点
克服了统筹撰写模式的缺点	既保证了报告的一致性，又发挥了专业优势	相当于还是分工撰写模式
未克服分工撰写模式的缺点	相当于还是统筹撰写模式	既未保证报告的一致性，又未发挥专业优势

2. 做好分工与统筹相结合的条件

要想做到分工与统筹相结合，达到既保证报告的一致性，又发挥专业优势的双重效果，需要如下几项条件。

(1) 各个业务经理对报告整体构思的认同与理解。如果能够通过工作例会与各个参赛队各个成员之间的磨合，使所有业务经理都能够认同并理解报告的整体构思，不仅可以最大程度地避免报告内在逻辑的不一致性，而且可以确保报告的重点得以突出。

(2) 构建标准化的报告模板。这项工作最好与学习先前竞赛报告的范例结合起来，将先前竞赛报告范例作为原始模板，然后根据本届赛事的特殊要求，将原始模板修正为正式模板。

(3) 及时汇报。应将最后几次工作例会作为专题报告会，让完成撰写任务的撰写者将其撰写内容的初稿在工作例会上进行汇报，使组长和其他业务经理得知其撰写内容，并当场检验其撰写内容的质量及其在整个报告中的合理地位。

（4）由组长进行投稿。组长应在报告初稿完全写成之后，进行一次统稿，使报告风格、逻辑保持一致，使重点突出。

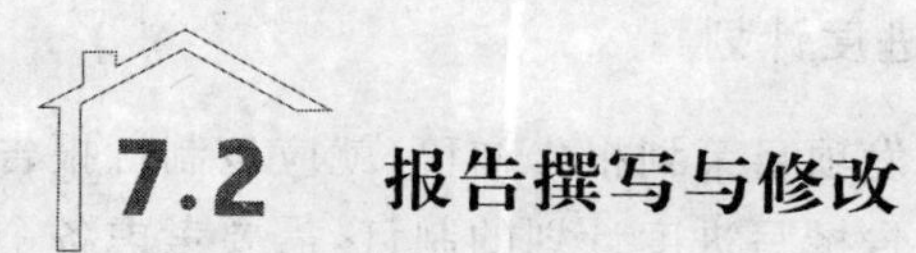

7.2 报告撰写与修改

对于全国高校房地产创新创业竞赛参赛队来说，报告绝对不可能一气呵成，房地产开发项目策划报告的撰写过程必然是撰写完初稿后又不断修改的过程。根据经验，相当多的参赛队，在决赛之前，还会发现报告有太多的地方需要修改。

7.2.1 报告初稿撰写

完成房地产开发项目策划报告初稿的撰写工作，是整个报告撰写工作的第一步，当然也是最基础的一步。

1. 完成报告各项基本内容

一般来说，一份完整的房地产开发项目策划报告应该包括如下六项基本内容：
① 市场分析报告；
② 地块分析报告；
③ 案名设计与项目定位报告；
④ 财务分析报告；
⑤ 项目设计报告；
⑥ 营销方案报告。
上述六个部分缺一不可。

2. 完成报告必要附属部分内容

一般来说，如下三项内容属于房地产开发项目策划报告必要的附属部分：
① 目录；
② 摘要；
③ 序言。

3. 完成报告特色补充内容

一般来说，每一届房地产策划竞赛，都会有一些特色内容的要求。如第四届北京地区高校房地产策划竞赛，就将绿色设计作为主要内容。虽然绿色设计也是房地产开发项目规划设计的重要组成部分，但既然竞赛将此内容作为该届赛事的特色项目，最好就将这一部分，单独作为一章来撰写，这样就使该届赛事的评委从目录中就能够直接看到绿色设计的内容，从而便于该届评委的评分。

4. 制订报告初稿撰写进度计划

要想如期完成房地产开发项目策划报告初稿，就应该制订报告初稿撰写进度计划。

房地产开发项目策划报告撰写进度计划的制订，需要考虑各个部分的先后顺序。

可以参考表7.3来设计房地产开发项目策划报告撰写进度计划。

表7.3 房地产开发项目策划报告各部分的先后顺序

阶段	可撰写内容
第1阶段	市场分析
第2阶段	地块分析
第3阶段	案名设计与项目定位
第4阶段	规划设计、财务管理与投融资分析
第5阶段	市场营销
第6阶段	特色内容
第7阶段	目录、摘要、序言

7.2.2 报告修改

根据多年经验，报告的修改不仅是必须的，而且修改的次数还不止一次。

1. 报告修改的节点

在几个关键的节点，房地产开发项目策划报告必须修改。

(1) 第一个节点。房地产开发项目策划报告在初稿撰写完毕之后，必须要提交给指导教师审阅，指导教师通常会提出一系列的修改意见，这是房地产开发项目策划报告修改的第一个节点。如果连指导教师这一关都过不去，就不可能再走到下一步。

(2) 第二个节点。如果一支全国高校房地产创新创业竞赛参赛队需要从校内预选赛开始其整个比赛进程，则在顺利通过校内预选赛而获得决赛资格之后，就应着手开始进行报告的修改，这是第二个关键的节点。

(3) 第三个节点。即使进入决赛，通常组委会也会安排一个初评环节，在初评成绩出来之后，参加决赛的参赛队，就应该进入第三次修改。

2. 报告修改的模式

报告的修改模式，可以分成以下三种。

(1) 各自修改模式。这种房地产开发项目策划报告的修改模式，是指被提出修改意见的部分的撰写者，自己修改其需要修改的内容。

（2）统一修改模式。这种房地产开发项目策划报告的修改模式，是指由专人（通常就是房地产策划竞赛参赛队的组长）统一对所有需要修改的内容进行修改。

（3）集体修改模式。这种房地产开发项目策划报告的修改模式是指，在工作例会上，所有参赛队员集体讨论修改方式，然后再由原来具体负责撰写的业务经理或组长进行修改。

上述三种报告修改模式，各有优缺点。不过，在时间允许条件下，第三种模式更有效。

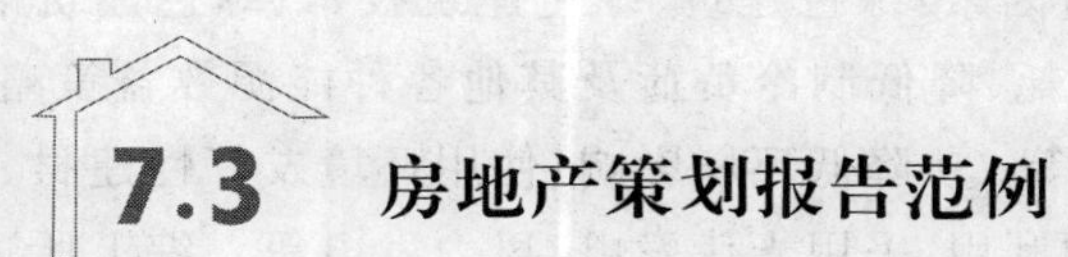

7.3 房地产策划报告范例

本书在本节所推荐的房地产策划报告范例是北京交通大学的领袖三旗项目。该项目是2011年下半年参加由北京交通大学承办，北京建筑工程学院（2013年经教育部批准更名为北京建筑大学）协办的第五届“中房信克而瑞杯”北京市房地产策划大赛的冠军作品。

7.3.1 范例第1章中国房地产市场分析梗概

在这一章里，该作品分析了截至2011年年底的中国房地产市场发展状态。

1. 中国房地产市场问题与表现分析梗概

在这一节里，该作品指出了中国房地产市场的四大问题：

① 房地产呈现投资规模过大之势；

② 商品房价格呈现上涨过快趋势；

③ 商品房结构设计不合理；

④ 房地产市场秩序呈现混乱局面。

2. PEST分析梗概

在这一节里，该作品从政治、经济、社会和技术四个方面分析了影响中国房地产市场的相关因素。

在政治因素分析中，该作品对2011年国家颁布的“国八条”房地产调控政策（涉及房价控制、住房保障、全额征税、首付六成、土地双限、全面限购、约谈机制、舆论引导八个方面）进行了全面梳理，并列表说明。

此外，该作品还以图示的方式列出了自2009年以来的房地产信贷政策变化情况。

关于经济因素，该作品重点分析了国民经济发展态势对房地产价格的影响，并初步进行了定量分析。

关于社会因素，该作品重点分析了购房群体及其购房目的。

关于技术因素，该作品重点分析了绿色建筑相关技术。

该作品对PEST分析进行了总结，如下所述。

（1）政治因素："国八条"颁布，存款准备金率上调，公布保障性住房增加，限购第二套及以上住房，贷款利率升高等措施；

（2）经济因素：房产税、"金九银十"经济周期、从紧的货币政策和经济环境、房价与GDP的交互影响导致成交量回升但价格不会大幅回调；

（3）社会因素：消费者群体分析，企业品牌形象策划；

（4）技术与自然环境因素：绿色建筑、绿色建筑技术、绿色建筑策略等共同体现。包括：① 节能：减少运行能耗、降低制冷负荷及其他各种能源效益策略；② 节水：减少用水量、循环利用雨水及中水等；③ 降低环境影响：使用环境友好性建材、使用耐久材料、减少材料用量；④ 可再生能源利用：采用光伏发电，风力发电等。综上所述，得出结论：楼市将会在继续保持盘整的阶段，房价小幅度下降，保障性住房增加。

7.3.2 范例第2章北京房地产市场分析梗概

在这一章里，该作品采用了大量的图表，以直观的方式说明了各项问题。

1. 北京市房地产市场表现分析梗概

在这一节里，该作品关于北京市房地产市场的分析中重点研究了当前北京市房地产市场存在的突出问题。

通过分析，该作品对北京市房地产市场的表现做出了总结。

① 供给分析：高档住房供给急剧萎缩，中小户型的低档住房供给增加；

② 需求分析：成交量下降，需求略降低；

③ 价格分析：房价没有如政策预期中下降很多；

④ 投资分析：减少高档房的建设，增加中小户型和保障性住房；稳定并小幅度降价；降低土地成交量；预防非法哄抬。

2. 北京市购房者行为分析

在这一节里，该作品从市场认知、房屋价值认知两个方面对北京市购房者的行为进行了分析。在市场认知部分，分析了北京市购房者对房价走势、新政目标认知和政策影响三个方面进行了分析。在房屋价值认知部分，分析了北京市购房者的需求意向、购房资金、产品偏好三个问题。

通过分析，该作品对北京市购房者行为进行了如下的概括。

（1）北京购房消费者认为房价在未来一年内稳中有升的支持者比例有所下降，认为房价在未来一年内稳中有降的支持者比重明显提高；

（2）房屋作用集中在"生活保障""健康成长""安享晚年""释放压力"；

（3）2011年第三季度，北京购房消费者的购房目的依然以"结婚用房"和"改善用房"为主；

(4) 预期单价在 18 000 平方米以上的人数上升，房价下降的同时，人们对附加价值要求更高；

(5)“地段”和“环境”两大因素最受关注。“价格”和“交通”关注度上升；

(6) 超过一半的消费者倾向于面积在 50～89 平方米两室一厅的房屋；

(7)“报纸”和“宣传单”是北京市购房消费者获取楼盘信息的两大主要渠道；

(8) 消费者的购房次数与对房屋的单价承受能力呈正相关；

(9) 居住结构中三口以下的家庭占 80.4%。且单身及两口之家占 41.2%。

该作品关于北京市购房者行为分析的结论：

(1) 户型主力将是 80 平方米以下的小户型；

(2) 房屋除原始作用以外，还需要具有良好环境、健康、释放压力的附加价值；

(3) 在能力许可后人们普遍具有改善住房的愿望；

(4) 同时注意到，高速生活的今天，交流与沟通既是都市生活的短板，也是人们的渴望。

7.3.3 范例第 3 章项目分析梗概

领袖三旗项目的项目分析包括项目规划用地分析、项目竞争环境与压力分析、项目客户群体分析和项目 SWOT 分析四部分内容。

1. 项目规划用地分析梗概

(1) 项目土地性质情况。领袖三旗项目用地位于海淀区西三旗高新建材开发区北侧，紧邻新都路，临近昌平区回龙观，南边遥望北京奥林匹克公园，与北京市中心相距 17.5 公里，项目用地经纬度大致为北纬 40.06°、东经 116.37°。

领袖三旗项目总规划用地为 12.53 公顷，建设用地面积合计 8.38 公顷。项目地块分为三块，建设期为三期，绿化覆盖率平均为 31%，容积率分别为：E12 和 E16 两块地容积率皆为 1.6；E19 楼房容积率为 2.5。其中，E12、E16、E19 为住宅用地，E14、E15 分别为幼儿园和小学用地，E20 为敬老院用地。

(2) 项目用地周边环境情况。领袖三旗项目对本项目用地周边环境情况重点分析了奥林匹克公园。

(3) 项目用地交通条件及配套设施状况。领袖三旗项目用地紧邻京藏高速（原八达岭高速），毗邻林萃路，道路交通发达；东北紧邻地铁 13 号线霍营站，临近地铁 5 号线、规划地铁 8 号线 2 期（预计 2012 年开通），轨道交通较为便捷。同时，地块身处公交 814 路总站，更有 323、810、803、111、运通 101、城铁临 4 路等多条公交线路直达社区，公共交通十分发达。

领袖三旗项目对地块周边的文化教育设施、购物场所、餐饮场所、医疗卫生设施、休闲娱乐设施、银行、邮局、加油站配套设施进行了全面的梳理，并测算了这些设施到地块的距离。

2. 项目竞争环境与压力分析梗概

领袖三旗项目选取了周边 6 个竞争性项目，进行了全面地比较。比较的项目包括地理位置、建筑类别、项目特色、容积率、绿化率、建筑面积、平均房价、开发商、项目优点、项目缺点 10 个方面的内容。

3. 项目客户群体分析梗概

领袖三旗项目对不同购房者进行了问卷调查。分析结果见表 7.4。

表 7.4 领袖三旗项目潜在客户主体行为

客户群	年龄层	价值取向
年轻人	25～30 岁	1. 注重保持与外界紧密的接触，担心落后他人 2. 注重时尚的设计 3. 更迫切地希望能得到社会的认同
青壮年	31～45 岁	1. 注重商业社交 2. 追求经典、有代表性的设计 3. 更为沉实、稳重、理性
中老年	46～60 岁	1. 以传统为自豪 2. 在置业时表现出较为强烈的怀旧情结 3. 更为成熟、谨慎
老年人	60 岁以上	1. 特别需要得到情感关注和安全保障 2. 注重健康的生活环境 3. 对医疗保障尤为关注

4. 项目 SWOT 分析梗概

该作品对项目进行了 SWOT 分析，见表 7.5。

表 7.5 领袖三旗项目的 SWOT 分析

内部条件 / 外部环境	优势(Strength)	劣势(Weakness)
	1. 交通：拥有成熟的交通设施，地铁、公交及高速公路； 2. 区位、环境：临近生态园林，项目内部绿化率高；靠近上地和中关村，利于增加潜在顾客的类型并增强竞争力； 3. 配套：配套设施完善	1. 居住：周围已有较多大规模的社区，区域内人口密度较大； 2. 档次：以中低端与低端户型为主，周边人员参差不齐，流动人口多
机会(Opportunity)	SO(增长性战略)：抓住机会，利用优势	WO(扭转性战略)：利用机会，改正劣势
1. 市场：区域内地产发展较好，目标客户群体不断增多； 2. 项目：本项目切合绿色环保主题，适应社会趋势	1. 打造品牌，创造品牌价值； 2. 加大宣传力度，深入推广项目楼盘； 3. 宣传环保及沟通理念，使绿色建筑及绿色生活深入人心	1. 减小容积率，增大绿化程度，改善居住环境； 2. 外观设计简单得体，提升房屋的整体档次

续表

外部环境 \ 内部条件	优势(Strength)	劣势(Weakness)
威胁(Threats)	ST(多元化战略):强调优势,避免威胁	WT(防御性战略):减少劣势,回避威胁
1. 周边地产达到饱和状态,发展空间不大; 2. 潜在竞争对手多	1. 利用开发商的良好声誉,鼓励老客户推荐新客户; 2. 加大宣传力度,使品牌形象迅速深入人心; 3. 提供性价比较高的物业,赢得消费者青睐	1. 扩展宣传范围;吸引更多消费群体; 2. 营销突出项目绿色、交流的主题。增加人文因素,建立顾客信赖感及忠诚度
总结:针对不同购买源及消费目标,寻求项目优势因素并转换为营销推广策略。但在产品规划设计过程中,应将项目弱势及威胁因素力争规避,产品设计做到扬长避短,营销推广做到避实击虚,进而形成项目开发销售的一体化优势。		

7.3.4 范例第4章项目定位梗概

领袖三旗项目的项目定位包括三部分,分别是项目主题定位、项目区位定位、项目客户定位和项目楼盘定位。

1. 领袖三旗项目主题定位梗概

(1)案名。领袖三旗项目案名是“领袖三旗”,并以图示方式进行了展示,见图7.2。

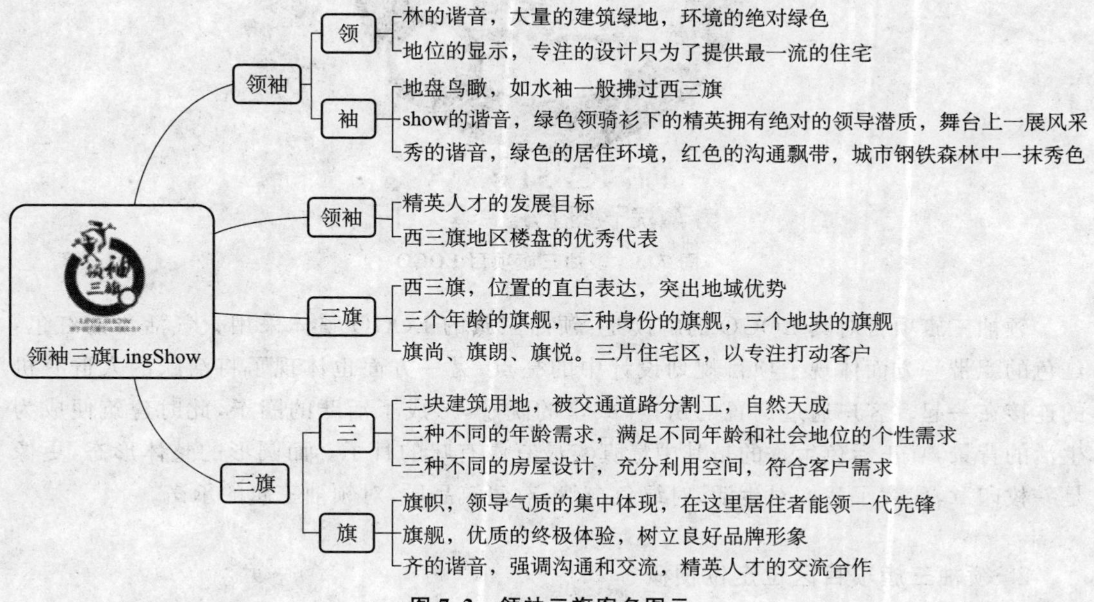

图7.2 领袖三旗案名图示

该作品对其案名进行了详细的解读。

① 领时代之音。取自“林”的谐音，突出绿色的主要概念，大量的绿地景观成为西三旗钢筋水泥中的一片绿洲；“领”字包含着一马当先的霸气，体现时代先锋。

② 秀地域之形。鸟瞰大地，此次项目用地如同水袖一般拂过西三旗。取“show”与“秀”的谐音，在这片土地上，将会有新生代力量的崛起，同时也会有成熟领袖的精英展示。居于此者，于行业中独占鳌头，居于此者，于生活舞台上秀出精彩，秀出活力。

③ 以三为吉祥之魅。古人以三、六、九为最为吉利的数字。两条交通干道穿过项目用地，三块土地浑然天成。年轻、壮年、中年，三种年龄的精英定位；中低端、中端、中高端，三种户型的精心设计；绿色、经济、和睦，三种风格的全新选择。灵活多变的项目，让我们更具竞争优势，以吉祥的姿态，以精英的形式，领袖西三旗。

④ 以旗为舰帜之力。旗，自古便是作战指挥的工具，代表着最正确最先进的理念与思想，同时也是优秀的代言。专门为精英设计，专门为领袖打造，这里是优秀的终极体现，这里是中关村高端的最终选择。

(2) LOGO。领袖三旗项目的 LOGO 见图 7.3。

图 7.3　领袖三旗项目 LOGO

领袖三旗项目对其 LOGO 的解读是：领袖三旗的 LOGO 整体采用大气活泼的红色，红色的飘带一方面体现了项目规划设计中的亮点；另一方面也体现了将活跃的人群有机的连接在一起。客户通过购置的房产，共享的院子，形成了活跃的圈子，此时建筑便成为生活的背景，真正活色生香的是其中最真实最有滋有味的日子。而圆形的整体形态，更像是一枚印章，代表了我们对生活，对绿色自然，对建筑品质，对领袖三旗的承诺。

2. 领袖三旗项目区位定位梗概

领袖三旗项目将项目的区位定位于海淀区(代表文化)、朝阳区(代表财富)和昌平区

（代表生活）三区交界地带，就以三区典型特征作为项目品质特征，见图 7.4。

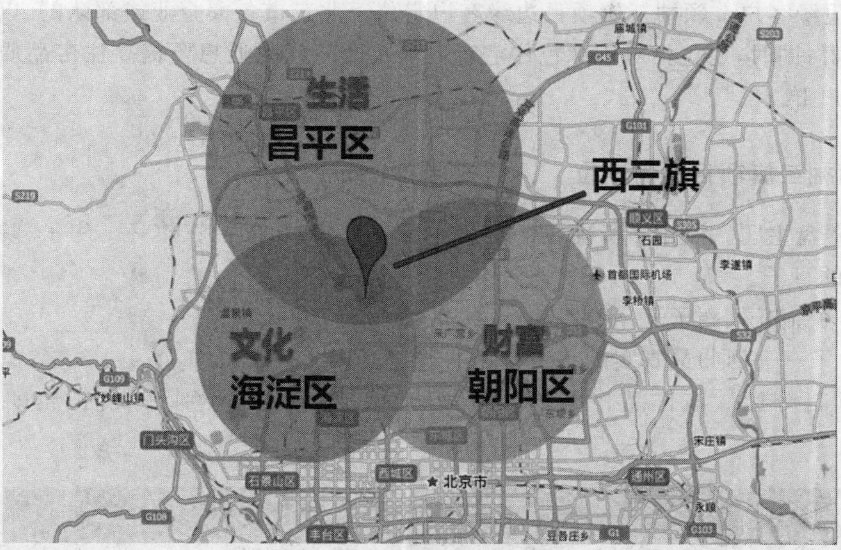

图 7.4 领袖三旗项目区位定位

3. 领袖三旗项目客户定位梗概

领袖三旗项目将客户确定为核心客户、重要客户和边缘客户三个层次，见图 7.5。

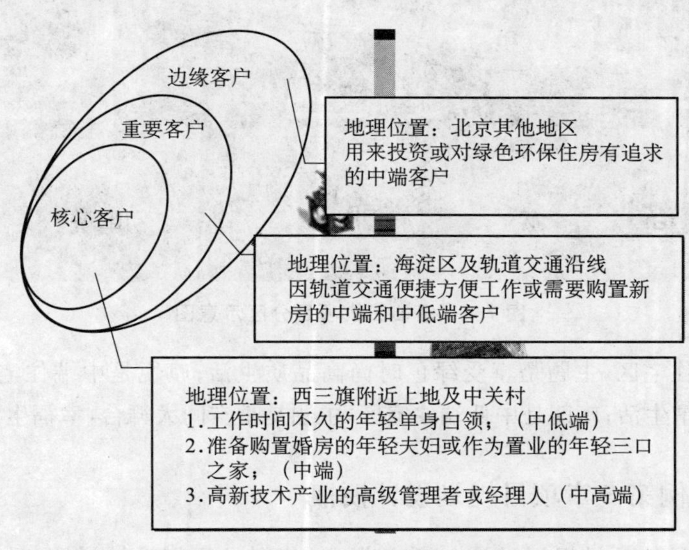

图 7.5 领袖三旗项目客户定位图示

（1）核心客户。领袖三旗项目将核心客户群定位于中等收入以上，在中关村科技园区以及上地高科技产业区工作的教育科研人员、外企白领、IT 人士、知识分子等，注重生活品质和绿色环保。

（2）重要客户。领袖三旗项目重要客户定位于上地高科技产业区周边及部分西城区、朝阳区的客户。这部分客户主要依赖于公共交通系统，对交通便捷程度要求较高。

(3) 边缘客户。领袖三旗项目边缘客户定位于北京市各大企业或部队的，以投资为主的消费人群；同时，还包括对于绿色住宅有追求及西三旗附近想要提高住房品质需要二次购房的客户群。

4. 领袖三旗项目楼盘定位

(1) 楼盘主题。该作品所确定的楼盘主题是：金隅·领袖三旗——房子、院子、圈子、还原真实的日子。

① 房子、院子、圈子——购置房产、共享院子、形成圈子

② 日子——回归最真实的有滋有味的日子

(2)项目分区。该作品将整个项目划分为三个部分，分别是旗尚、旗朗、旗悦，见图7.6。

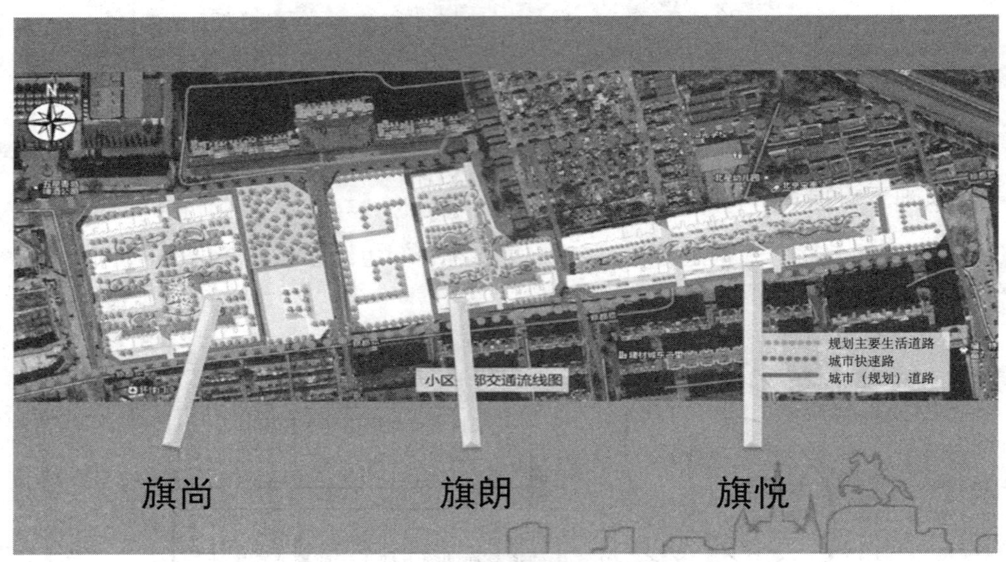

图7.6 领袖三旗项目分区示意图

旗尚是高端住宅区，主题是享受绿色时尚高品质生活；旗悦是中端住宅区，主题是城市脉动社区交流悦享生活；旗朗是中低端住宅区，主题是小空间大舞台，幸福生活从此开始。

7.3.5 范例第5章项目规划设计梗概

领袖三旗项目的项目规划设计包括六部分，分别是规划设计说明、总平面规划、交通流线规划、绿色技术路线设计、住宅结构及景观设计、户型设计。

1. 领袖三旗项目规划设计说明梗概

(1) 领袖三旗项目主题要求：经济型绿色住宅。

(2) 项目设计思想：自然亲切，以人为本，用绿色活力的社区环境营造健康的生活模式。

2. 领袖三旗项目总平面规划梗概

领袖三旗项目总体鸟瞰图和总平面规划图分别见图 7.7 和图 7.8。

图 7.7 领袖三旗项目总体鸟瞰图

图 7.8 领袖三旗项目总平面图

3. 领袖三旗项目交通流线规划梗概

领袖三旗项目交通流线设计分析：小区道路系统采用人车分流，周边设置机动车道，汽车平时不进入小区内部和院落空间，而是通过机动车道直接停到外围。

4. 领袖三旗项目绿色技术路线设计梗概

领袖三旗项目采用了如下六种绿色设计路线：

(1) 太阳能集热板；

(2) 保温隔热墙体；

(3) 热泵；

(4) 雨水收集系统；

(5) 生态道路交通系统；

(6) 建筑朝向布置。

5. 领袖三旗项目住宅结构及景观设计梗概

(1) 领袖三旗项目小区结构设计。领袖三旗项目考虑到用地主体分为三大块，形状扁长，为了避免空间太长的单调感，在住宅布局上采用了收放有致的布局手法，利用中高层住宅较大的日照间距分别形成小区的公共空间和大小均衡的院落空间，实现了居住环境的均好性，每个院落空间都有较强的归属感，住宅布局随着道路线性的弯曲转折，交互错动，整体布局浑然一体，打破了狭长空间的单调、呆板。

(2) 领袖三旗项目绿色景观设计。领袖三旗项目小区的绿化分为中心绿地和院落绿地。中心绿地综合布置了水池、喷泉、亭台、花架、小径，采用对景、借景、视觉轴线等手法营造生机盎然，富于变化的环境气氛。院落绿地布置老年和儿童活动场地，强调安全舒适。

(3) 领袖三旗项目建筑外观设计。领袖三旗项目采用简洁大方的现代建筑形式，通过阳台凸窗等丰富的细部处理形成自身的建筑性格。结合局部设置的景观构架，丰富了建筑天际线，塑造了小区与众不同的形象，丰富了建筑的体量变化与层次。项目建筑外观见图 7.9。

图 7.9　领袖三旗项目建筑外观

(4) 领袖三旗项目"红色飘带"特殊设计。"用最少的人工与投入构建城市绿色廊道"是领袖三旗项目景观设计的原则。贯穿规划整体绿荫中的红飘带，生动地体现了"领袖三旗"中的"袖"字，更是将三大体块进行有机整合，为绿色生态的生活环境增添了一抹亮色，一种活力。这既是一种景观，又是一种积极交流融合、勇于展示的生活态度。"红色飘带"特殊设计见图 7.10。

图 7.10 领袖三旗项目"红色飘带"特殊设计

设计最大限度地保留绿色基底，并引入一条以玻璃钢为材料的、长达 500 米的红色舞袖。它整合了包括步道、座椅、环境解释系统、乡土植物展示、灯光等多种功能和设施，使景观成为令人流连忘返的城市游憩地和生态绿廊。

6. 领袖三旗项目户型设计

(1)领袖三旗项目户型基本情况。领袖三旗项目户型基本情况见表 7.6。

表 7.6 领袖三旗项目户型基本情况

面积区间(平方米)	42～50	60～90	100～130
数量(户)	900	324	348
比例(%)	57	21	22
说明	【旗朗】中低端(公租房) 小生活大舞台 一室两厅一卫	【旗悦】中端温馨家庭悦 享生活两室 两厅一卫	【旗尚】中高端绿色时尚 高品质生活 三室两厅两卫

续表

三种户型分别位于领袖三旗项目用地的三块分区，规划清晰。小户型的设计符合本项目配建公租房的要求，而中低端户型针对中关村众多高新技术产业白领阶层，尤其是新婚夫妇和年轻的三口之家，中高端客户则对应中关村及周边企业的金领和商界精英。三种户型的自然过渡彰显了“三旗”的理念，充分体现了住宅区的活力。
小结：综上，“领袖三旗”项目的住宅基本户型单元丰富，从 42 平方米到 130 平方米，朝向强调均好性。居室采用落地玻璃窗，给人明亮宽敞的空间感受，同时使居民尽享小区的良好的景观环境。

(2) 领袖三旗项目高端主打户型设计。领袖三旗项目高端主打户型设计见图 7.11。

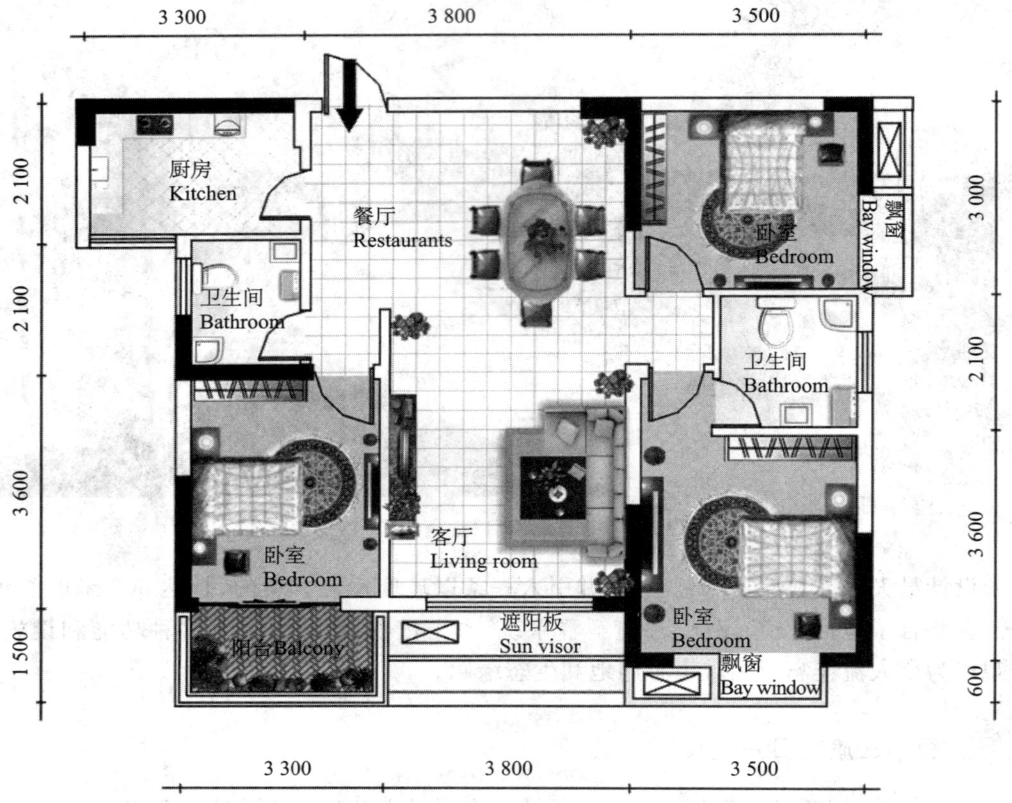

建筑面积109.1平方米

图 7.11 领袖三旗项目高端主打户型设计图

户型特点：

- 方正空间格局，卧室多飘窗设计；
- 三室两厅两卫实用户型，有效面积充分利用，便于装修布置；
- 设计紧凑，空间利用率高，功能分区明显；
- 超大宽阔客厅适合亲朋好友聚会；

● 卧室开门偏离客厅，私密性更好。

(3)领袖三旗项目中端主打户型设计。领袖三旗项目中端主打户型设计见图 7.12。

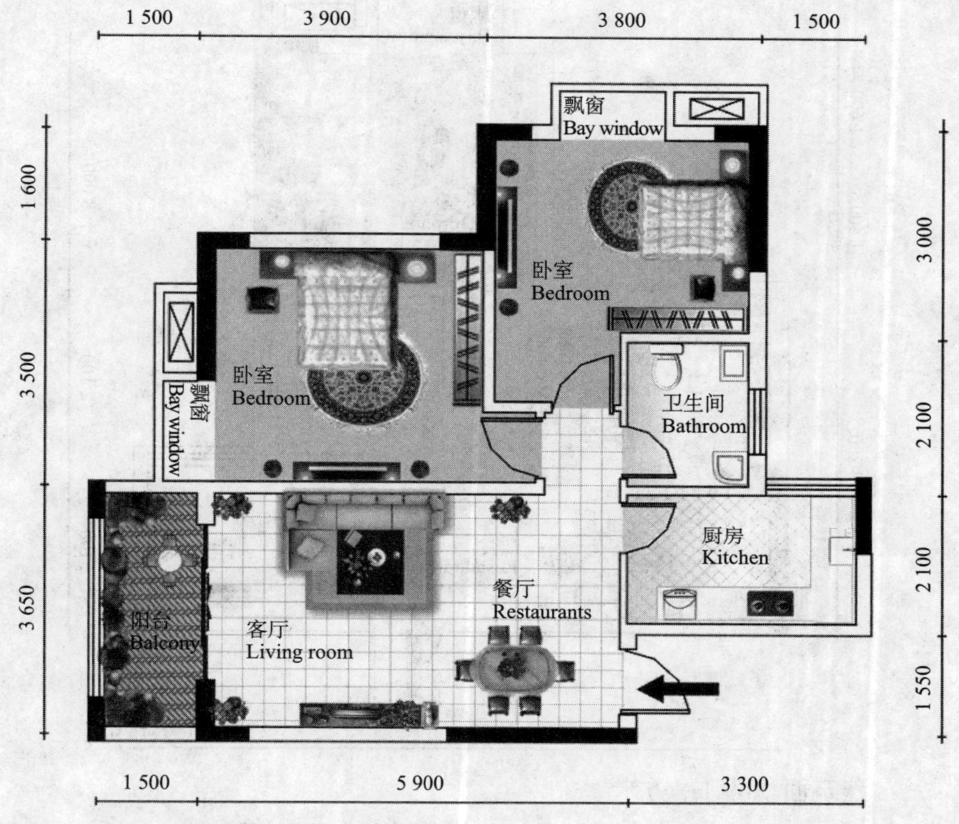

图 7.12　领袖三旗项目中端主打户型设计图

户型特点：

● 大空间格局，通风采光，气度雍容；

● 室内多变空间灵活应用；

● 主卧采用时尚飘窗设计，新贵风尚生活好享受；

● 动静分区，自在空间，休息和娱乐相得益彰；

● 厨房配备明窗，方便使用，尽收美食与美景。

(4) 领袖三旗项目中低端主打户型设计。领袖三旗项目中低端主打户型设计见图 7.13。

户型特点：

● 方正主义，户型空间紧凑布局；

● 私属卧室，橙色阳光随时造访；

● 品位明厨，烹饪丰富生活；

● 清新自由的居住空间，真实心境独享。

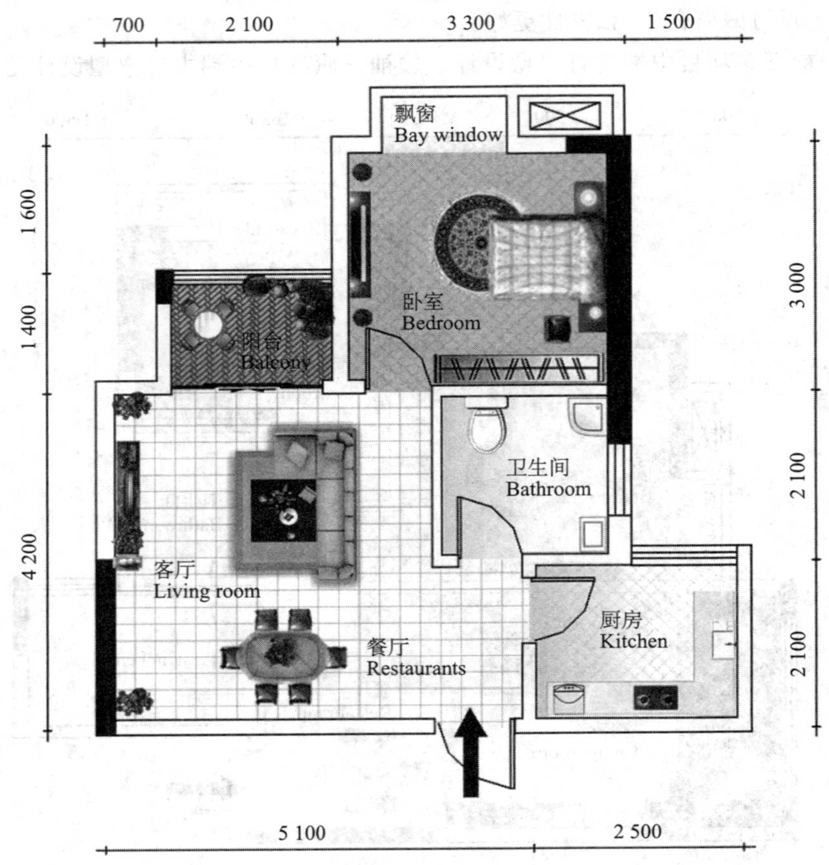

图 7.13 领袖三旗项目中低端主打户型设计图

7.3.6 范例第 6 章项目开发计划梗概

领袖三旗项目开发计划包括三部分，分别是整体开发方案、进度安排、管理计划。

(1) 领袖三旗项目整体开发方案。领袖三旗项目分为三期进行滚动开发。

"领袖三旗"项目总建设期为三年(2012 年 1 月—2014 年 12 月)，其中项目建设准备阶段(2012 年 1—6 月)共计 6 个月，项目建设期(2012 年 7 月—2014 年 12 月)共计 30 个月。共完成公用设施建筑占地 4 909 平方米，建筑面积住宅区占地 62 502 平方米，建筑面积 119 490 平方米。

(2) 领袖三旗项目进度安排。领袖三旗项目建设期从 2012 年 7 月—2014 年 12 月，共计 30 个月。建成住宅楼共 48 栋，总占地面积 62 502 平方米，总建筑面积为 119 490 平方米。建成托幼一所，占地面积为 4 200 平方米，建筑面积为 3 440 平方米。建成小学一所，占地面积 12 100 平方米，建筑面积为 9 680 平方米。同时会配套建成敬老院及其周边公共设施，占地面积为 4 909 平方米，建筑面积为 3 456 平方米。

领袖三旗项目进度安排见表 7.7。

表 7.7 领袖三旗项目进度安排

阶段划分		实施项目	工作内容	开始时间	结束时间
项目建设准备阶段		组建项目公司	成立项目公司;部门设置;人员招聘及培训等	2012/1/1	2012/1/20
		前期调研、项目手续申办	前期考察;市场分析;区域分析;项目分析;市场定位;编制可行性报告;办理建设规划许可证等	2012/1/21	2012/2/20
		设计招标;监理招标	编制标书;评标;确定中标单位;签订设计合同;签订监理合同等	2012/2/21	2012/3/31
		方案设计	方案设计;综合管网设计;初步设计;施工图设计等	2012/4/1	2012/5/20
		施工单位招标	编制标书;评标;确定中标单位;签订施工合同等	2012/5/21	2012/6/10
		销售准备	项目策划方案的实施;项目宣传炒作;项目形象推广;销售接待中心的设置等	2012/6/11	2012/6/30
项目建设与销售阶段	一期建设与销售	建设准备阶段	技术准备;物资准备;劳动组织准备;施工现场准备和施工场外准备等	2012/7/1	2012/7/31
		建设阶段	旗尚区 18 栋 6 层住宅楼及住宅区绿化的建设;托幼的建设	2012/8/1	2013/3/31
		销售阶段	内部认购;项目预售;资金回笼等	2013/4/1	2013/4/30
	二期建设与销售	建设准备阶段	技术准备;物资准备;劳动组织准备;施工现场准备和施工场外准备等	2013/5/1	2013/5/31
		建设阶段	旗悦区 12 栋 6 层住宅楼及周边绿化的建设;小学的建设	2013/6/1	2013/11/30
		销售阶段	内部认购;项目预售;资金回笼等	2013/12/1	2013/12/31
	三期建设与销售	建设准备阶段	技术准备;物资准备;劳动组织准备;施工现场准备和施工场外准备等	2014/1/1	2014/1/31
		建设阶段	旗朗区 12 栋 9 层和 6 栋 13 层住宅楼及小区绿化的建设;敬老院及其周边公共设施的建设	2014/2/1	2014-11-31
		销售阶段	内部认购;项目预售;资金回笼等。	2014/12/1	2014/12/30

(3) 项目开发管理计划。领袖三旗项目开发管理,分别从进度控制、质量控制、投资控制和竣工验收四个方面制订了比较详细的管理计划。

7.3.7 范例第 7 章项目财务分析梗概

领袖三旗项目财务分析包括六部分,分别是项目成本与费用测算、销售收入及利润估算、项目资金筹措与运用、项目财务报表、动态盈利分析、静态盈利分析。

1. 领袖三旗项目成本与费用测算梗概

(1) 领袖三旗项目主要经济技术指标。领袖三旗项目主要经济技术指标见表7.8。

表7.8 领袖三旗项目主要经济技术指标

总用地面积(m^2)	107 160
地上总建筑面积(m^2)	107 160
居住户数(户)	1 572
停车位(个)	260
容积率(%)	1.79
绿化率(%)	30
高度(m)	30

(2) 领袖三旗项目开发期总成本费用估算。领袖三旗项目分别从开发成本和开发费用两个方面对开发期总成本费用进行估算。

开发成本包括:土地费用、前期工程费、基础建设费、建安工程费、开发期税费、不可预见费。开发费用包括:管理费用、销售费用和财务费用。

经估算,领袖三旗项目开发区总成本费用为14.9亿元。

2. 领袖三旗项目销售收入及利润估算

(1) 领袖三旗项目普通住宅销售收入测算。领袖三旗项目建议对普通住房预售第一年即2012年住宅的平均售价为20 000元/m^2,以后销售价格的年度涨幅为2 000元/m^2,并在此基础上微调。

(2) 领袖三旗项目公租房和停车位销售收入测算。领袖三旗项目公租房平均售价为6 500元/m^2,停车位每个20万元。

(3) 领袖三旗项目总收入测算。经估算,领袖三旗项目总收入为21.1亿元。

(4) 领袖三旗项目销售税金及附加测算。领袖三旗项目销售税金及附加包括:营业税、城市维护建设税、教育费附加、教育专项基金、防洪工程维护费、印花税、交易管理费。

领袖三旗项目对销售税金及附加进行了详细的测算。

3. 领袖三旗项目资金筹措与运用

(1) 领袖三旗项目投资计划与资金筹措。领袖三旗项目开发投资总计共需149 016.73万元。资金来源有以下渠道:一是企业的自有资金即资本金;二是银行贷款;三是预售收入用于再投资部分。本项目开发商投入资本金占每年开发投资的30%;从银行贷款共计56 000万元,第一年10 000万元,第二年30 000万元,第三年16 000万元;不足款项根据实际情况通过预售收入解决。

(2) 领袖三旗项目借款还本付息估算。领袖三旗项目银行借款计划在2015年年末开始偿还，至2019年年末全部还清。

4. 领袖三旗项目财务报表

领袖三旗项目制作了完整的财务报表，包括资金来源与运用表、现金流量表（全部投资）、现金流量表（自有资金）、损益表。

5. 领袖三旗项目动态盈利分析

（1）领袖三旗项目财务净现值测算。据测算，领袖三旗项目净现值测算结果是：全部投资净现值＝27 272.10万元；资本金净现值＝72 100.16万元。

（2）领袖三旗项目内部收益率测算。据测算，领袖三旗项目内部收益率测算结果是：
全部投资内部收益率＝28.20％；
资本内部收益率＝68.95％。

（3）领袖三旗项目动态回收期测算。经计算得，领袖三旗项目动态投资回收期为3.28年。

6. 领袖三旗项目静态盈利分析

（1）领袖三旗项目投资利润率。经计算得：领袖三旗项目全部投资的投资利润率＝10.22％；资本金投资利润率＝34.08％。

（2）领袖三旗项目投资利税率。经计算得：领袖三旗项目全部投资利税率＝14.12％；资本金投资利税率＝47.05％。

7.3.8 范例第8章项目营销方案梗概

领袖三旗项目营销方案包括四部分，分别是营销精神、营销计划、营销现状分析、营销策略。

1. 领袖三旗项目营销精神

“领袖全程”营销策略是以营销文化为核心导向，以任务提成为主的人员推销基本策略，推式与拉式相结合，以推式为主营销方式，从消费者进入我们的视野到购买实现以及后期服务的全程一体的人性化营销服务。

“领袖全程”营销文化——领袖行业，卓尔不群，用心酿造您的每一抹微笑。

“领袖全程”营销口号——房子、院子、圈子、还原真实的日子。

2. 领袖三旗项目营销计划

以北京市海淀区西三旗为中心所辐射的可预见范围内的需求消费者和潜在消费者对各类房地产商品的需求为出发点，通过有效的住宅及与此相关服务来满足消费者的生活、品质等各种诉求，并获取利润。

采用通过推拉式相结合的营销策略和相关的营销手段，与消费者群体所在的实体组织进行合作宣传方式，并且以预售、循环融资为主的财务手段，吸引以中关村三种不同阶层的工作人群为主的消费群体。建立“经济、绿色”的优良项目品牌，打造以“交流、和谐”为主的健康社区文化。

3. 领袖三旗项目营销现状分析

领袖三旗项目分别进行了宏观的PEST营销现状分析和微观的SWOT营销现状分析。

4. 领袖三旗项目营销策略

(1) 我行我素——个性化定制。在传统的房地产营销中，客户仅仅只有选择权，即从房地产商已成型的楼盘中选择一种户型。在本案的销售策略中，客户可以在楼盘建造之前结合自己目前的状况和未来的发展选择自己想要的户型或者想要的户型组合，本案将以客户的需求为主，为他们建造其想要的户型或者安排户型组合；并与本案的客户进行充分的交流，拟以最大限度地满足客户个性化的需要，以对客户最大的尊重实现“领袖全程”的第一步。

(2) 种房子——远见型理财理念。虽然房屋的占有与使用权仅有70年，但是它却伴随每个人经历人生的不同阶段，客户每个阶段对房屋的需求和客户所能承担的经济压力是不同的，所以本案推出了一种考虑未来时间价值的理财模式——“种房子”。客户可以选择购买不同的“邻近产品”组合，自己居住一套房屋，并将周围房屋进行出租，来缓解期初的房款压力。在以后的发展过程中，当客户经济实力逐渐变好，对房子的需求变大时，他们可以选择收回所出租房屋并打通非承重墙，将“小房子”换成“大房子”。这种模式既可以帮助客户缓解房款压力，也是一种很好的基于未来投资的一种绿色和健康的理财模式，既注重经济实用又赋予了房屋情感和生命力。

(3) “领袖三旗”创意三色路线。生活渗透式——红色路线(强调热情沟通、专业服务的营销精神以及“领袖三旗”经济实惠的特点)：通过在纸杯、便笺纸、手提袋、信封、信纸甚至是盒饭中的餐巾纸印制“领袖三旗”LOGO的方式，将广告潜移默化地渗透进白领工作的周边环境。

“我心目中的美丽家园”绘画比赛与画展——绿色路线(绿色健康、温情居家的社区生活态度以及“领袖三旗”崇尚并使用绿色建筑的特点)：赞助中关村一小绘画比赛，并在中关村步行街进行画展，更深程度地与客户接触，并借机对楼盘进行宣传。

社区沙龙——蓝色路线(强调奋斗与梦想、成功与未来的人文精神)：本案针对具有高知识水平、高素质的集中性的客户群打造了社区沙龙，即客户购房后即成为社区沙龙的会员，这里提供给所有人分享经验、沟通情感、放松心情的空间，在满足客户住房需求之后，叩开客户心中最本真柔软的部分，带给他们全新的沟通体验。

7.3.9 范例第9章项目风险分析梗概

领袖三旗项目风险分析三部分，分别是开发风险来源、开发过程风险、项目风险管理。

1. 领袖三旗项目开发风险来源分析梗概

领袖三旗项目分别从政策、经济、社会、技术和自然环境五个方面对房地产开发项目的风险进行了分析。

2. 领袖三旗项目开发过程风险

领袖三旗项目从房地产开发全流程，对开发时机风险、建设前期风险、建设阶段风险、自然条件风险、工程延误风险、项目质量风险、开发成本风险、租售管理阶段风险进行了分析。

3. 领袖三旗项目风险管理

领袖三旗项目基于风险管理理论，分别从风险预防、分析转移、风险分散三个方面进行了风险管理设计。

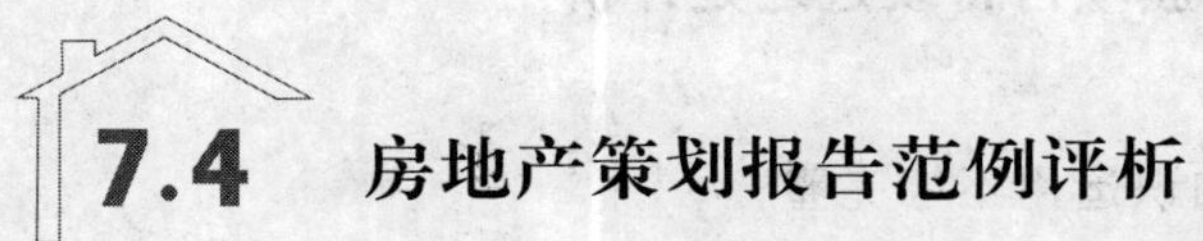

7.4 房地产策划报告范例评析

领袖三旗项目报告共计103页，5.5万字。此外，领袖三旗项目报告还有表格37个，图87幅。充分体现了领袖三旗项目团队的艰苦努力。

领袖三旗项目有许多值得学习者借鉴之处，当然，也有一些不足。

7.4.1 领袖三旗项目值得借鉴之处评析

领袖三旗项目具有如下一些优点，值得本书的学习者借鉴。

1. 结构完整

该作品报告超过百页，字数超过5万字。该作品不仅包括了通常参加房地产策划大赛报告的全部基本内容，即市场分析、项目分析、项目定位、规划设计、财务分析和市场营销方案，还补充了项目开发计划、项目风险分析以及SWOT分析。

2. 资料丰富

该作品在分析过程中，搜集了大量的资料，并基于资料的分析制作出大量的表格与图，使分析更加精确与直观。

3. 补充材料精致

该作品不仅有总报告，还提供了报告简版。这体现了该作品作者良好的提炼能力和服务意识，通过简版报告，可以让评委更清楚地了解其全部精彩内容。

此外，该作品的序言写得非常真切，把一群尚未踏入房地产行业的在校学生的参赛经历生动地描绘出来，让评委真切了解其创作房地产策划报告的整个过程。

4. 内在结构大体一致

该作品虽然篇幅比较大，但内在结构却依然能够保持大体一致，这非常难得，充分体现了该作品的创作团队是彼此协调、相互合作的。

5. 亮点众多

该作品报告中，有不少亮点，如案名及其解读、客户定位、绿色规划设计、市场营销等。

7.4.2 领袖三旗项目待改进之处评析

1. 有些内容的知识运用不够完整

在市场分析、财务管理、风险分析部分，都存在相关知识运用不够完整的情况，这表明该作品的创作团队还没有完全掌握房地产策划的相关知识。

以该作品的第 9.3 节的风险对策为例，该作品的风险对策是风险预防、风险转移与风险分散，而风险管理理论关于风险对策的主流方案是风险回避、风险抑制、风险自留和风险转移。这表明该作品报告的撰写者对风险管理关于风险对策的主流方案的学习并不充分。虽然，并不反对同学们对所学理论知识有所改造，但这种改造应该言之有理，况且，撰写房地产策划报告并不是知识创造的合理场合，它更应该是对知识的合理运用。

2. 市场分析与项目定位之间的衔接有些牵强

该作品的市场分析内容丰富，但结论与后面项目定位之间的逻辑关系并不是非常紧密，其衔接显得有些牵强，这就使项目定位并不是完全建立在市场分析的前提之上。

3. 风险分析与前面内容之间的衔接有些牵强

虽然该作品进行了风险分析，但更多的是相关风险管理知识的整理，与本项目的联系并不是非常紧密，也没有因为进行了风险分析，而对前面相关内容进行必要的调整。

本章小结

本章在知识内容上，讲解了两部分内容。

第一部分内容是报告撰稿模式的确定，讲解了分工撰写模式、统筹撰写模式、分工与统筹相结合的撰写模式。

第二部分内容是报告撰写与修改，讲解了制定报告初稿撰写、报告修改等两项内容。

本章推荐了一份完整的房地产开发项目策划报告的优秀范例，对其进行了简要介绍，然后对这份范例的优点与不足都进行了简要评析。

本章进一步学习建议

在这一阶段，实践学习的重要性远大于理论学习。

1. 理论学习建议

(1) 基本学习内容建议。拟参加全国高校房地产创新创业方案策划竞赛的同学，特别是组长，不仅要把本章的理论知识充分掌握，而且要能够完整地应用。

(2) 学习深度建议。除了本科教材外，鼓励同学们阅读期刊论文、硕士学位论文，以增加对房地产开发项目策划报告相关理论、知识、方法、技巧的学习深度。

(3) 专项理论学习建议。建议拟参加全国高校房地产创新创业方案策划竞赛的同学，共同学习所能搜集到的本校或其他高校优秀的房地产开发项目策划报告，提高撰写房地产开发项目策划报告的知识储备与写作技巧。

2. 实践学习建议

(1)专项实践学习建议。对于拟参加全国高校房地产创新创业方案策划竞赛的同学来说，特别是组长，应拜访本校以往各届的竞赛参赛队的学长，以及在房地产开发企业或房地产策划企业工作的同专业学长，听取他们对本组所撰写的房地产开发项目策划报告的修改建议。

(2) 基本实践学习建议。选择一个知名的房地产开发企业或房地产策划企业，在网上搜集其房地产策划报告，认真学习，并撰写学习笔记。通过与已经毕业且在房地产开发企业或策划企业工作的学长联系一家房地产开发企业进行实习，实际锻炼撰写房地产开发项目策划报告的能力和水平。

8 房地产策划创意与亮点的形成与确定

本章知识体系

本章知识体系见图 8.1。

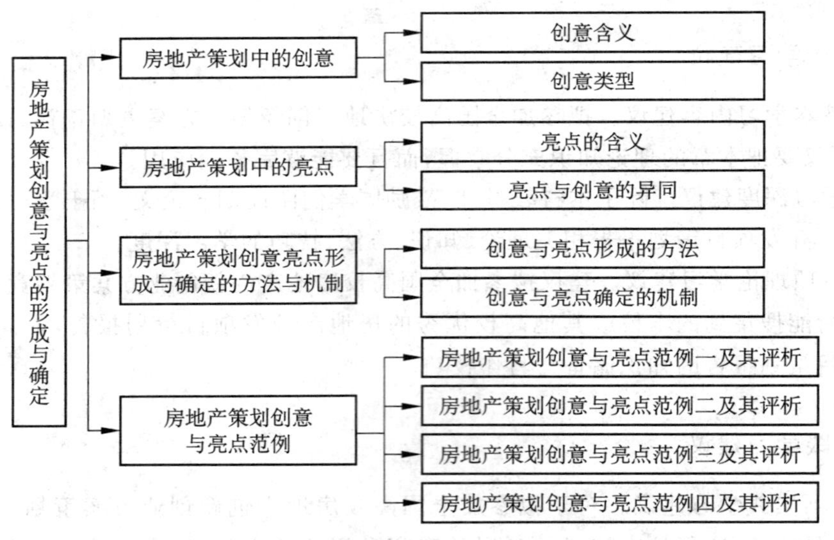

图 8.1　本章知识体系

本章导读

本章讲解的是房地产策划创意与亮点形成与确定的相关知识。

本章内容分成两个部分，前一部分是相关知识讲解；后一部分是范例介绍及其评析。

关于知识讲解内容，建议同学们系统学习，完整地掌握房地产开发项目策划报告的亮点与创意的基本知识，需要在撰写房地产开发项目策划报告中将这些知识有效运用起来。

本章推荐了四份房地产开发项目策划报告的亮点与创意的优秀范例，先对其进行了简要介绍，然后对这四份范例中所体现出来的亮点与创意的优点与不足都进行了简要评析。同学们可以把这四份优秀范例作为学习的范本，学习其体现亮点与创意方面的成功经验。

在范例学习过程中，最好要与前面的知识学习相对应，这既是巩固知识学习的过程，也是体会范例优秀之处的过程。

所有范例都可以被超越，鼓励同学们在撰写房地产开发项目策划报告时，在体现亮点与创意方面超越这些范例。

决定一支全国高校房地产策划竞赛决赛参赛队名次的关键，就在于其房地产开发项目策划报告中是否有创意与亮点。

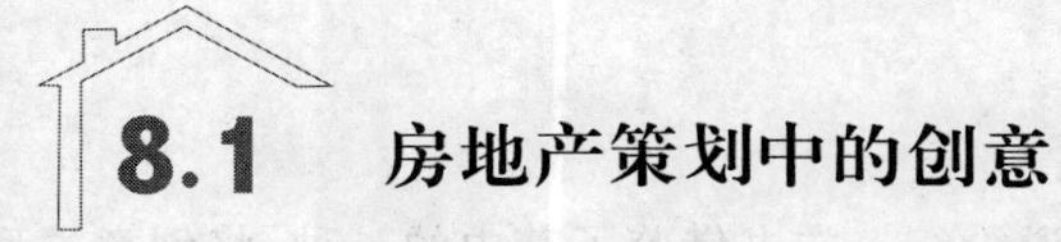

8.1 房地产策划中的创意

创意对于一份房地产开发项目策划报告意义十分重大，任何策划者都必须高度重视其在报告中的作用。对于房地产策划竞赛参赛队来说，要在其报告中有创意，需要先了解创意的含义。

8.1.1 创意含义

创意是由“创”与“意”两个汉字构成的一个汉语词汇。其中，第一个“创”字是动词；第二个“意”字是名词。要想揭示创意的含义，需先弄清楚这两个汉字的含义。

1. 创意词源

(1) 创的含义。根据现代汉语词典的解释，“创”是多音多义字，既可以念一声，也可以念四声。但只有念四声的“创”字才符合要求。

念四声时，其含义是开始(做)，初次(做)。

以创字(四声)作为词头的汉语词汇(动词)主要有如下七个：

①创办；②创建；③创立；④创新；⑤创业；⑥创造；⑦创作。

以创字(四声)作为词头的汉语词汇(名词)主要有如下三个：

①创见；②创举；③创意。

(2) 意的含义。根据现代汉语词典的解释，“意”字是名词，一般有如下四个含义：

①意向；②意义；③意料；④想法。

2. 创意的词典解释

根据现代汉语词典的解释，创意就是有创造性的想法、构思。

3. 创意的一般理解

顾名思义，创意是创造意识或创新意识的简称，它是指在对现实存在事物的理解以及认知的基础上，所提出的一种新的抽象思维和行为潜能。

创意是一种通过创新思维意识，进一步挖掘和激活资源组合方式进而提升资源价值的方法。

4. 创意的本质

创意最根本的特点就是传统惯例的叛逆，是打破常规的哲学，是破旧立新的创造与毁灭的循环，是思维碰撞、智慧对接，是具有新颖性和创造性的想法，不同于寻常的解决方法。

8.1.2 创意类型

关于创意的类型，众说纷纭。本书借鉴了其中的一种，将创意类型界定为如下五种。

1. 功能整合型创意

这种创意以实用问题解决为导向，通过对现有功能的整合实现创新，解决原有产品无法解决的实用问题。

有些功能整合型创意具有原创性，因为从来没有其他人实现过这些不同功能的整合。

另外有些功能整合型创意虽然没有原创性，但也对现有功能进行了强化升级。

2. 环境协调型创意

这种创意以解决人与环境的协调问题为导向，创造出人与自然和谐相处的产品或服务。

在环境问题日益严重的时代，环境协调型创意具有越来越大的发展空间。

3. 极限深入型创意

这种创意以解决细节问题为导向，创造出细节上深入现有技术极限的产品或服务。

细节有如下三个层次的含义：

① 物质层次的细节；

② 心理层次的细节；

③ 物质和心理两个层次的细节。

一般来说，达到前一层细节相对容易，达到后一层细节要难一些，最难的是要达到第三层细节。

4. 分化投射型创意

这种创意以解决分化问题为导向,创造出相对于原先更广泛的经济现象有所分化的新的经济现象。

随着社会发展、经济增长和科技创新,不断有新产业从原来更广泛的产业中分化出来,也不断有新客户从原来更广泛的客户中分化出来。

以当今最火热的电子商务为例,它就是从原来的商业中分化出来。而电子商务的客户,实际上也从原来的客户中分化出来。

如果能够抓住这种分化的历史发展机遇,将创意投射到新分化出来的产业、客户,就可能创造新的产业、新的客户。

5. 外围拓展型创意

这种创意以解决品牌的外围拓展问题为导向,创造出可以让品牌价值向更广阔外围领域拓展的空间。

在现代品牌时代,品牌都具有可以向外围拓展的实力,因此,充分发掘品牌的外围空间,是最大限度发掘品牌价值的关键。

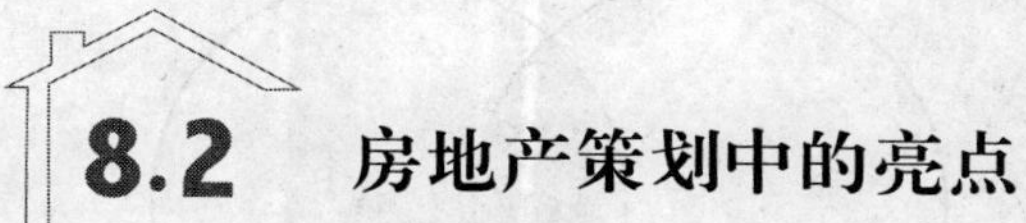

8.2 房地产策划中的亮点

在房地产开发项目策划报告中,亮点是另一个极为关键的得分项。

8.2.1 亮点的含义

与创意类似,亮点也是由两个汉字构成的一个汉语词汇。其中,第一个“亮”字是形容词;第二个“点”字是名词。要想揭示亮点的含义,需先弄清楚这两个汉字的含义。

1. 亮点词源

(1) 亮的含义。根据现代汉语词典的解释,“亮”是多义字,既可以是形容词,也可以是动词,当然,只有形容词的“亮”字才符合要求。

“亮”字作为形容词有以下含义:

① 形容光线强;

② 形容人的心胸开朗或者人的思想清楚;

③ 形容事物色彩鲜明。

（2）点的含义。根据现代汉语词典的解释，“点”字是名词，但也是多义字，有三重含义，而每一重含义又具有多个细化含义，其中只有第一重含义符合要求。

在“点”字的第一重含义中，作为名词有如下两个细分含义：

① 一定的地点或程度的标志；

② 事务的方面或部分。

2. 亮点的词典解释

根据现代汉语词典的解释，亮点有如下两个含义：

① 有光彩而引人注目的人或事物；

② 突出的优点。

其中，只有亮点的第一个含义才符合要求。

8.2.2 亮点与创意的异同

亮点与创意，既相似又相异。

1. 两者的原始关系

根据现代汉语词典的解释，亮点与创意的关系见图 8.2。

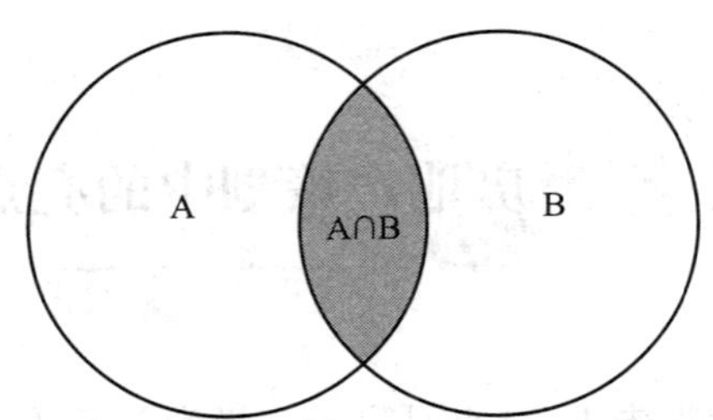

图 8.2 亮点与创意的关系

在图 8.2 中，A 代表创意，B 代表亮点。两者有交叉的部分，也有未交叉的部分。

在图 8.2 中，左侧未交叉的部分，表示虽然是创意，但不是亮点。中间交叉的部分，表示既是创意也是亮点。右侧未交叉的部分，表示虽然不是创意，但却是亮点。

2. 两者关系的根源

导致两者出现如此关系的根源在于，创意的实质是“新”，而亮点的实质是“亮”。“新”是指从无到有，“亮”是指从暗到明，两者的指向并不完全一致。

实际上，有太多的新事物，在其诞生初期，并不会引起人们的关注，这就需要有远见的杰出人士来发现它们的原因。这类新事物就落在了图 8.2 的左侧未交叉的部分。

从另一个角度看，也有太多所谓光彩照人的事物，本质上却只是旧事物。这类事物就落在图 8.2 的右侧未交叉的部分。

3. 房地产策划竞赛评选中的两者关系

在全国高校房地产创新创业竞赛的评审中，评委往往并不严格区分创意与亮点，或者说，创意也作为亮点，亮点主要来自创意。

因此，在后文中，本书就将创意和亮点这两个并不完全一致的事项合并为一个事项，统称为创意与亮点。

8.3 房地产策划创意亮点形成与确定的方法与机制

用于房地产策划竞赛的评分，关键就是创意与亮点的评分，因此，对于全国高校房地产创新创业竞赛参赛队来说，形成与确定创意与亮点就是其整个房地产开发项目策划中最具挑战性，也最需要创造性的工作。

8.3.1 创意与亮点形成的方法

根据多年的经验，一支房地产策划参赛队要想形成房地产开发项目策划报告中的创意与亮点，可以采用如下三种方法。

1. 借鉴激发法

所谓借鉴激发法，就是在学习他人成功经验的过程中，受到激发，从而产生创意与亮点的方法。

借鉴就把他人(通常是领域内成功的人)作为学习的标杆，将其与自己进行对照，吸收其成功经验，牢记其失败教训，从而使自己进步。

通过借鉴他人，可以发现自己的不足，而克服了自己的不足，就可能产生令人刮目相看的新奇感，这就是亮点。而通过借鉴他人，还可以发现自己的独到之处，而一旦发挥了自己的独到之处，这就是创意。

因此，借鉴激发法是一支全国高校房地产创新创业竞赛参赛队形成创意与亮点的基本方法之一。

2. 自由联想法

创意需要打破常规，这就需要房地产策划参赛队每一个成员都能够通过自由联想，超越固有的思维常规。

3. 头脑风暴法

实际上，头脑风暴法就是自由联想法。不过，本书将自由联想作为个体层面的创意与亮点的形成方法，而将头脑风暴法作为团队层面的创意与亮点的形成方法。

头脑风暴法出自“头脑风暴”一词。所谓头脑风暴(brain-storming)最早是精神病理学上的用语，指精神病患者的精神错乱状态而言的，如今转意为无限制的自由联想和讨论，其目的在于产生新观念或激发创新设想。

采用头脑风暴法组织群体决策时，要集中所有参赛队员召开专题会议，组长应以明确的方式向所有参与者阐明问题，说明会议的规则，尽力创造融洽轻松的会议气氛。一般不发表意见，以免影响会议的自由气氛。由各个参赛队员“自由”提出尽可能多的方案，如果组长也愿意参与其中，就以普通参赛队员的身份参与自由讨论。

采用头脑风暴法，一般分三个阶段，见图8.3。

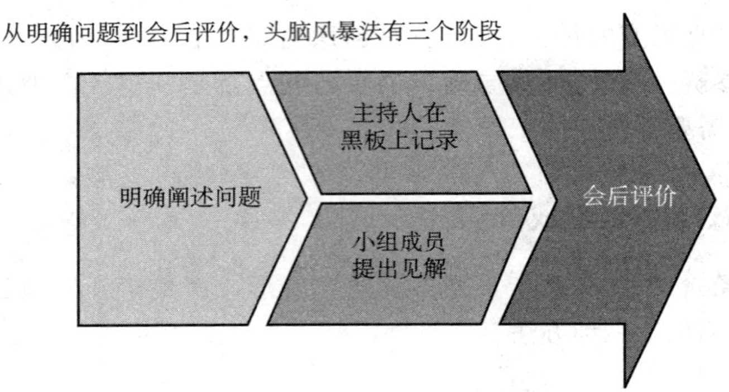

图8.3 头脑风暴法的实施程序

(1) 事前的准备。事前的准备主要是设定拟采用头脑风暴法解决的问题。如果不预先设定问题，实施问题导向，头脑风暴就可能成为胡思乱想，整个头脑风暴会议就会失去控制。

(2) 正式实施头脑风暴。对于房地产策划竞赛参赛队的组长来说，不仅要做好会议的主持工作，而且应避免跑题。对于每一位房地产策划竞赛的参赛队员来说，要紧扣会议主题进行自由联想，打开大脑中的所有脑细胞。

(3) 会议后要进行整理。在头脑风暴的过程中，可能出现各种各样稀奇古怪的想法，这些想法彼此之间可能在表面上看毫无关联，这就需要会后进行必要的整理，使之成为一个统一的差异或亮点。

从这一点说，实施头脑风暴法，需要参赛队员在一定训练的基础上才能有效实施。

8.3.2 创意与亮点确定的机制

一旦打开了创意与亮点的形成思路，就会涌现出大量的创意与亮点，这就需要房地产策划参赛队对形成的创意与亮点进行确定，以决定哪些创意与亮点可以采用，哪些只能忍痛割爱。

1. 确定创意与亮点的原则

关于创意与亮点的确定，应坚持如下六项原则。

(1) 禁止批评和评论的原则。对其他组员提出的任何想法，包括组长在内都不能批判、不得阻拦。即使自己认为是幼稚的、错误的，甚至是荒诞离奇的设想，亦不得予以驳斥；同时也不进行自我批判，在心理上调动每一个与会者的积极性。

在这个过程中，应彻底防止出现一些"扼杀性语句"和"自我扼杀语句"。诸如"这根本行不通""你这想法太陈旧了""这是不可能的""这不符合某某定律"，以及"我提一个不成熟的看法""我有一个不一定行得通的想法"等语句，禁止在会议上出现。只有这样，与会者才可能在充分放松的心境下，集中全部精力开拓自己的思路。

(2) 广开思路的原则。在头脑风暴法实施会上，只强调大家提设想，越多越好。会议以谋取设想的数量为目标。

(3) 全部记录的原则。参加头脑风暴会议的与会人员一律平等，各种设想全部记录下来。与会人员，不论是该专业的参赛队员一律平等；还是各种设想，不论大小，甚至是最荒诞的设想，记录人员也要求认真地将其完整地记录下来。

(4) 独立发言的原则。在头脑风暴会议中，不允许与会者私下交谈，以免思维的相互干扰而失去个性和自我。

(5) 自由的原则。要想大量形成创意与亮点，就必须在参赛队中提倡自由发言，畅所欲言，任意思考的氛围。提倡自由奔放、随便思考、任意想象、尽量发挥，因为它能启发人推导出好的观念。

(6) 整体的原则。参赛队最后还应该强调整体原则，应以小组的整体利益为重，注意和理解别人的贡献，人人创造民主环境，不以多数人的意见阻碍个人新的观点的产生，激发个人追求更多更好的创意。

2. 确定创意与亮点的两种机制

确定创意与亮点，通常有两种机制。

(1) 通过争议解决机制来确定创意与亮点。确定创意与亮点的过程，即全文所指的房地产策划参赛队争议解决的过程，因此，前文所分析的房地产策划参赛队争议解决机制就在这里发生其应有的作用。

(2) 通过筛选来确定创意与亮点。所谓筛选，就是指在头脑风暴会议结束后的1～2天内，组长还应向组员了解大家会后的新想法和新思路，以此补充会议记录。然后将大家的想法整理成若干方案，再进行筛选。经过多次反复比较和优中择优，最后确定1～3个最佳方案。这些最佳方案往往是多种创意的优势组合，是大家的集体智慧综合作用的结果。

8.4 房地产策划创意与亮点范例

关于房地产开发项目策划的创意与亮点，本书选择了四个范例供本书的学习者借鉴。

8.4.1 房地产策划创意与亮点范例一及其评析

本书所选择的范例一是北京交通大学的尚城项目，它是2010年上半年举办的第三届“顾问城”杯北京市大学生房地产策划大赛二等奖作品。

尚城项目的创意与亮点体现在两个领域，分别是案名设计与项目功能定位。

1. 尚城项目案名设计创意与亮点简介

尚城项目的案名设计包括三个部分，分别是案名及其解读、LOGO及其解读以及广告词。

(1) 尚城项目案名及其解读。尚城，其主体为“尚”，顾名思义为时尚之城、高尚之城。本案的名称“尚城”在这里具有多重的概念，从各个方面都不约而同地衬托出项目的主题。

① “尚城”解读之一。“尚”字给人最直接的印象便是“时尚”，而与“时尚”这一主题结合最紧密的便是“年轻”“活力”等词汇。昌平新城东区，作为一个即将规划完成的京城新地域，便是一片年轻且充满活力的地域。未来的昌平新城东区，将会成为“富有创新实力的科技新城”，这片北京最北的新生地带必将在今后引领京城的时尚，成为年轻人的新一代淘金圣地。

② “尚城”解读之二。“尚”城：“尚”字为“上”字谐音，本案位于京城正北，自古以北为上。且昌平新城东区西邻东沙河，东邻九里山，面向六朝古都，背靠明十三陵及莽山森林公园，环境优越、风景优美，将会被打造为“极具自然魅力的生态家园”。因此尚城之所在，实为上风上水，凸显出高尚的气息。

③ “尚城”解读之三。“上城”的反义词为“下城”，而在英文中上下城的意译分别为Up Town和Down Town。在国际大都市中，Down Town都是作为一个城市的政治、经济和文化中心而存在的，而Up Town更多是作为休闲区及文化区。综观京城布局我们可以发现，以紫禁城为中心的周围环形地带正是北京的政治、经济与文化中心，完全符合Down Town的定义。而位于北京城区以北的昌平新城，在未来将会成为“汇聚文化张力的休闲圣地”，与南面的核心区遥相呼应，将会成为京城新的Up Town，这也是尚城英文名称的含义所在。

(2) 尚城项目LOGO及其解读。尚城项目的LOGO见图8.4。

图8.4 尚城项目的LOGO

"尚城"的主题包括时尚和高尚两个方面,凸显时尚的文化氛围和高尚的精神享受;同时谐音"上城",意为城上城,在商场之上再建楼,表示位置比较高,视觉效果在上;此外借西方的"Up Town"之意,表示尚城的商业价值和居住档次既高于所谓的"Down Town"和"Mid Town",又有富人区或者上层社区的意味在里面,体现了尚城的居住群体档次比较高。

LOGO的设计以蓝色为底色,这种冷色调会给人以秀丽清新、宁静、豁达、沉稳的感觉,纯净的蓝色表现出一种美丽、冷静、理智、安详与广阔。此外,欧洲的贵族往往被称为有"蓝色的血",蓝色被认为是一种纯洁的色彩,所以用蓝色做基调,意指"Up Town"中居住着尊贵的人。配合着白色的云朵、蓝天,给人广袤博大之感;白云,给人美丽飘逸之感,蓝天白云组合在一起给人广阔无垠而又飘逸自由的感觉,无限舒适和惬意。在字体的色彩上,"Up Town"配合白云使用白色镂空字体,尽显洁白高贵之意;"尚城"则采用淡灰色字体,与蓝色背景完美映衬,体现典雅悠远、古朴高尚的感觉。

从LOGO的设计标志来看,蓝天中飘逸的白云轻盈飞舞,白云之上是我们的"城上城",抽象的曲折线条勾勒出尚城挺拔傲立、耸入云霄的建筑特色,同时也表现了尚城独特的建筑风格,楼型的巧妙设计完美地利用了空间优势,既给人一种梦幻的感觉,又给人新颖独特的享受。尚城四周白云环绕,居住其中仿佛梦入仙境,给人飘逸、轻松、自由、高尚的美妙感受,从尚城眺望,全区美景尽览其中。

最具特色的应该是尚城的"空中花园",在LOGO的右上部分,抽象简约的方形小框点缀其中,蓝天白云之上的"空中园林"给人空灵、玄妙的神奇感觉。古希腊神话中,空中花园可以使其坐落于城市中的居民安定,可以启动工业性文明的黄金时代,尚城的"空中花园"借用此意,仙境中的花园预示着尚城的高尚和谐以及繁荣兴盛。漫步于"空中花园",白云缭绕,仙意浓浓,别有一番韵味。

整体来看,该LOGO以蓝色为基调,以"白云"为主题,营造了一种广阔、梦幻、轻盈的氛围。蓝天白云中的"尚城"和"空中花园"为人们的居住和娱乐提供了最好的条件,居住其中似有梦入仙境之感。"Up Town"结合西方文化,体现了尚城居住群体的高贵;"尚城"两字则以淡灰色显示尚城古典高雅的文化特点。整体设计贴合尚城建筑风格,简约明快中给人留下深刻印象。

(3) 尚城项目广告词。尚城项目设计了两组广告词,分别是两组对联,分别位于其宣传片的开篇与结语部分。

① 尚城项目开篇部分的广告词。尚城项目宣传片开篇部分的广告词是:

上联——上品尚贤商天下；

下联——呈祥城客称八方。

② 尚城项目宣传片结语部分的广告词。尚城项目宣传片结语部分的广告词是：

上联——风尚时尚高尚；

下联——上风上水上城。

2. 尚城项目客户分析创意与亮点简介

尚城项目的项目功能定位包括三部分内容，分别为项目竞争分析、项目核心定位、项目补充定位。

(1) 尚城项目竞争分析梗概。尚城项目对周边三个竞争项目分类进行了详细的分析，分析项目包括物业类别、建筑类别、环线位置、物业地址、交通状况、开盘时间、容积率、物业费、开发商、预售情况、售楼地址、占地面积、建筑面积、项目特色、装修状况、所属商圈、入住时间、绿化率、物业管理企业 19 个项目。

(2) 尚城项目核心定位梗概。尚城项目核心定位是休闲。尚城项目推出了具有特色的休闲方式。在商场的上面，尚城项目修建了空中花园，仿建不同风格的园林建筑，增添艺术美！同时，尚城项目在园林旁边修建一些小型茶馆、咖啡厅、酒吧，适应不同兴趣和不同职业的人，附近有很多科技园、写字楼和金融机构，这些上班族可以在上班休息时到尚城项目的休闲厅聊天、会友或休息，在这里，人们既可以感受到园林的艺术美，又可以眺望旁边的水上公园，同时能一览整个新区的风景，在真正的"尚城"中，艺术的情调、自然的秀丽和广阔的视野能让人真正放松心情，得到充分休息，提高工作效率，并碰撞出思想的火花，推进事业的发展！

(3) 尚城项目补充定位梗概。尚城项目补充定位包括两项，分别是绿色和人文。

① 尚城项目绿色定位梗概。尚城项目绿色定位包括七项内容：

- 绿化配置以植物群落为主，兼顾草坪；
- 绿化布局兼顾集中与分散；
- 绿化兼顾实用性和艺术；
- 绿化设计功能与形式统一；
- 绿化设计要因地制宜；
- 居住区绿地规划应以人为本；
- 居住区绿化要科学。

② 尚城项目人文定位梗概。

尚城项目人文定位包括六项内容：

- 营造浓郁的全民健身氛围；
- 提供多彩文化生活；
- 修建"爱心书屋"；
- 播放露天电影，在浪漫、怀旧的气氛中增进邻里之情，增添生活情趣；
- 建立居民信箱，设立公开电话，24 小时有人值班，随时为居民提供服务；

● 通过绿化创建优美环境。

3. 尚城项目创意与亮点评析

(1) 尚城项目案名创意与亮点评析。尚城项目案名及其 LOGO、广告词是极富创意的。

首先,尚城项目通过对“尚”及其谐音“上”,乃至对应的英文的解读,一个字,可以涵盖项目品质、大体的地理位置、地域的未来发展空间等诸多信息,体现了案名构思者丰富的设计理念以及巧妙的解读水平。能够用最少的字将如此多的内涵包括在内,这是案名设计的一种极高的水平,这一点值得本书的读者借鉴与效仿。

其次,尚城项目 LOGO 的设计与案名的含义有着很高的匹配度,读者对其 LOGO 的观感与其自身对案名的解读高度重合,既显示了 LOGO 设计的合理性,也展现了 LOGO 设计的创新性。

最后,尚城项目设计的两组广告词,不仅巧妙地将其案名嵌入,而且也彰显了自身的品质,并影射了核心客户与地理区位,且前后对应,显示出创造者比较高的文化水准。

当然,尚城项目也存在两个不足:第一,名称极易被他人想到,事实也证明这个案名被某房地产开发企业所采用并注册;第二,广告词、LOGO 与案名之间如果仔细推敲,还有一些牵强之处。

(2) 尚城项目的项目功能定位创意与亮点评析。尚城项目功能定位,能够通过对竞争项目的充分分析,并根据自身特色,分别进行核心定位和补充定位,使项目功能分工有序。

尚城项目的核心定位与补充定位模式,具有一定的创新性,值得本书的读者思索和借鉴。

综合考虑,尚城项目的项目功能定位层次清晰、定位中实施方案也非常到位,是一个优秀的房地产开发项目的项目功能定位范例。

不过,尚城项目的核心定位即休闲,是否能够合理落实,并以此为其核心卖点,还存在比较大的风险,需要进一步分析。

8.4.2 房地产策划创意与亮点范例二及其评析

本书所选择的范例二是北京交通大学的叶璞项目,它是 2010 年下半年举办的第四届“首开杯”北京市大学生房地产策划大赛二等奖作品。

叶璞项目位于顺义区李桥镇三四营村北侧,紧邻机场东路,和首都机场新的航站楼 T3 遥遥相望。总规划用地面积 17.240 9 公顷。

叶璞项目的创意与亮点体现在两个领域,分别是客户定位与项目功能定位。

1. 叶璞项目客户定位创意与亮点简介

叶璞项目的客户定位包括四部分内容,分别是客户定位决策分析、核心客户分析、重要客户分析和其他客户分析。

(1) 叶璞项目客户定位决策分析梗概。叶璞项目客户定位决策包括两个部分，首先是主要参考因素分析，其次是定位原则确定。

叶璞项目客户定位决策主要参考因素见表8.1。

表8.1 叶璞项目客户定位决策主要参考因素

1. 基本特征分析	2. 置业用途分析	3. 需求偏好分析	4. 信息渠道分析
个人特征	购房目的	价格因素	报纸
家庭特征	关注因素	户型面积	电视
生活形态	需求考虑	户型功能	造纸
业余爱好	选择影响	户型设计	网络
对楼市的判断	购买行为	人群关系	其他传媒

叶璞项目客户定位原则：保持客户群体之间的和谐，彼此间整体差距不大。

(2) 叶璞项目核心客户分析梗概。根据对项目所在地域特征和SWOT分析，叶璞项目核心客户包括如下几类。

① 在国门商务区工作的中层管理者。

◇ 职业特征：项目附近航空产业配套区内企业的管理中层，国际商务核心区和商业综合服务区内从事商务活动的相关人员。

◇ 购房动机：住在自己的房子里，拥有归属感，或是结婚购房。

◇ 购房费用：个人积蓄、贷款。

◇ 购房意向：主要考虑三室。

◇ 影响因素：注重价格，对住宅区内和周边环境及配套设施要求较高。

◇ 发展分析：这部分客户为非原住人群，来京或在国内商务区工作时间多在三年以上，文化层次中高，随着收入的提高和生活的逐步稳定，置业安家愿望逐步强烈。出于对生活环境的熟悉度与方便工作的考虑，本项目紧邻国门商务区，故是其首选区域。

② 机场系统和产业链相关从业人员。

◇ 职业特征：属于机场或航空系统内部，如各航空公司、机场空勤、地勤和维修人员等；属于机场相关产业链，诸如航空物流、航空广告等产业。

◇ 购房动机：由于工作关系原因，需要离机场很近，但又想有个人生活空间。

◇ 购房费用：个人积蓄、公司支持、贷款。

◇ 购房意向：三室或两室(家庭)，小户型(个人)。

◇ 影响因素：地域是最主要的影响因素。

◇ 发展分析：这部分客户为从事机场相关工作的人员，对噪声的反感因素不会特别明显。他们有的是安家，有的是个人独居，因此户型设计要考虑此点。叶璞项目临近机场，故对其有较大吸引力，要注重对此类人群的宣传推广。

(3) 叶璞项目重要客户分析梗概。叶璞项目重要客户包括两部分。

① 附近原住人群。

◇ 职业特征:工作地点多在顺义本区,职业范围较广,但主要为管理人员、企业职员和专业技术人员以及行政人员。

◇ 购房动机:年轻人,多为成家立业而买房;中年人,收入水平提高,想改善居住质量。

◇ 购房费用安排:资金来源有家庭积蓄,父母资助,但大都仍需一定的贷款。

◇ 购房意向:可以接受高品质的住宅,套内面积在80～100平方米。

◇ 影响购房因素:地段不是主要障碍,因为多为本地人,对顺义多有归属感,最关心的是性价比以及与原居住环境的对比,项目的户型以及能提供的硬件设施、环境氛围、产品档次感觉等。有车位需求。

◇ 发展因素分析:此类客户对本项目区域环境比较了解,国门商务区的规划建设以及项目所在的地理位置对他们有所吸引。此外,他们对产品、配套的需求要与原来的居住环境有质的改变。但机场噪声是不利因素。

② "瞪羚企业"。"瞪羚企业"是指一种高成长型的企业,这些企业在发展初期往往会受资金制约,倾向于选择比较便宜的办公地点,由于信息沟通的发达,其往往对区位不太敏感,本案商业区与国贸、中关村和金融街相比,既有便宜的租金,也有相对舒适的办公环境,而且国门商务区有良好的发展前景,因而对此类企业有一定吸引力。此类企业符合案名"璞"的特点,由"璞"到"玉",万般磨砺方有质的升华。

(4) 叶璞项目其他客户分析梗概。

① 房地产投资者。此类人群范围不定,个人资金实力雄厚,主要以投资为主,看好顺义以及国门商务区未来的发展前景,属于"偶得"客户群体。

② 城市"逃离"者。此类人群迫于北京中心城区高房价压力,有一定的生活品质的要求,工作地点可能仍在市中心,他们关注的主要应是价格和交通因素。

2. 叶璞项目功能定位创意与亮点简介

叶璞项目的项目功能定位包括三部分内容,分别为竞争分析、商业区功能定位、住宅区功能定位。

(1) 叶璞项目竞争分析梗概。叶璞项目对周边六个竞争项目分类进行了详细的分析。

住宅类竞争项目选择了三个项目,分析项目包括地理位置、物业类别、建筑类别、项目特色、容积率、绿化率、建筑面积、平均房价、物业费、开发商、项目优点、项目缺点12个项目。

商业类竞争项目选择了三个项目,分析项目包括地理位置、物业类别、建筑类别、容积率、绿化率、建筑面积、平均房价、物业费、开发商、项目优点、项目缺点等项目。

(2) 叶璞项目商业区功能定位梗概。商业区作为叶璞项目两大组成部分之一,属于国门商务区范畴,但区位位置优势不明显,因此在项目定位上考虑将其作为国门商务区临空经济功能的延续和补充,打造"生态、环保、人性化、可持续"商业服务和商务办公环境。

叶璞项目依托国门商务区得天独厚的地理优势、畅通便捷的交通网络、科学合理的园区规划、配套完善的基础设施及高效优质的投资服务，在商务上着重于吸引航空附属产业(航空物流、航空服务)以及投资服务、保险、研发设计等公司，既服务于叶璞住宅区，同时也服务于周围辐射区域，包括酒店餐饮、购物中心、文化服务、健身休闲等商业功能。

(3) 叶璞项目住宅区功能定位梗概。叶璞项目住宅区功能定位包括两部分内容。

① 叶璞项目住宅区功能定位原则确定。叶璞项目户型设计原则：

◇ 注重户型的细分与精细化，考虑不同人群需求：

◇ 关注舒适和实用的协调，体现人性关怀；

◇ 尊重个人空间，营造家庭的概念。

② 叶璞项目住宅区户型定位。叶璞项目设计了四种户型，以两居和三居为主，主要面积在 85～100 平方米，辅以少量的 60 平小户型和 120 平以上户型。四种户型面积与户数见表 8.2。

表 8.2 叶璞项目四种户型情况

面积区间(m^2)	60	75～95	100～120	120～150
数量(户)	44	220	248	108
比例(%)	7	35	40	18
居数	一居	二居	三居	三居/四居
特征	个人生活居所，私密独立自由	经济实惠	适宜三口之家	舒适

③ 叶璞项目经济系列户型。

设计理念：高性价比凸显实用价值，生活共享"呵护家"的感觉。

客户诉求：精彩的人生刚刚起步，尚未进入一种稳定的状态，事业与社会地位处于上升阶段，这里可谓他们事业的起点。他们并不需要舒适的物业，只需要一个属于自己的家，疲惫时得以栖息。有句话叫"房子是婚姻的基础"，准备结婚的人群是房子的刚需者，同时由于经济能力限制，他们注重品质的实用性，同时更关注房子的性价比。

性质体现：要与当前市场上的同种户型形成差异，突出实用性，体现优惠性，同时通过赠送凸窗、露台、阳台等方式增强其实用性与舒适性，达到提升产品价值的目的。空间可变满足主人个性居住需求，两房可变三房，实现生活功能的扩充。

④ 叶璞项目舒适系列户型。

设计理念：多变空间释放生活激情，舒心家居提升精神品位。

客户诉求：事业有成，多为企业管理者，对未来充满自信，有一定的掌控欲望，有一定经济实力和社会地位。家庭是他们事业的支撑，他们也希望在自己的家里能够得到充分的放松和精神上的享受。

性质体现：考虑功能的完备性和空间的舒适度，打造温馨阳光家居，动静合理分区，主卧私密性好。景观良好，突出视觉享受；通透性强，满足新鲜呼吸欲望。舒适尺度自己掌握，做生活的主人。

⑤ 叶璞项目温馨系列户型。

设计理念:合理布局满足生活需要,阳光通透彰显人性关怀。

客户诉求:经济能力有限,很难承受较大面积的住宅,但又有居住需求,对他们而言,家是很重要的概念,是奋斗的起点与动力。

性质体现:满足居住功能,突出实用性,合理规划设计利用空间,体现人性关怀。必要时考虑改造情况。阳光通透,给人生活的奋斗之动力。

⑥ 叶璞项目温情系列住宅。

设计理念:合理布局满足生活需要,阳光通透彰显人性关怀。

客户诉求:经济能力有限,很难承受较大面积的住宅,但又有居住需求,对他们而言,家是很重要的概念,是奋斗的起点和推动力。

性质体现:满足居住功能,突出实用性,合理规划设计利用空间,体现人性关怀。必要时考虑改造情况。阳光通透,给人生活的奋斗之动力。

3. 叶璞项目创意与亮点评析

(1) 叶璞项目客户定位创意与亮点评析。叶璞项目的客户定位,先从客户定位决策基本事项入手,使客户定位避免了盲目性。关于客户,叶璞项目划分为核心客户、重要客户和其他客户,客户的层次分明。对于客户的特征,叶璞项目的刻画非常到位。

综合考虑,叶璞项目的客户分析结构清晰,层次分明,是一个优秀的房地产开发项目客户分析范例。

如果能够补充关于核心客户、重要客户、其他客户层次划分的简要说明,客户分析的内容将更加完整。

(2) 叶璞项目功能定位创意与亮点评析。叶璞项目的项目功能定位,能够通过对竞争项目的充分分析,再根据自身特点,分别进行功能定位,使得项目功能分工有序。关于住宅定位,叶璞项目分别从设计理念、客户诉求、性质体现三个角度进行功能定位,兼顾了供求双方,使住宅定位更加合理,更符合市场需求。叶璞项目的户型设计,与其项目地理位置特征相符,且层次既多样化,又有衔接性。

综合考虑,叶璞项目的项目功能定位功能分区清晰、定位角度多元化、户型设计层次合理,是一个优秀的房地产开发项目的项目功能定位范例。

如果能够对商业区功能定位再细化,并说明两个区域的衔接,这项目功能定位的内容将更加完整。

8.4.3 房地产策划创意与亮点范例三及其评析

本书所选择的范例三是北京交通大学的若水方圆项目,它是 2011 年下半年举办的第五届"中房信克而瑞杯"北京市大学生房地产策划大赛二等奖作品。

若水方圆项目的创意与亮点体现在两个领域,分别是案名设计和客户定位。

1. 若水方圆项目案名设计创意与亮点简介

若水方圆项目的案名设计也包括三个部分，分别是案名及其解读、LOGO及其解读以及广告词。

(1) 若水方圆项目案名及其解读。楼盘名字“若水方圆”出自唐代著名诗人顾况《宜城放琴客歌》中的“上善若水任方圆”一句。

“上善若水。水善利万物而不争，处众人之所恶，故几于道。居善地，心善渊，与善仁，言善信，正善治，事善能，动善时。夫唯不争，故无忧。”——老子《道德经》。

这里实际说的是做人的方法，即做人应如水，水滋润万物，但从不与万物争高下，人亦应如此，安守着无人来争、与人无争的善地；心境如深渊一般清明宁静；行为因内心的祥和而对众生充满慈爱；言语因清静无为、不求名利而自然信义卓著；政治上也会因为无私无欲，不刻意追求有为之功而能因循自然地治理；在去除一切私心杂欲，求名取利好大喜功之心后，才能真正把所有的心力专注于办事，从而无所不通。这正是我们楼盘的核心价值观：强调人内心的宁静与祥和。

《周易》中也有兑卦与此义相同，水的柔弱使水能方能圆，无所不及。老子的“方圆有致”告诫我们，凡事要讲究方式方法。一个人要“方圆”相结，如只有“方”，必然会碰壁，只有“圆”就成了没有主见的墙头草，都将一事无成。

(2) 若水方圆项目LOGO及其解读。若水方圆项目的LOGO见图8.5。

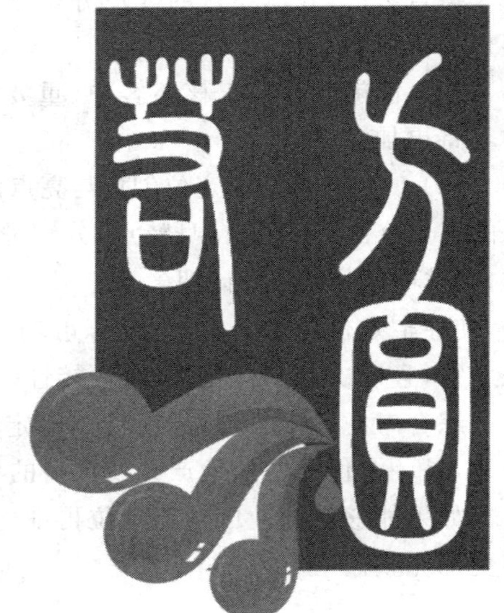

图8.5 若水方圆项目的LOGO

“若水方圆”采用繁体篆书书写，彰显出鲜明的中国特色。边框是长方形，“水”字用三个圆的水滴表示，寓意着天圆地方，同时体现了我们的理念：营造“静水流深”的生活方式。绿色的背景象征着我们的追求：创造绿色生活，住在这里的每一个人都是“上善之人”。

孔子曰：“智者乐水，仁者乐山。智者静，仁者动。智者乐，仁者寿”。

“静水”象征着为人处世不张扬，态度柔和，拥有平静祥和的生活，洗去内心深处所有的张扬和浮躁，在一天繁忙的工作之后，回到家中能安享家的宁静与温馨。

“流深”意味着胸中自有万千丘壑，不动声色却锋芒毕露，因为生命的存在，梦想才会存在，平静的生活也遮掩不住追逐理想的心，在最平凡的日子里也能让灵魂保持一种激情。

静，就是生命的完满；水，就是生命的本源；流，就是生命的体现；深，就是生命的蕴藉。

上善若水，静水流深。在这样一个浮躁的社会里我们都应该做到时刻让自己的内心保持平静。

(3) 若水方圆项目广告词。若水方圆项目只设计了一组广告词，是一组对联，位于其宣传片的开篇部分。

若水方圆项目宣传片开篇部分的广告词是：

上联——厚德载物宽天下

下联——上善若水任方圆

2. 若水方圆项目客户定位创意与亮点简介

若水方圆项目的客户定位包括三部分内容，分别是社会购买人群分析、目标客户分类、目标客户总体分析。

(1) 若水方圆项目社会购买人群分析梗概。若水方圆项目按照收入水平和文化层次两个指标，以低、中、高三个水平层次，可将社会人群划分为九个组群，见表 8.3。

表 8.3 若水方圆项目社会购买人群分析

分 类	特 征	动机
高收入、高文化的顶级贵族阶层	数量少，购买力强，强调享受，注重品牌文化	享受
高收入、中文化的社会精英阶层	数量不多，但购买力强，对产品档次、品牌形象注重较多	自住
高收入、低文化的暴发户阶层	数量少，购买力强，市场跟进心理强，看重社区的品牌和购买人群，以满足其攀龙附凤，显示身份的心理	享受
中收入、高文化的知识英才阶层	是最核心的骨干阶级，规模最大，是社区文化和生活方式的主要参与者、促进者，年龄在 35 岁左右，职业以高级专业人才（自由职业者）、高级管理人才（职业经理人）和高级公务员为主	常住
中收入、中文化的高级白领阶层	随市场推广力度的加大和社区品牌效应的扩大，其数量增加较快	自住
中收入、低文化的普通市民阶层	数量少，其作用是补充性的，是小户型的购买者	投资
低收入、高文化的前卫另类阶层	是项目品牌与生活方式的追捧者，年龄在 32 岁以下，收入不太高，但年轻、前卫、新潮，喜爱运动，追求新的生活方式，属于超前消费一族，是项目中小户型的主要购买者	过渡
低收入、中文化的清贫工薪阶层	数量多，购买力较弱，注重户型和价格	自住
低收入、低文化的社会底层	购买力弱，是小户型的购买者	自住

(2) 若水方圆项目目标客户分类梗概。若水方圆项目将客户分为核心客户、重要客户、潜在客户三个层次，见图 8.6。

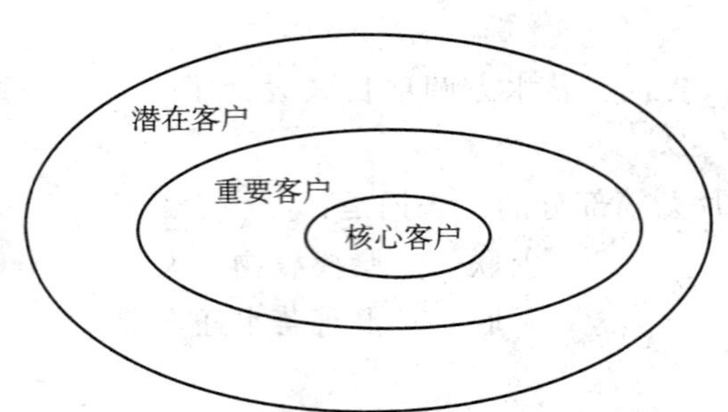

图 8.6 若水方圆项目的各级客户

① 若水方圆项目核心客户分析。若水方圆项目核心客户包括以下三种群体。

◇ 很多原来住在西三旗的居民在退休后，想回到这里居住，一方面是因为对这里的感情；另一方面是想要享受晚年生活。

◇ 向往相对慢节奏的清静生活，但却不愿意和在城中工作的子女相距较远，仍希望有便捷的方式去看望子女。

◇ 获得拆迁补助，但不希望离开本地并且想要改善住房条件的本地居民。

② 若水方圆项目重要客户分析。若水方圆项目重要客户包括以下两种群体。

◇ 本项目紧邻地铁站，交通便利，对于在市区工作，但没有能力购买市区住房的年轻工薪阶层。

◇ 本地周边企业工厂的员工，蓝领阶层。

③ 若水方圆项目潜在客户分析。若水方圆项目潜在客户包括以下两种群体。

◇ 看好本地项目未来升值潜力的投资者。

◇ 想在北京置业的外地消费者。

3. 若水方圆项目目标客户总体分析梗概

35～50 岁的中年人占据了购买一期、二期项目绝对的主力，占所调查人数的 81%，他们中相当一部分目前已经拥有商品房或者其他形式的自由住宅，他们年轻时购置的商品房已经到了更新换代的时候，此时他们的经济状况较好，或已经退休或正处于事业上升阶段，渴望能在家中缓解工作压力，享受生活，寻找繁华城市里的一片“静”土，而中国式的建筑风格和苏式园林的完美结合，可让他们在繁华中找到生活的宁静与祥和。

25～35 岁的青年人为三期项目的购买主力，他们价值观较新，崇尚个性化生活，喜欢追逐潮流，讲究居住文化氛围和高尚品位，追求创新，当下的年轻人对中国风颇为推崇，这是其独特个性和品位的体现，而三期项目在钢筋混凝土林立的大城市里满足了年轻人渴望与众不同的心理。

4. 若水方圆项目创意与亮点评析

(1) 若水方圆项目案名设计创意与亮点评析。若水方圆项目案名及其 LOGO、广告词有一定的创意。

首先,若水方圆项目的案名就有一种安居的味道,这与本届比赛所提倡的房地产设计主题:绿色、安居相符合。

其次,若水方圆项目 LOGO 的设计与案名的含义有着很高的匹配度,读者对其 LOGO 的观感与其自身对案名的解读高度吻合,既显示了 LOGO 设计的合理性,也展现了 LOGO 设计的创新性。

最后,若水方圆项目设计的广告词,不仅将其案名嵌入,而且也彰显了自身的品质。

当然,相比尚城项目,若水方圆项目案名设计上显得水平稍逊一些,主要是案名不错,但解读不充分,没有揭示其丰富内涵,广告词水平也逊于尚城项目。

(2) 若水方圆项目客户定位创意与亮点评析。若水方圆项目的客户定位,先从社会购买人群分析入手,这种方式可以最大程度地避免重要的潜在客户在分析中被遗漏。

关于客户,若水方圆项目划分为核心客户、重要客户和其他客户,客户的层次分明。

对于客户的特征,若水方圆项目的刻画非常到位。

综合分析若水方圆项目,其客户分析结构清晰、层次分明,也是一个优秀的房地产开发项目客户分析范例。

如果能够补充关于核心客户、重要客户、其他客户层次划分的简要说明,客户分析的内容将更加完整。

8.4.4 房地产策划创意与亮点范例四及其评析

范例三是北京交通大学的禅中阁项目,它是 2012 年下半年举办的第六届"方兴杯"北京市大学生房地产策划大赛二等奖作品。

禅中阁项目的创意与亮点体现在两个领域,分别是案名设计、项目功能定位。

1. 禅中阁项目案名设计创意与亮点简介

禅中阁项目的案名设计也包括三个部分,分别是案名及其解读、LOGO 及其解读以及广告词。

(1) 禅中阁项目案名及其解读。禅中阁的解读可以用图来说明,见图 8.7。

① "禅"的解读。禅,表示心灵的归宿。

禅林:山泉煮茗味更长,又得禅林半朝款;禅林为意境,幽静的山水环境,绿色建筑融入其中;小区意在远离喧嚣的闹市,另寻一片佳处。

禅心:宁静的心,质朴无瑕,回归本真;在本真中寻找另一个自己,找一个人生的突破;静坐澄心,静默观照,由悟而觉。

禅语:在定中产生无上的智慧;定心所有灵感只为打造独一的住宅;充满舒适而惬意氛围的禅境。

禅,静坐澄心,静默关照,静虑思考。在禅林中品茗,撷取一份悠然;在禅境中净心,舍得一场繁华;在禅意中思虑,收获一个灵感。禅,是心灵最深度的归宿,居于此地,洗去世间沧桑变迁,还人以本真与纯净。

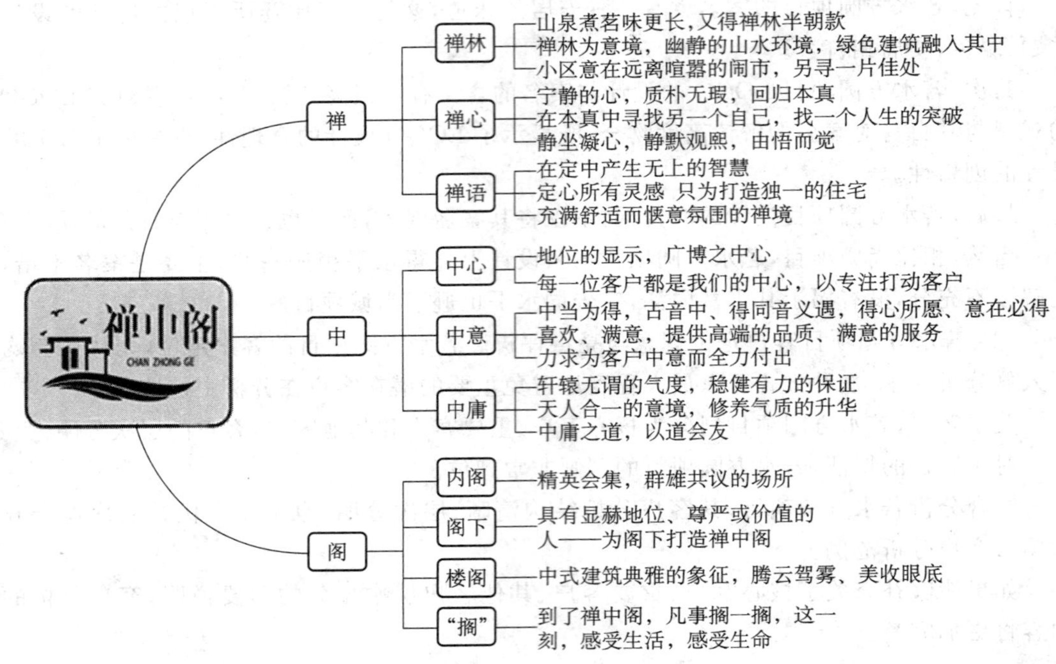

图 8.7　禅中阁项目案名的解读

②“中”的解读。中，表示中心的地标。

中国：成事之人，必是爱国之人；中国之后，必是优秀之才。

中心：地位的显示，广博之中心；每一位客户都是我们的中心，以专注打动客户。

中意：中当为得，古音中、得同音义通，得心所愿、意在必得；喜欢、满意，提供高端的品质、满意的服务；力求为客户中意而全力付出。

中庸：轩辕无谓的气度，稳健有力的保证；天人合一的意境，修养气质的升华；中庸之道，以道会友。

鸟瞰大地，此次项目用地在来广营。中是合的象征，也是标的表示。我们所建与所求，不仅强调天人合一的和谐中庸，更是追求一个地区的中心地标与典范代表。居于此地标志了最核心的力量与最强大的气度，居于此地代表了最辉煌的成就与最绚烂的未来。

③“阁”的解读。阁，表示轩昂的楼宇。

楼阁：中式建筑典雅的象征，腾云驾雾、美收眼底。

内阁：精英会集，群雄共议的场所。

阁下：具有显赫的地位、尊严或价值的人——为阁下打造禅中阁。

同“搁”：到了禅中阁，凡事搁一搁，这一刻，感受生活，感受生命。

阁，是中国古典建筑典雅的象征，是腾空万物、居高临下的地方。在禅中阁，所有建筑就像是静卧于禅意静谧林中的山宅别墅，就像是峰回路转后给人惊奇的轩昂楼宇。在这样的意境下，我们力求提供最高质量的住宅、最高品质的生活、最打动人心的环境。

(2) 禅中阁项目LOGO及其解读。禅中阁项目的LOGO见图8.8。

图8.8 禅中阁项目的LOGO

字体设计通过省去笔画的方式,体现了若隐若现的幽静意味与社区打造的隐于闹市,除去浮华,回归本真的境界。整体显得庄重而不失活泼,并具有一定的现代感。

(3) 禅中阁项目广告词。禅中阁项目也只设计了一组广告词,既位于其宣传片的开篇部分,也直接镶嵌在其LOGO中。

禅中阁的广告词是:

上联——一禅一清雅

下联——一屋一自在

2. 禅中阁项目客户定位创意与亮点简介

禅中阁项目的客户定位包括两部分内容,分别是项目客户定位参考因素分析、各类客户定位分析。

(1) 禅中阁项目客户定位参考因素分析。禅中阁项目客户定位参考因素分析见表8.4。

表8.4 禅中阁项目客户定位参考因素

因素	内容
文化	置业文化、社会层级
社会	参考人群、家庭类型、社会角色、区域
个人	年龄、经济条件、职业、生活方式、个性
心理	区域情感、动机、环境品位、客户组合、价格敏感度、交通关注度、品牌关注度

(2) 禅中阁项目的各类客户定位分析。禅中阁项目的各类客户见图8.9。

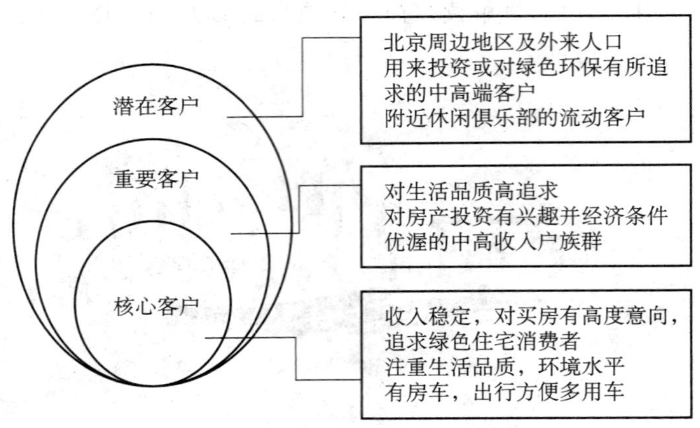

图 8.9　禅中阁项目的各类客户

① 禅中阁项目的主要客户群定位。禅中阁项目客户主要定位于收入在高端和顶端的年薪社会群体，在经济能力上有一定的基础。因为本次设计的项目，地处市中心稍偏的位置，地铁和公交都有抵达，但时间都稍为长久，该小区将规划成高收入人群和上流名人社交、休闲，及假日远离城市喧嚣的世外禅园。

近年来，消费者看重景观与健康相结合的生活环境。为此本项目将采用一种幽静、禅意围绕，与“水”结合的中庸道法，完全提供独特性，却又不失环保的绿色建筑概念，在关照我们所生存的自然生态上，依旧满足独特的住宅风格。

② 禅中阁项目的边缘客户群。禅中阁项目的第一类边缘客户群是外地商业人士。

目前在北京活动的商业人口十分大量，不管是本国的外地商务人士，抑或是外国驻派的商旅人士，可能都对置产有兴趣，本项目在设计与意境上都有别于其他西洋式风格的豪华建筑，可谓相当独特。

禅中阁项目的第二类边缘客户群是对于绿色环保钟爱的人群。

3. 禅中阁项目创意与亮点评析

(1) 禅中阁项目案名设计创意与亮点评析。禅中阁项目案名及其 LOGO、广告词也显现了极高的创意。

首先，禅中阁案名本身就起得很好，已经将某种禅的意味以潜移默化的方式影响到读者。

其次，禅中阁项目 LOGO 的设计与案名的含义有着很高的匹配度，读者对其 LOGO 的观感与其自身对案名的解读高度重合，既显示了 LOGO 设计的合理性，也展现了 LOGO 设计的创新性。

最后，禅中阁项目设计的广告词，与案名和 LOGO 高度一致。

当然，禅中阁项目也存在两点不足：第一，解读过多，反而不易使读者把握最本质的品质；第二，文化色彩过于浓厚，在今天对于商业推广有一定的不利之处。与尚城项目案名相比，其案名水平逊于尚城项目。

(2) 禅中阁项目客户定位创意与亮点评析。禅中阁项目的客户定位,先从客户定位参考因素入手,这种方式可以使客户定位言之有据。

关于客户,禅中阁项目划分为核心客户、重要客户和其他客户,客户的层次分明。

对于客户的特征,禅中阁项目的刻画非常到位。

综合分析禅中阁项目,其客户分析结构清晰、层次分明,也是一个优秀的房地产开发项目客户分析范例。

如果能够补充关于核心客户、重要客户、其他客户层次划分的简要说明,禅中阁客户分析的内容将更加完整。

本章小结

本章在知识内容上,讲解了三部分内容。

第一部分内容是房地产策划中的创意,讲解了创意含义与创意类型两项相关知识。

第二部分内容是房地产策划中的亮点,讲解了亮点含义、亮点与创意的异同。

第三部分内容是房地产策划创意亮点形成与确定的方法与机制,讲解了创意与亮点形成的方法、创意与亮点确定的机制两项相关知识。

本章推荐了四份房地产开发项目策划报告的亮点与创意的优秀范例,先对其进行了简要介绍,然后对这四份范例中所体现出来的亮点与创意的优点与不足进行了简要评析。

本章进一步学习建议

在这一阶段,无论是理论学习,还是实践学习,都非常重要。

1. 理论学习建议

(1) 基本学习内容建议。拟参加全国高校房地产创新创业方案策划竞赛的同学,特别是组长与负责项目策划工作的同学,不仅要把本章的理论知识充分掌握,而且要能够完整地应用。

(2) 学习深度建议。除了本科教材外,鼓励同学们阅读期刊论文、硕士学位论文,以增加对房地产开发项目策划相关理论、知识、方法、技巧的学习深度。

2. 实践学习建议

(1) 专项实践学习建议。对于拟参加全国高校房地产创新创业方案策划竞赛的同学来说,特别是组长与负责项目策划工作的同学,应拜访本校以往各届的竞赛参赛队的学长,以及在房地产开发企业或房地产策划企业工作的同专业学长,听取他们对本组策划方案中的亮点与创意进行评价,并听取他们的建议。

(2) 基本实践学习建议。对于拟参加全国高校房地产创新创业方案策划竞赛的同学来说，自组建参赛队之日起，就应该养成随时进行房地产开发项目实地或网络调研的习惯，在调研中，重点关注它们的案名、LOGO、广告词等内容，以此来提高自己在房地产开发项目策划中的创新意识、创新能力和创新水平。

9 房地产策划成果展示中的多媒体运用

本章知识体系

本章知识体系见图 9.1。

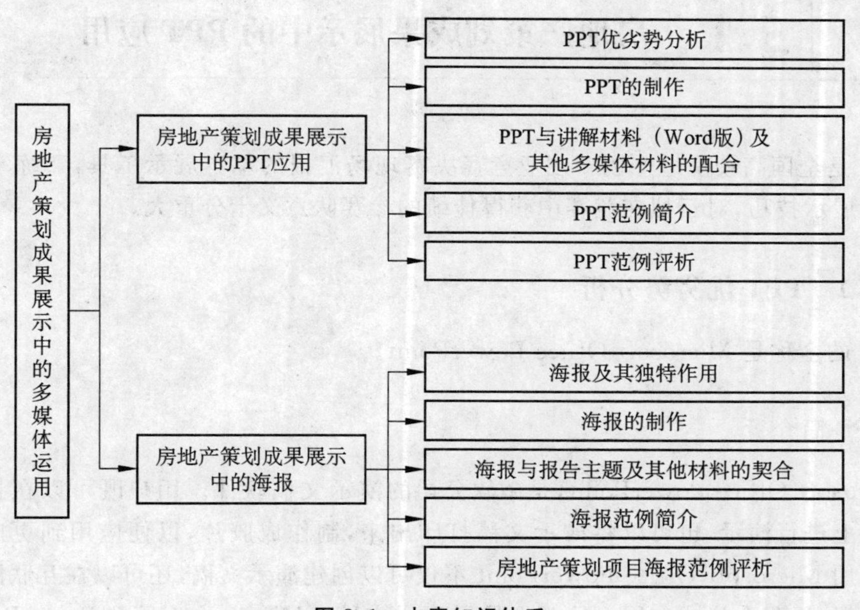

图 9.1　本章知识体系

本章导读

本章讲解的是房地产开发项目策划报告展示载体，同时也是全国高校房地产创新创业方案策划竞赛展示载体的多媒体知识。

本章第一部分是 PPT 应用知识。PPT 是基本展示载体，要求拟参加全国高校房地产创新创业方案策划竞赛的各个参赛队必须掌握PPT的应用知识。

在这一部分中，本章推荐了一份房地产开发项目策划报告的PPT的优秀范例，先对其进行了简要介绍，然后对这份范例中的优点与不足进行了简要评析。同学们可以把这个优秀范例作为PPT制作的学习范本，学习其运用PPT来全面展示所策划的房地产开发项目的亮点与创意的成功经验。

本章第二部分是海报相关知识。海报是房地产开发项目展示的重要载体，要求拟参加全国高校房地产创新创业方案策划竞赛的各个参赛队必须掌握海报制作的相关知识。

在这一部分中，本章推荐了一份房地产开发项目策划报告的海报优秀范例，先对其进行了简要介绍，然后对这份范例中的优点进行了简要评析。同学们可以把这个优秀范例作为海报制作的学习范本，学习其运用海报来形象展示所策划的房地产开发项目的亮点与创意的成功经验。

随着科技的突飞猛进，可以采用的新的多媒体手段层出不穷，本书就不一一列举，这里只重点讲解PPT和海报两种。

9.1 房地产策划成果展示中的PPT应用

PPT是全国高校房地产创新创业竞赛决赛现场汇报的基本展示工具，熟练掌握PPT的制作与展示技巧，对于拟在竞赛中获得佳绩的参赛队意义十分重大。

9.1.1 PPT优劣势分析

PPT的全称是Microsoft Office PowerPoint。

1. PPT简介

Microsoft Office PowerPoint，是微软公司的演示文稿软件。用户既可以在投影仪或者计算机上进行演示，也可以将演示文稿打印出来，制作成胶片，以便应用到更广泛的领域中。利用Microsoft Office PowerPoint不仅可以创建演示文稿，还可以在互联网上召开面对面会议、远程会议或在网上给观众展示演示文稿。Microsoft Office PowerPoint做出来的东西叫演示文稿，其格式后缀名为ppt、pptx，或者也可以保存为pdf、图片格式等。2010及以上版本中可保存为视频格式。演示文稿中每一页就叫幻灯片，每张幻灯片都是演示文稿中既相互独立又相互联系的内容。

2. PPT的优势

使用PPT作为展示载体，至少有如下四项优势。

(1) 为演示文稿带来更多活力和视觉冲击。应用成熟的照片效果而不使用其他照片编辑软件程序可节省时间和金钱。通过使用新增和改进的图像编辑和艺术过滤器,如颜色饱和度和色温、亮度和对比度、虚化、画笔和水印,将使作品变得引人注目。

(2) 添加个性化视频体验。在 PowerPoint 2010 中直接嵌入和编辑视频文件。方便的书签和剪裁视频仅显示相关节。使用视频触发器,可以插入文本和标题以引起访问群体的注意。还可以使用样式效果(如淡化、映像、柔化棱台和三维旋转)帮助使用者迅速引起访问群体的注意。

(3) 使用美妙绝伦的图形创建高质量的演示文稿。PPT 的制作者不必是设计专家也能制作专业的图表。使用数十个新增的 SmartArt 布局可以创建多种类型的图表,例如,组织系统图、列表和图片图表,可将文字转换为令人印象深刻的可以更好地说明你想法的直观内容。创建图表就像键入项目符号列表一样简单,或者只需单击几次就可以将文字和图像转换为图表。

(4) 更高效地组织和打印幻灯片。通过使用新功能可以更轻松地管理幻灯片,如更灵活地打印所需要的演示文稿。

3. PPT 的劣势

虽然 PPT 是一种极佳的文稿展示载体,但它依然有如下三项劣势。

(1) 制作成本较大。虽然 PPT 是一种很好的展示手段,但相当于 Word 文档,其制作成本还是相当高的。根据多年经验,在临近决赛时,许多全国高校房地产创新创业竞赛参赛队的主要工作就是全队进行 PPT 制作。

(2) 形式化倾向比较突出。许多 PPT 的展示者往往过于追求 PPT 的形式,反而容易导致忽视相关内容的展示。

(3) 现场操控难度较大。技术档次越高的技术产品,往往对其相关设备的要求就越高。若一支房地产开发项目策划竞赛参赛队准备了最新版的 PPT,在准备展示时却发现现场展示的计算机无法打开这一版本,结果就会令人失望。

9.1.2 PPT的制作

制作 PPT 是一项极富技术含量的工作。

要制作好 PPT,需要先了解 PPT 的基本要素。

1. PPT 的基本要素

PPT 的基本要素包括如下五项:

① 图像;

② 声音;

③ 动作;

④ 人的解说;

⑤ 文字。

在上述五项 PPT 基本要素中，其中图像和文字是 PPT 最为重要元素，在展示 PPT 的同时，人的思维里所有信息是连接到图像和文字上的，人的解说也是跟着 PPT 走的，其他包括声音和动作等也是为了展示需要进行的多功能辅助。

2. PPT 图像的制作基本要求

图像是 PPT 区别于 Excel 和 Word 及其他办公软件的主要特点，所以 PPT 要突出这个特点，并利用多种手法把图像的展示性发挥到极致，其他所有手段都要为图像这个元素服务。

(1) PPT 图像的构成要素。PPT 图像元素包括如下五项：

① 图片；

② 图表；

③ 线条组合；

④ 文字模块；

⑤ 色彩。

(2) PPT 图像中图片的制作要求。PPT 图像中图片的制作要求是图片组合必须风格统一。

在 PPT 中，图片的组合是要显示主体还是辅助文字，确定好目的以后，就要对图片大小和布局进行整理，每个 PPT 要分清主次，多个图片之间的逻辑结构要有规律，如果它们之间是平行关系的话，那么占有空间的比例为 2∶1∶1 或 1∶1∶2 或 4∶2∶1∶1，图像组合应该是一个完整的长方形或正方形。

特别需要注意如下三点。

① 说明性辅助图片宜小不宜大，展示主画面要占 PPT 的 1/3。

② 图片之间要留大约 1mm 缝隙，具体情况根据图片的组合而定。

③ 图片信息，不宜用太多的线条指示，每个图片圈数不要超过 3 个，线条不要超过 3 条，1 条为宜。

(3) PPT 图像中图表的制作要求。PPT 图像中图表的制作要求是图表展示要清晰。

一个 PPT 中，最好只有一个图表，因为图表的特点就是使复杂的问题简单化，所以要求图表一定要用简单的元素概述复杂的问题。如果问题太多，一个图表放不下，就用两张 PPT 分别表示，其余空白用文字填充。

在图表展示中，涉及文字问题时，要符合视觉的需要和整体的格局分布，一般标题用 20 号字体黑体，正文小标用 18 号宋体，正文部分可以用 14 号或 12 号宋体(其他小字用 12 号或 9 号)。其他字体如华文细黑、微软雅黑、楷体可作为辅助字体，如小行说明文字，为了区别正文可以用楷体。

图表中的数字，能用阿拉伯数字的不用汉字。一般情况下，标题要求左右垂直都居中，而其他数据要求左对齐或右对齐。图表框的要求一般要比里面线条粗，一般为 1.5 磅或 2.5 磅，里面用 0.75 磅值的线条，为了图表和图像的搭配，可以把图表框设成有色框或复线框。

(4) PPT 图像中线条组合的制作要求。PPT 图像中线条组合的制作要求是线条组合要美观。

线条组合相当于绘画，所用线条要自然形成某种形状，最常见就是用线条组合形成的图形。它是借助现有实物或思维特征进行的组合来阐述要表达的信息。

线条要求有特殊含义、简洁，能和文字图片有效结合，利于展示。

在线条组合中值得介绍的是作为图表作画的专业软件 VISIO，注意空间的布局和各种图形代表的含义。

(5) PPT 图像中文字模块的制作要求。PPT 图像中文字模块的制作要求就是要与图像保持合理尺寸比例。

(6) PPT 图像中色彩的制作要求。PPT 图像中色彩的制作要求是色彩不能相差太大。

整个 PPT 看下来，图片要有统一的感觉，色彩不要相差太大，除非要强调两者的对比性，插入文本分两种色块，一般为灰色填充 25%，标题为灰色填充 50%或 75%。外框根据需要而定，可有可无。在一个 PPT 里，所有信息的框架要与模板保持一定空白，不能100%占有所有空间，当然空白太多视觉效果也不佳，有种欠缺之感，一般来说，所有信息占有空间应是模板的 80%～95%。

3. PPT 声音的制作基本要求

声音包括背景声音、一直延续发声、插入即时声音等，背景声音要小，不能超过解说人的声音，而插入即时声音要求大，稍微超过解说人声音即可。如果为他人做 PPT 展示，要提前测定声音的大小，如果自己解说，也要先试调。

4. PPT 动作的制作基本要求

动作，一般在 PPT 演示中要求不能太眩，“从中间到左右”或者“由右向左”“展开”等，慎用飞入、旋转等大动作，以免使观众过多分散精力，动作也是辅助手段，要经过长期积累去感悟各种效果以致形成自己的风格。

5. PPT 解说的制作基本要求

PPT 的解说，是建立在充分了解 PPT 所要展示的信息基础上的，因此，PPT 所展示的信息只是解说人的一个梗概和思路，只是起到提示作用，而不应该是主要作用。解说的最高境界应该是提前计时后，将 PPT 的展示和解说融为一体。

在解说中，要注意充用利用图示说明问题。

6. PPT 文字制作的基本要求

PPT 文字制作的基本要求是文字要突出关键字。

文字在 PPT 里是作为辅助元素出现的，上面已经有所提及。除此之外，文字不宜过多，最多不能超过 8 行，一般占据的空间约为左上角的 1/4；如果要用图片说明文字，则要求图片在左边或右边约 1/3 处，中间及另一边约 2/3 处放置文字。

9.1.3 PPT与讲解材料(Word版)及其他多媒体材料的配合

虽然PPT是全国高校房地产创新创业竞赛决赛的主要展示载体，但它还是要注意与其他材料，特别是讲解材料(Word版)的配合。

1. PPT与讲解材料(Word版)配合

做好PPT与讲解材料(Word版)配合，一支房地产策划竞赛参赛队需要注意如下三点。

(1) 二者核心内容的一致性。在一定意义上讲，讲解材料(Word版)是内容，而PPT是展示载体，二者在核心内容上必须要一致，也就是说，展示载体必须要将内容的核心部分展示出来，否则就是一次失败的展示，即使展示激起了观众的高度评价。

(2) 二者形成某些内容的互补性。在保持核心内容一致的情况下，并不需要PPT将讲解材料(Word版)的所有内容都搬进去，而是应有所取舍，使PPT与讲解材料(Word版)在某些内容上形成互补。

之所以要这样做，有如下三个原因。

① 讲解时间限制。每一届房地产策划竞赛的组委会都会对决赛的讲解时间设定限制。根据多年经验，竞赛组委会设定的时间，根本不可能将想讲的内容全部讲完，很可能连1/3的内容都讲不完。

② 制作时间限制。制作一份精美的PPT，需要大量的时间，而一份房地产开发项目策划报告通常可以达到100页，要将这些内容全部纳入PPT，PPT的幻灯片数量就可能要超过200张。制作如此多的幻灯片，需要大量的时间，而参赛学生并不是只有竞赛这一项工作，他们竞赛的同时还要上课，而在临近竞赛的时候，又要参加各门课程的期末考试，因此，他们几乎没有时间制作如此多的幻灯片。

(3) 两者可以在现场形成互补性。在全国高校房地产创新创业竞赛决赛的现场，一般来说，组委会允许参赛队将打印的报告发放给各位评审专家。这样，评审专家既可以看打印出来的报告(Word版)，又可以观看参赛队展示的PPT，如果二者完全一样，毫无疑问是一种浪费。

在这种情况下，展示者可以将二者进行互补，打印出来的报告(Word版)偏向说明，而PPT偏向演示。各种详细的数据和分析，还是应放在打印出来的报告(Word版)中，而将适合展示的核心内容通过PPT用最棒的视觉体验展示给竞赛决赛的评审专家们。

2. PPT与其他多媒体材料的配合

根据多年的经验，一支获得优秀成绩的全国高校房地产创新创业竞赛参赛队，在展示的时候，绝不会仅仅只依靠PPT，他们会想方设法进行全方位的展示。

PPT也需要与这些多媒体材料相互配合。这样既可以大幅度降低PPT中幻灯片的数量，节约讲解时间，也可以大幅度降低制作PPT的时间。

9.1.4 PPT范例简介

本书所选择的房地产策划竞赛PPT范例是北京交通大学的竹邻筱居项目的房地产策

划竞赛展示PPT作品，竹邻筱居项目是2011年下半年举办的第五届“中房信克而瑞杯”北京市大学生房地产策划大赛二等奖作品。

1. 竹邻筱居项目制作的PPT概况

竹邻筱居项目制作的PPT共有59张幻灯片，除去最后一页“希望老师批评指导”的惯例页，有效幻灯片58页，属于一份比较精练的展示PPT。本书作者多年指导的历届获奖项目决赛PPT幻灯片数量见表9.1。

表9.1 历届获奖作品决赛PPT幻灯片数量

项目	获奖情况	PPT幻灯片张数
右岸筱筑	第三届“顾问城”杯北京市大学生房地产策划大赛二等奖	46
尚城	第三届“顾问城”杯北京市大学生房地产策划大赛二等奖	43
叶璞	第四届“首开杯”北京市大学生房地产策划大赛二等奖	26
领袖三旗	第五届“中房信克而瑞杯”北京市房地产策划大赛冠军	85
竹邻筱居	第五届“中房信克而瑞杯”北京市房地产策划大赛二等奖	59
若水方圆	第五届“中房信克而瑞杯”北京市房地产策划大赛二等奖	76
禅中阁	第六届“方兴杯”北京市大学生房地产策划大赛二等奖	109
金茂·和奕	第七届“方兴杯”北京市大学生房地产策划大赛二等奖	60
亦庄·景漫里	第七届“方兴杯”北京市大学生房地产策划大赛二等奖	95
御和庭	第七届“方兴杯”北京市大学生房地产策划大赛二等奖	92

2. 竹邻筱居项目PPT范例幻灯片展示

竹邻筱居项目制作的PPT包括如下七个部分，分别是首页、目录页、项目分析、理念阐述、建筑设计、投资与收益分析、营销策划方案。

(1) 竹邻筱居项目PPT首页。竹邻筱居项目PPT首页见图9.2。

图9.2 竹邻筱居项目PPT首页

在首页中，竹邻筱居项目将其广告词至于页面正上方。页面中间是其 LOGO。

页面左下角是其参赛年份与参赛学校的说明。

(2) 竹邻筱居项目 PPT 目录页。竹邻筱居项目 PPT 目录页只有 1 页，见图 9.3。

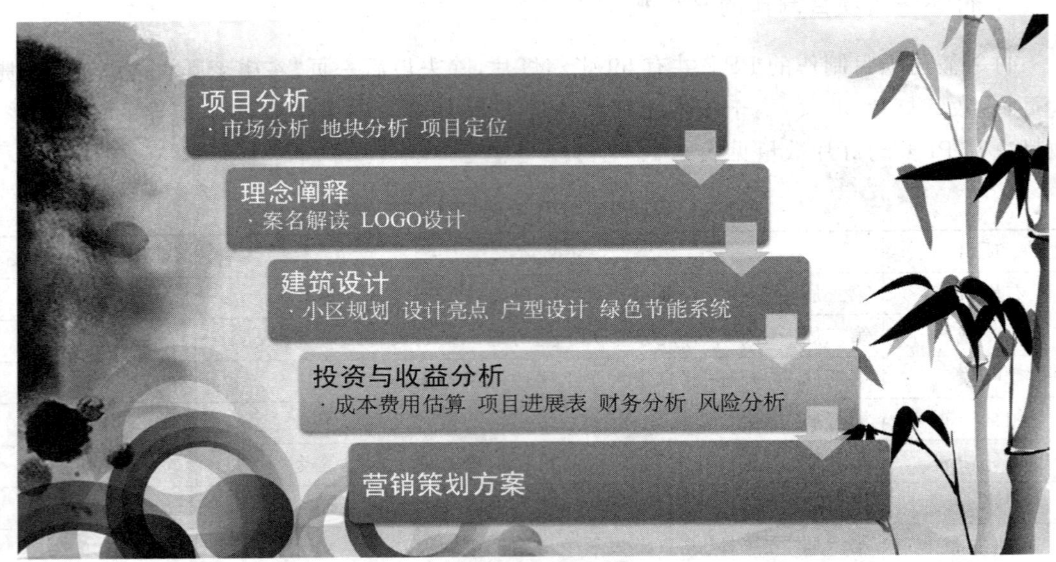

图 9.3 竹邻筱居项目 PPT 的目录页

竹邻筱居项目 PPT 目录页概括了本次 PPT 的主要内容。通过这个目录，第五届“中房信克而瑞杯”北京市大学生房地产策划大赛决赛的评审专家们，就可以知道竹邻筱居项目 PPT 主要展示如下五部分内容：

① 项目分析；

② 理念阐述；

③ 建筑设计；

④ 投资与收益分析；

⑤ 营销策划方案。

在目录页中，竹邻筱居项目还通过画面的设计，使竹子在画面中显得生机勃勃。

(3) 竹邻筱居项目 PPT 中的项目分析。竹邻筱居项目 PPT 中的项目分析分为三部分内容，分别是市场分析、地块分析和项目定位。

① 竹邻筱居项目 PPT 项目分析中的市场分析。竹邻筱居项目 PPT 项目分析中的市场分析，分别从如下四个因素进行了分析，详见图 9.4、图 9.5、图 9.6、图 9.7。

a. 经济因素；

b. 政策因素；

c. 生态因素；

d. 人文因素。

② 竹邻筱居项目 PPT 项目分析中的地块分析。竹邻筱居项目 PPT 项目分析中的地

块分析，分别从如下三个因素进行了分析，详见图 9.8、图 9.9、图 9.10。

a. 商圈分析；

b. 交通条件；

c. 政策导向。

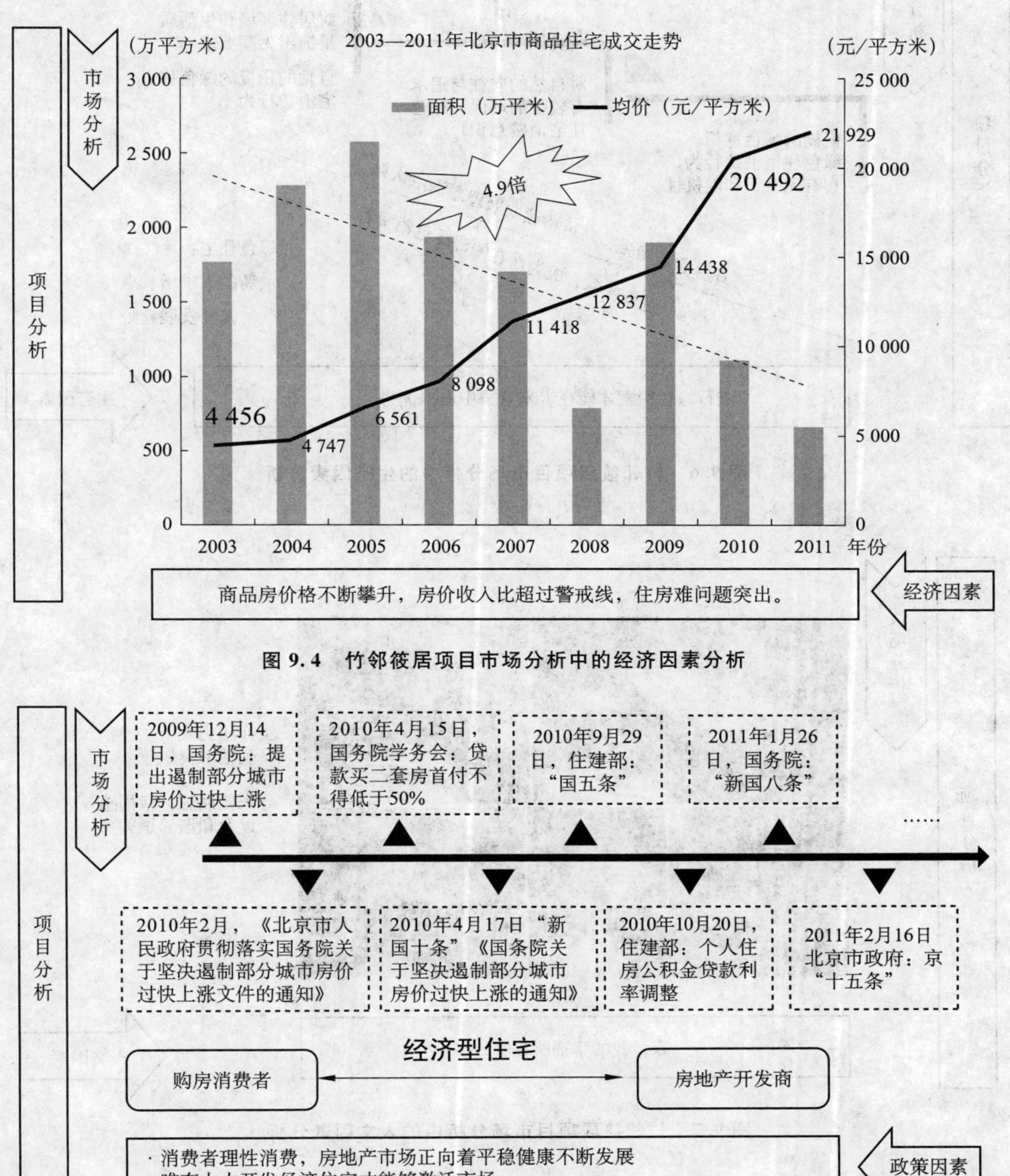

图 9.4 竹邻筱居项目市场分析中的经济因素分析

图 9.5 竹邻筱居项目市场分析中的政策因素分析

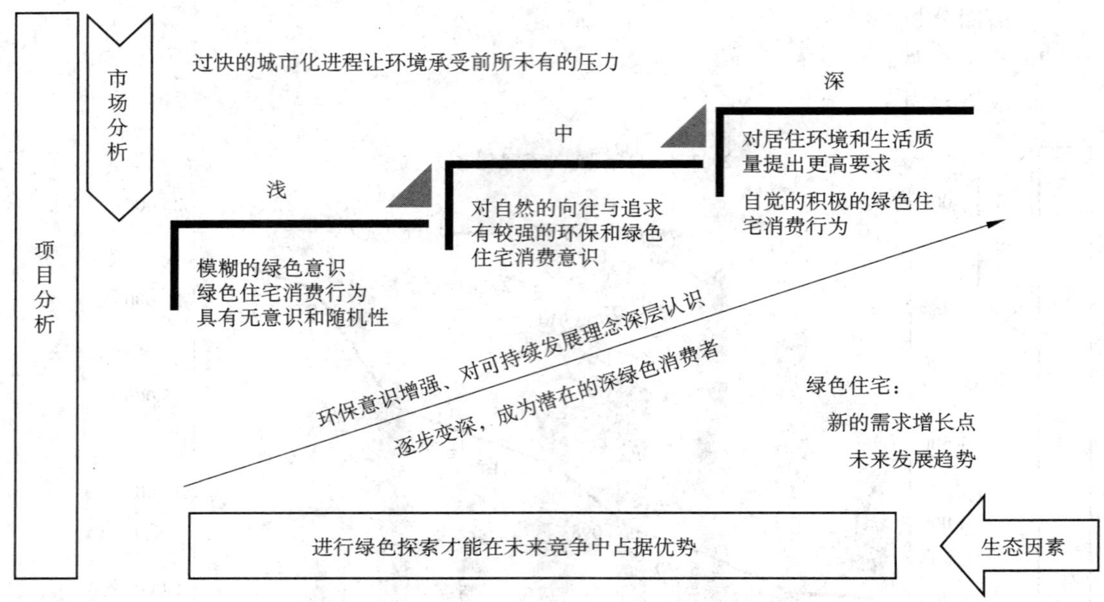

图 9.6　竹邻筱居项目市场分析中的生态因素分析

图 9.7　竹邻筱居项目市场分析中的人文因素分析

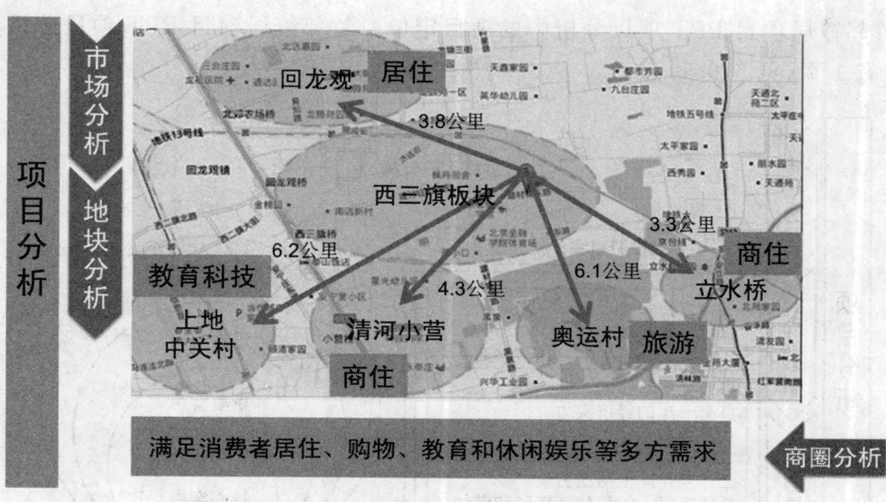

图 9.8 竹邻筱居项目地块分析中的商圈分析

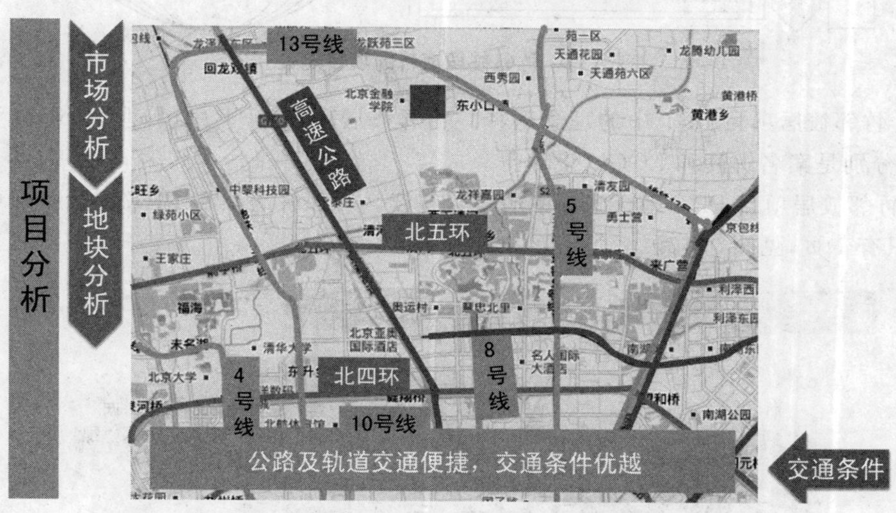

图 9.9 竹邻筱居项目地块分析中的交通条件分析

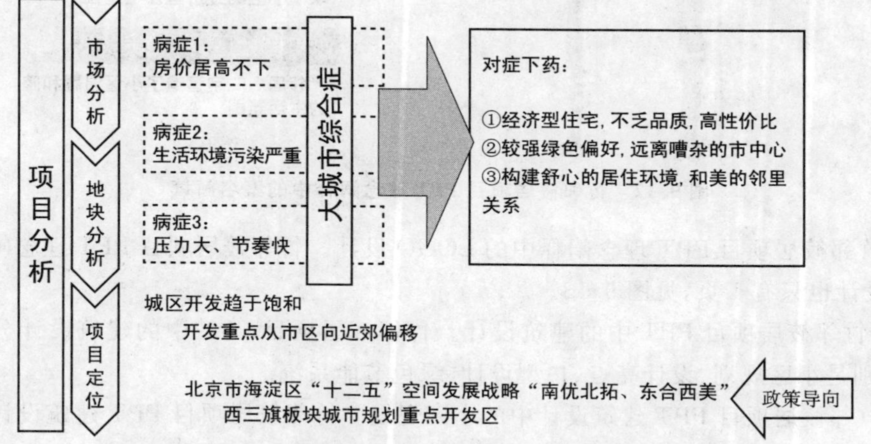

图 9.10 竹邻筱居项目地块分析中的政策导向分析

③ 竹邻筱居项目PPT项目分析中的项目定位。竹邻筱居项目PPT项目分析中的项目定位只有1页，见图9.11。

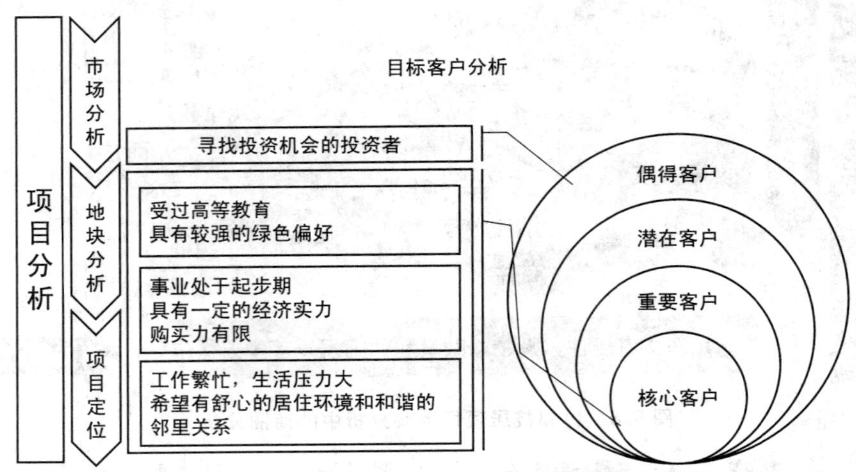

图9.11 竹邻筱居项目的项目定位

(4) 竹邻筱居项目PPT中的理念阐释。竹邻筱居项目PPT中的理念阐释分为两部分内容，分别是案名解读和LOGO设计。

① 竹邻筱居项目PPT理念阐释中的案名解读。竹邻筱居项目PPT理念阐释中的案名解读只有1页，见图9.12。

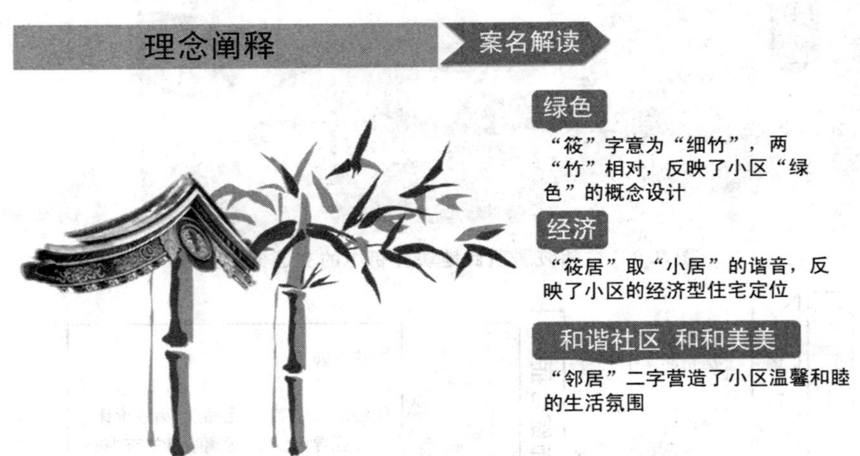

图9.12 竹邻筱居项目PPT理念阐释中的案名解读

② 竹邻筱居项目PPT理念阐释中的LOGO设计。竹邻筱居项目PPT理念阐释中的LOGO设计也只有1页，见图9.13。

(5) 竹邻筱居项目PPT中的建筑设计。竹邻筱居项目PPT中的建筑设计分为四个部分，分别是小区规划、设计亮点、户型设计、绿色节能系统。

① 竹邻筱居项目PPT建筑设计中的小区规划。竹邻筱居项目PPT建筑设计中的小区规划包括如下两项内容，见图9.14、图9.15。

理念阐释 案名解读 LOGO设计

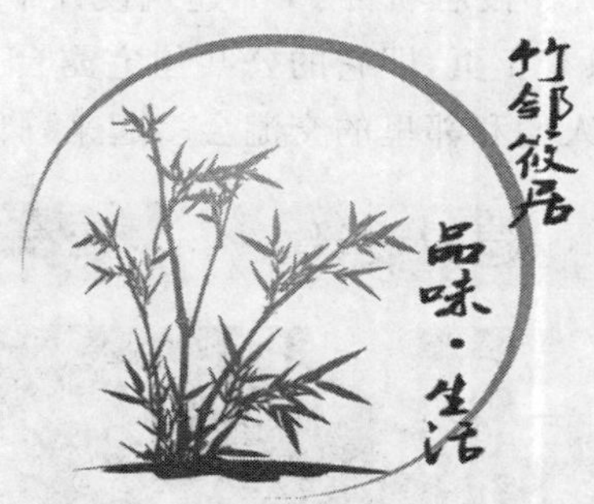

图 9.13 竹邻筱居项目 PPT 理念阐释中的 LOGO 设计

建筑设计 小区规划

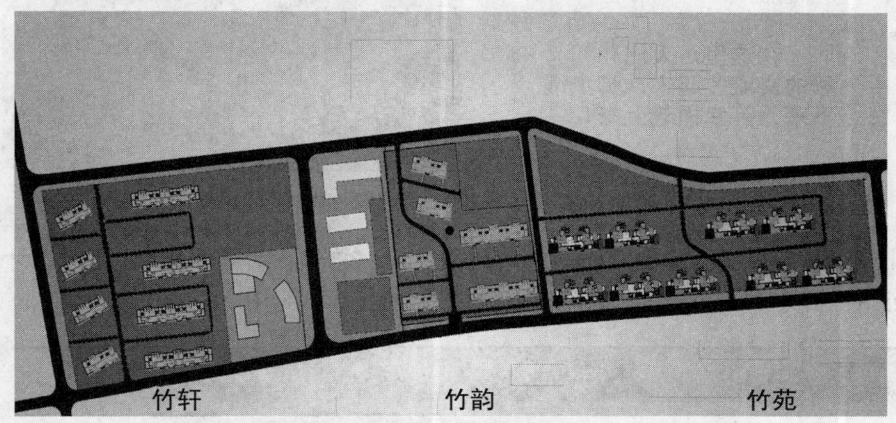

图 9.14 竹邻筱居项目 PPT 建筑设计中分区布局

建筑设计 小区规划

室外景观意向图

图 9.15 竹邻筱居项目 PPT 建筑设计中室外景观

a. 分区布局

b. 室外景观

② 竹邻筱居项目 PPT 建筑设计中的设计亮点。竹邻筱居项目 PPT 建筑设计中的设计亮点只有 1 页，即它的公共住宅露台，见图 9.16。竹邻筱居项目认为，通过这一公共住宅露台，人们和邻里的交流会多起来，脚步会慢下来，等着幸福赶上来。

建筑设计 小区规划 设计亮点

公共住宅露台

在这里，人们和邻居的交流多起来，脚步慢下来，等幸福赶上来！

图 9.16 竹邻筱居项目 PPT 建筑设计中的设计亮点

③ 竹邻筱居项目 PPT 建筑设计中的户型设计。竹邻筱居项目 PPT 建筑设计中的户型设计包括六种户型，并进行了户内的室内设计，见图 9.17、图 9.18、图 9.19。

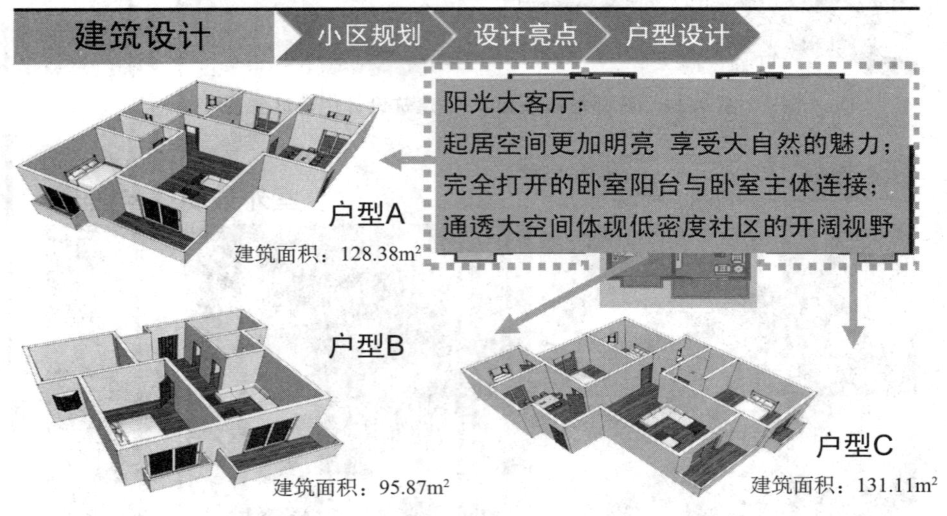

图 9.17 竹邻筱居项目 PPT 建筑设计中的 A、B、C 户型

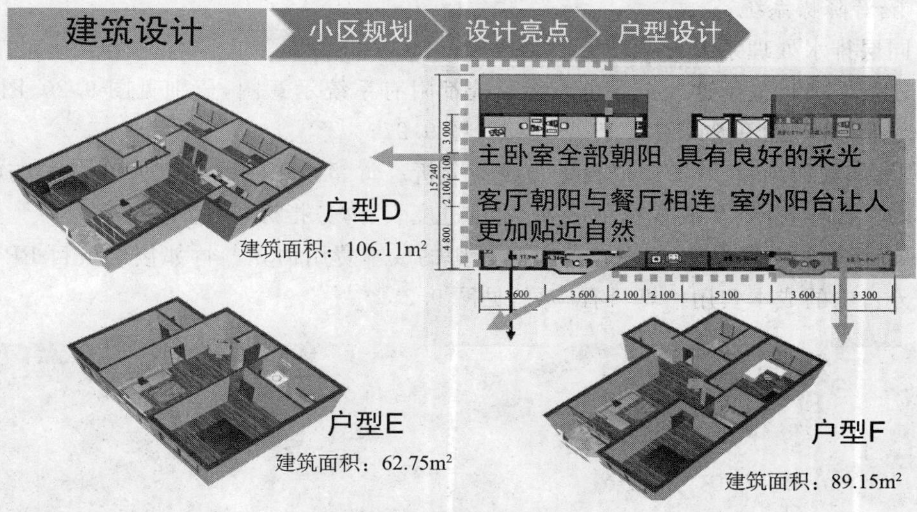

图 9.18 竹邻筱居项目 PPT 建筑设计中的 D、E、F 户型

图 9.19 竹邻筱居项目 PPT 建筑设计中的户型室内设计

④ 竹邻筱居项目 PPT 建筑设计中的绿色节能系统。竹邻筱居项目 PPT 建筑设计中的绿色节能系统包括如下九种绿色节能系统。

a. 外墙系统；

b. 屋面保温系统；

c. 外窗系统；

d. 外遮阳卷帘系统；

e. 地源热泵系统；

f. 混凝土天棚辐射系统；

g. 置换新风系统；

h. 隔音降噪系统；

i. 同层排水处理系统。

竹邻筱居项目关于这九个绿色节能系统都附有系统示意图，分别见图 9.20、图 9.21、图 9.22、图 9.23、图 9.24、图 9.25、图 9.26、图 9.27。

(6)竹邻筱居项目 PPT 中的投资与收益分析。竹邻筱居项目 PPT 中的投资与收益分析分为四个部分，分别是成本费用估算、项目进度表、财务指标、风险分析。

① 竹邻筱居项目 PPT 投资与收益分析中的成本费用估算。竹邻筱居项目 PPT 投资与收益分析中的成本费用估算只有一页，见图 9.28。

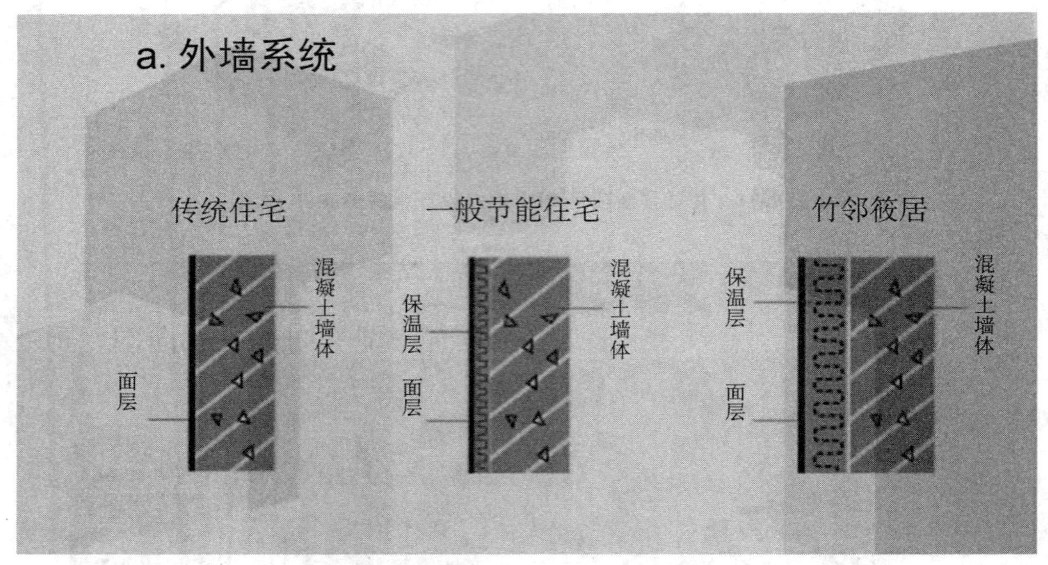

图 9.20　竹邻筱居项目 PPT 建筑设计中的外墙系统

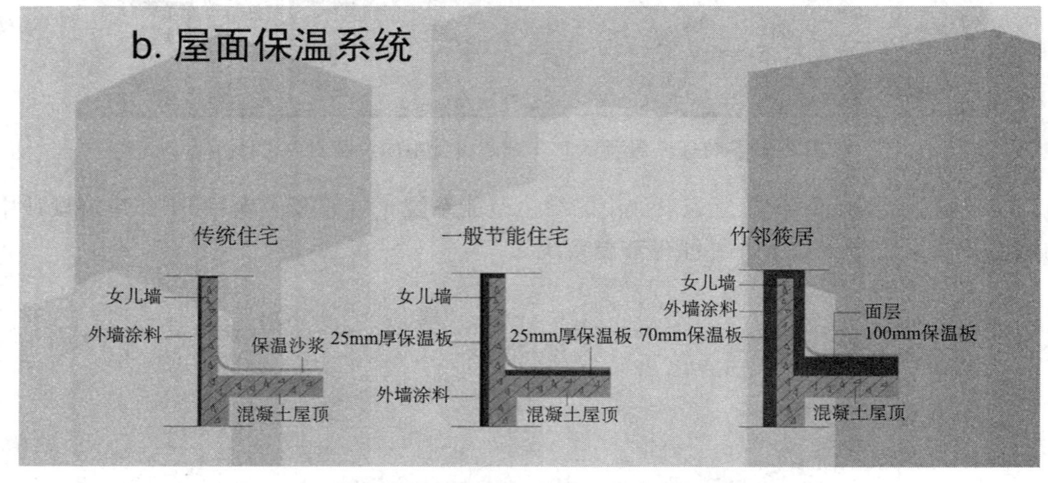

图 9.21　竹邻筱居项目 PPT 建筑设计中的屋面保温系统

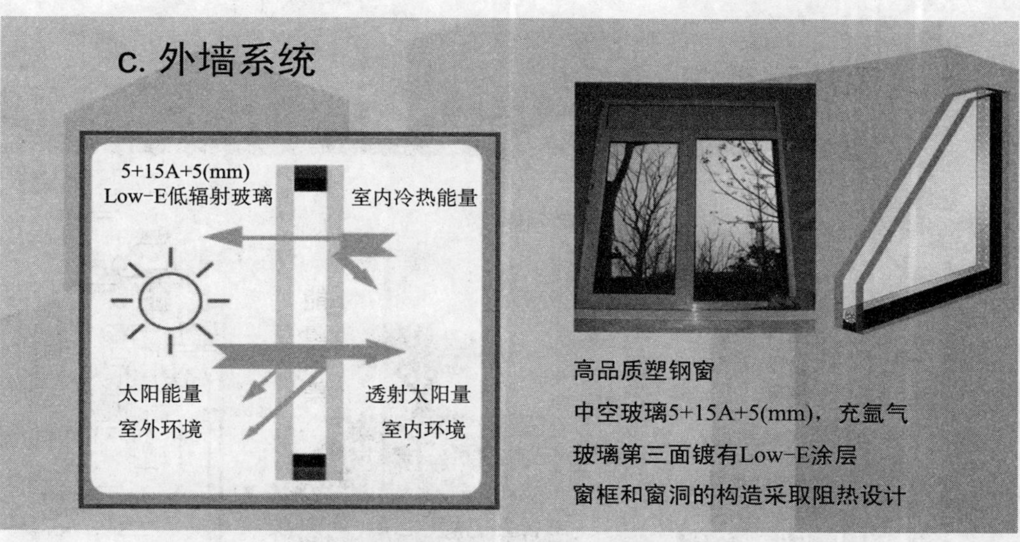

图 9.22 竹邻筱居项目 PPT 建筑设计中的外窗系统

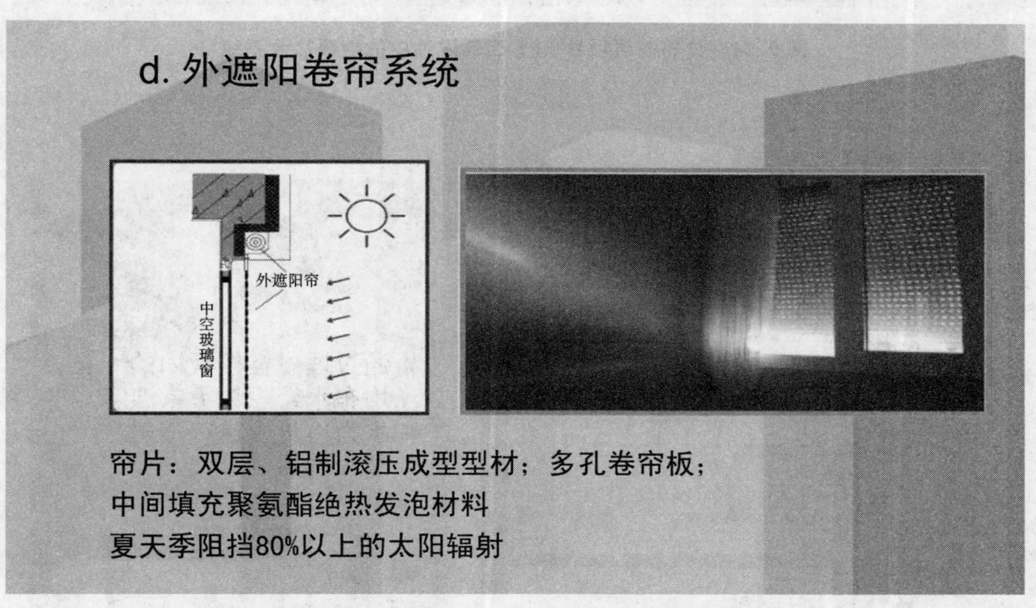

图 9.23 竹邻筱居项目 PPT 建筑设计中的外遮阳卷帘系统

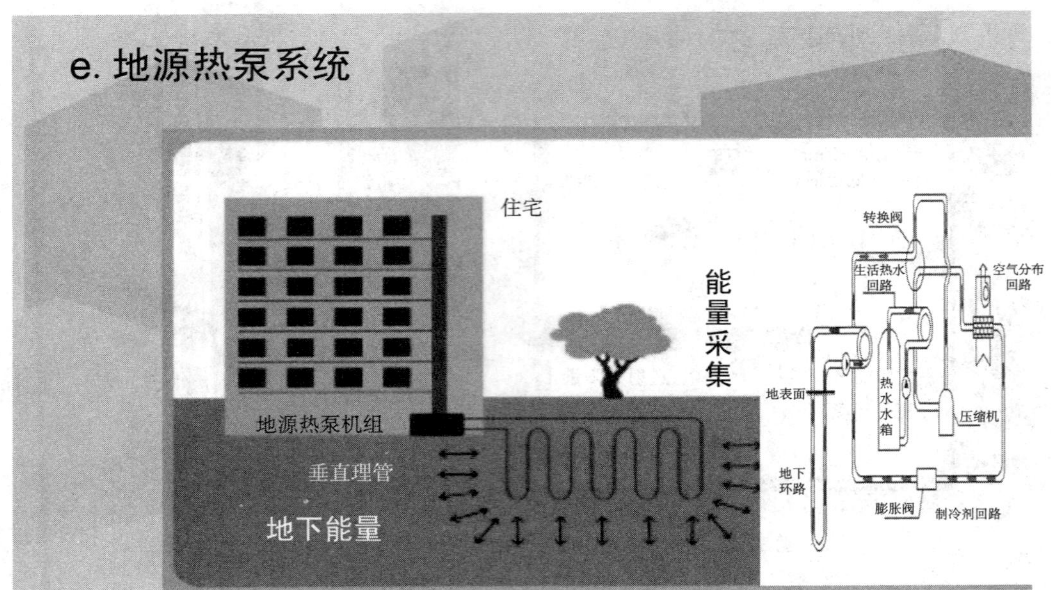

图 9.24　竹邻筱居项目 PPT 建筑设计中的地源热泵系统

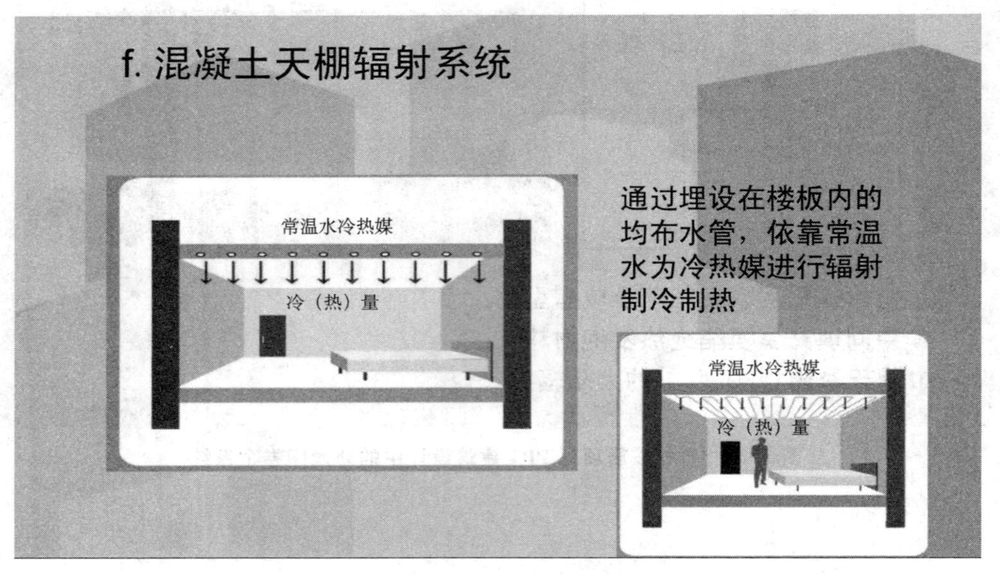

图 9.25　竹邻筱居项目 PPT 建筑设计中的混凝土天棚辐射系统

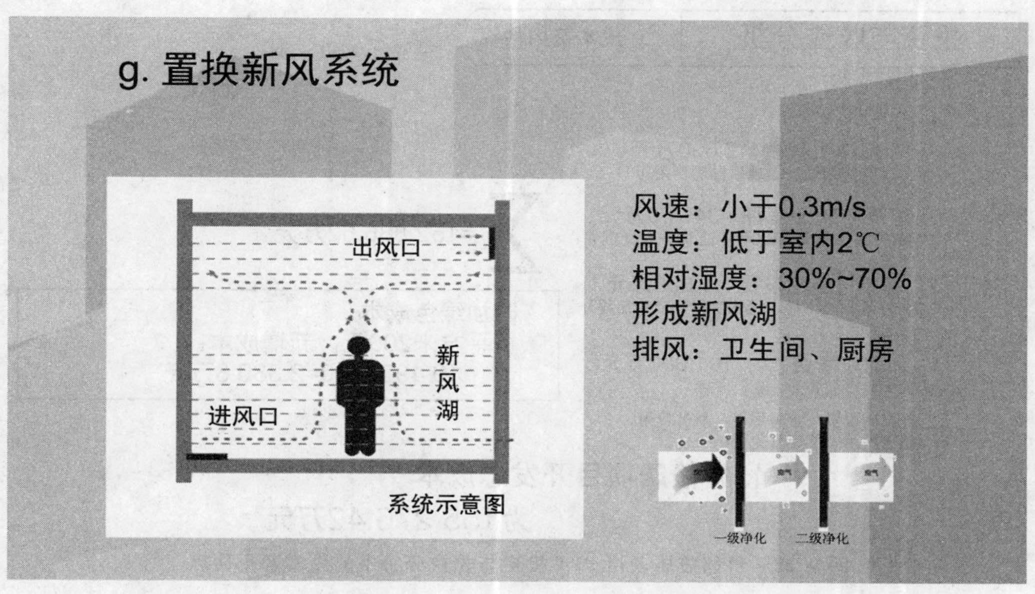

图 9.26 竹邻筱居项目 PPT 建筑设计中的置换新风系统

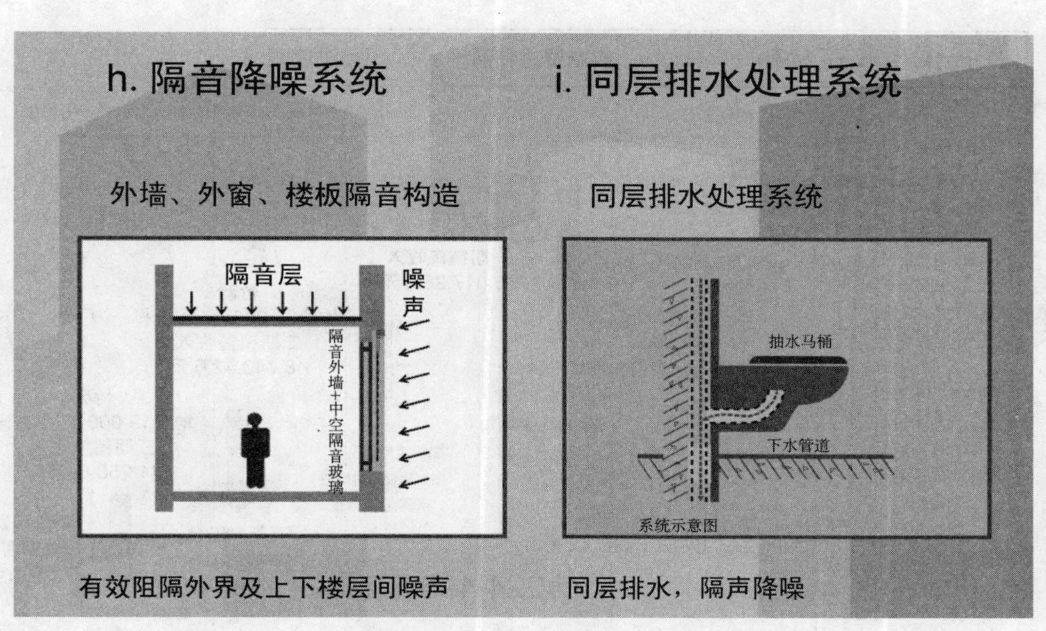

图 9.27 竹邻筱居项目 PPT 建筑设计中隔音降噪系统、同层排水处理系统

投资与收益分析 〉 成本费用估算

前期工程费　2 606万元
（含规划设计、地质勘测费用等）

建筑安装工程费　34 750万元
（单位建安成本2 800元，上调一定比例）

基础设施建设费　1 838万元
（含供水、电工程、绿化工程、道路工程）

土地成本费　101 000万元
（土地转让金）

开发期税费、管理费用、财务费用
销售费用、不可预见费……

$\sum$ =152 886.62万元

附加绿色成本
每平方米200元，新增成本：
119 490×200=2 389.8万元

竹邻筱居项目开发总成本
为155 276.42万元

图 9.28　竹邻筱居项目 PPT 投资与收益分析中的成本费用估算

从图 9.28 可以看出，竹邻筱居项目的开发总成本是 155 276.42 万元。

② 竹邻筱居项目 PPT 投资与收益分析中的项目进度表。竹邻筱居项目 PPT 投资与收益分析中的项目进度表也只有一页，见图 9.29。

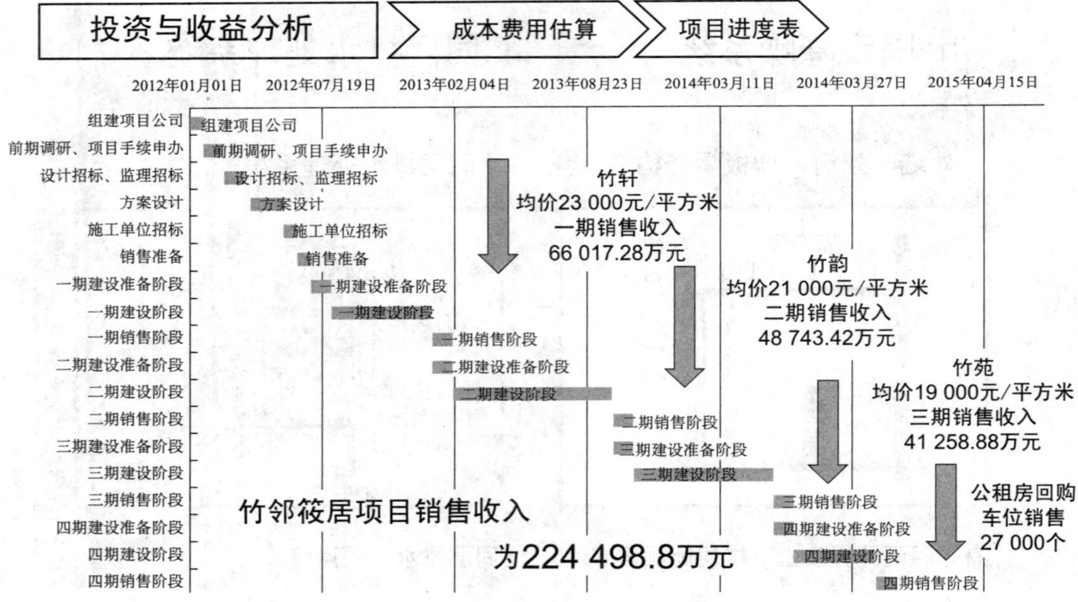

图 9.29　竹邻筱居项目 PPT 投资与收益分析中的项目进度表

从图 9.29 可以看出，竹邻筱居项目的开发进度为 3 年 4 个月。

实际上，图 9.29 中的表格并不仅仅是项目开发进度表，它也是总收入的说明表。

从图 9.29 可以看出，竹邻筱居项目的销售总收入是 224 498.8 万元。

③ 竹邻筱居项目 PPT 投资与收益分析中的财务指标。竹邻筱居项目 PPT 投资与收益分析中的财务指标只有一页，见图 9.30。

从图 9.30 可以看出，竹邻筱居项目的税后利润总额达到了 35 921.24 万元，在财务上，竹邻筱居项目是可行的。

投资与收益分析 成本费用估算 项目进度表 财务指标

项目	金额（万元）
销售收入	224 498.8
总成本费用	155 276.42
销售税金	21 327.4
利润总额	47 894.99
税后净利润	35 921.24

税前利润率为 21.33%
税后利润率为 16%

静态财务指标显示
销售收入 足以抵销 项目的开发成本
销售回款 基本平衡 总投资额

项目财务可行！

图 9.30 竹邻筱居项目 PPT 投资与收益分析中的财务指标

④ 竹邻筱居项目 PPT 投资与收益分析中的风险分析。竹邻筱居项目 PPT 投资与收益分析中的风险分析也只有一页，见图 9.31。

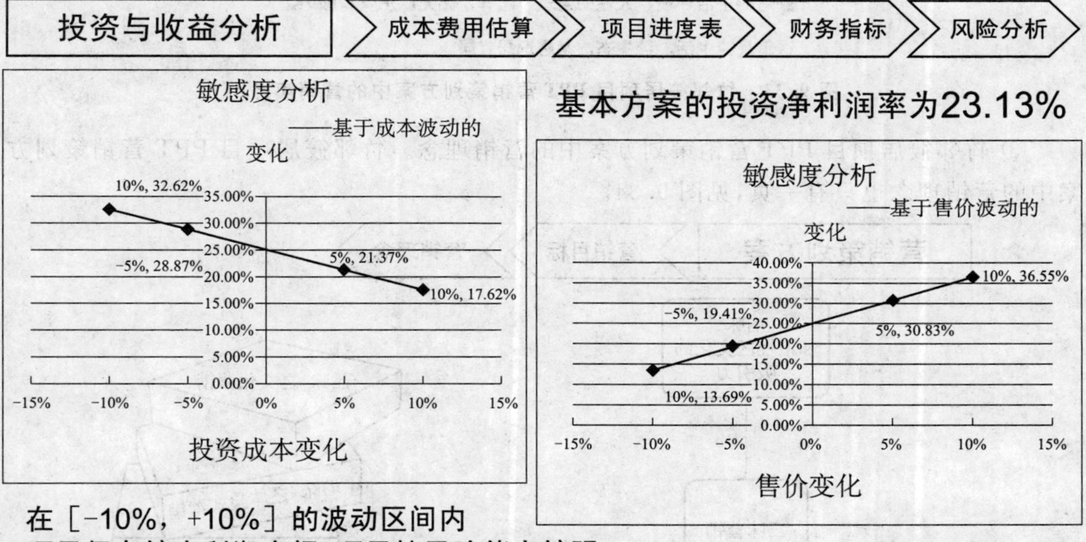

图 9.31 竹邻筱居项目 PPT 投资与收益分析中的风险分析

(7) 竹邻筱居项目 PPT 中的营销策划方案。竹邻筱居项目 PPT 中的营销策划方案分为三个部分，分别是营销目标、营销卖点和营销理念。

① 竹邻筱居项目 PPT 营销策划方案中的营销目标。竹邻筱居项目 PPT 营销策划方

案中的营销目标只有一页，见图 9.32。

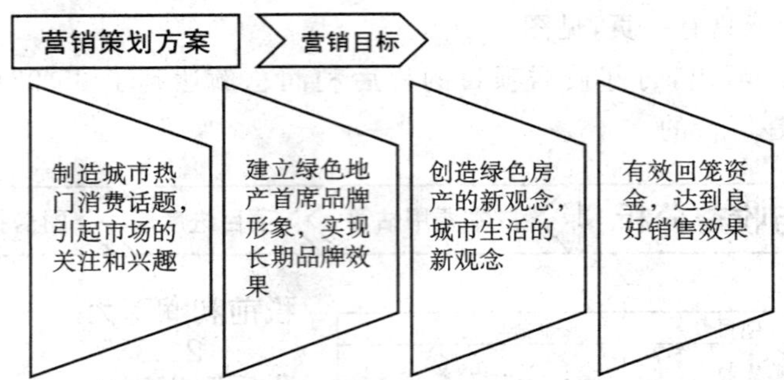

图 9.32 竹邻筱居项目 PPT 营销策划方案中的营销目标

② 竹邻筱居项目 PPT 营销策划方案中的营销卖点。竹邻筱居项目 PPT 营销策划方案中的营销卖点也只有一页，见图 9.33。

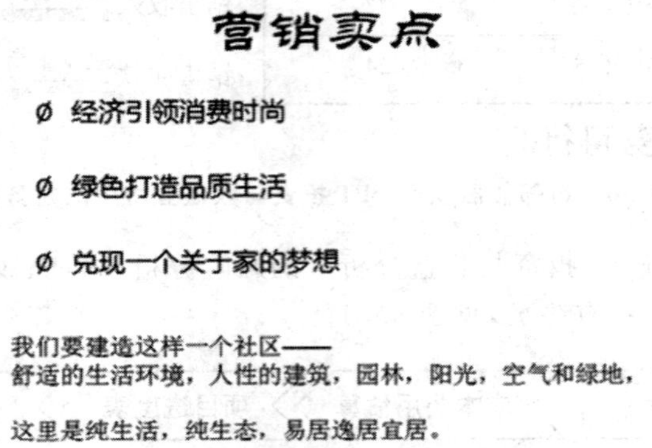

营销卖点

Ø 经济引领消费时尚

Ø 绿色打造品质生活

Ø 兑现一个关于家的梦想

我们要建造这样一个社区——
舒适的生活环境，人性的建筑，园林，阳光，空气和绿地，

这里是纯生活，纯生态，易居逸居宜居。

图 9.33 竹邻筱居项目 PPT 营销策划方案中的营销卖点

③ 竹邻筱居项目 PPT 营销策划方案中的营销理念。竹邻筱居项目 PPT 营销策划方案中的营销理念也只有一页，见图 9.34。

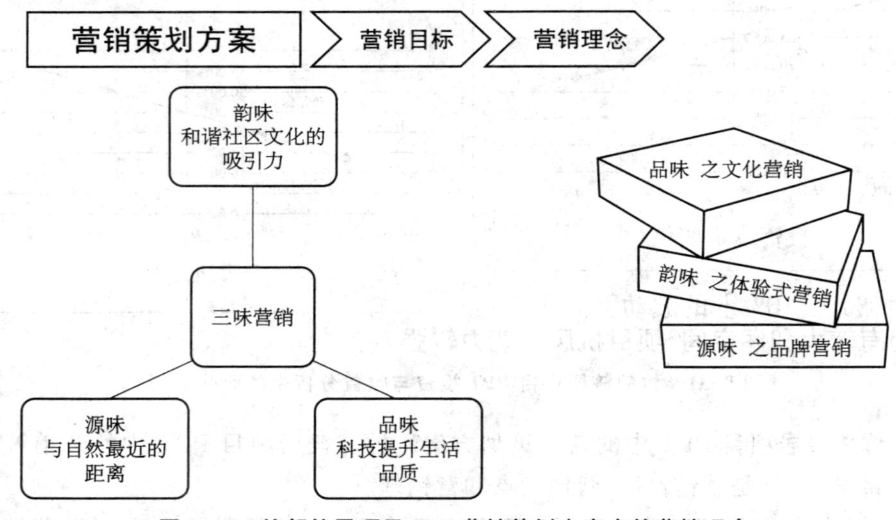

图 9.34 竹邻筱居项目 PPT 营销策划方案中的营销理念

9.1.5 PPT范例评析

竹邻筱居项目的 PPT 制作得比较精良，可以作为范例，当然，也有其不足。

1. 竹邻筱居项目 PPT 的优点

竹邻筱居项目 PPT 有如下几个优点。

(1) 充分利用了 PPT 展示图像的优点。在竹邻筱居项目制作的 PPT 中，很少有满页都是文字的幻灯片，几乎每一页幻灯片都是由图像作为主导，这就最大程度地体现了 PPT 展示图像的优势。

(2) 有些幻灯片构思极为巧妙。在竹邻筱居项目制作的 PPT 中，有些幻灯片虽然图像复杂，但结构却很巧妙，充分反映了制作者的聪明才智和辛苦努力。

(3) 展示效果很好。由于本书难以展示多媒体效果，无法显示出竹邻筱居项目所制作的 PPT 的动画效果。实际上，在竹邻筱居项目制作的 PPT 中，有些幻灯片具有很好的展示效果，通过动画能够反映出其思路的推演过程，可以让评委从中看出该项目的精彩之处。

(4) 能够展示出该项目内在相对一致的逻辑主线。在竹邻筱居项目制作的 PPT 中，虽然主要部分包括五项，但这五项内容之间在逻辑结构上还是能够呈现大体一致的脉络的。

(5) 能够将报告的核心创意与亮点体现出来。如果将竹邻筱居的 PPT 与其报告相对比，就可以发现该项目所制作的 PPT 基本上将其房地产开发项目策划报告的核心创意和亮点体现了出来。

(6) 在现场能够与报告形成互补。竹邻筱居的房地产开发项目策划报告共计 68 页，36 480 个汉字，文字量很大，内容也非常丰富，但 PPT 中却很少有文字，主要以图像为主，这就与评审专家手中的报告形成了互补。评审专家如果想了解详细的文字说明，就可以看报告的相关内容。

2. 竹邻筱居项目 PPT 的不足

竹邻筱居项目所制作的 PPT 主要有以下两项不足。

(1) 单片幻灯片信息量过大。可能是为了减少幻灯片的数量，竹邻筱居项目在制作 PPT 时，特意将每一张幻灯片都包含过多的内容，导致演示一张幻灯片相当于演示多张幻灯片，这会让评审专家有些眼花缭乱，不利于评审专家记住展示者想让他们牢记的关键事项。

(2) 细节方面存在纰漏。在主要部分介绍中所起的名称和具体介绍时幻灯片的名称经常不一致，如在主要部分介绍中所起的名称是财务分析，而在具体的幻灯片中却是财务指标。

9.2 房地产策划成果展示中的海报

海报既是房地产开发项目宣传的重要载体，也是全国高校房地产创新创业竞赛展示的重要载体。

9.2.1 海报及其独特作用

发挥海报的作用，需要先了解海报的含义。

1. 海报的含义

海报(poster)，正式名称是招贴，或者是招贴的一种。

(1) 海报一词的起源。海报起源于上海，因旧时上海人通常把职业性的戏剧演出称为“海”，而把从事职业性戏剧的表演称为“下海”。最初的海报特指作为剧目演出信息的具有宣传性的招徕顾客性的张贴物，也许是因为这个，人们便把它叫作“海报”。

(2) 海报含义的演变。“海报”一词演变到现在，它的范围已不仅仅是职业性戏剧演出的专用张贴物了，而是变为向广大群众报道或介绍有关戏剧、电影、体育比赛、文艺演出、报告会等消息的招贴，有的还加以美术设计。

(3) 海报的定义。海报设计是视觉传达的表现形式之一，通过版面的构成在第一时间内将人们的目光吸引，并获得瞬间的刺激，这要求设计者要将图片、文字、色彩、空间等要素进行完美的结合，以恰当的形式向人们展示出宣传信息。

(4) 海报的特点。海报具有如下两个显著的特点。

① 广告宣传性。海报希望社会各界的参与，它是广告的一种。有的海报加以美术的设计，以吸引更多的人。海报可以在媒体上刊登、播放，但大部分是张贴于人们易于见到的地方。其广告性色彩极其浓厚。

② 商业主导性。海报是为某项活动作的前期广告和宣传，其目的是让人们参与其中，演出类海报占海报中的大部分，而演出类广告又往往着眼于商业性目的。虽然也有公益性海报，但占比并不大。

2. 海报的独特作用

海报具有的许多优点是其他任何媒介无法替代的，几乎世界上所有知名的视觉设计院校都把海报设计作为视觉设计最主要的学习内容。这是因为，海报具备了视觉设计的绝大多数基本要素，它的设计表现技法比其他媒介更广、更全面，更适合作为基础学习的内容，同时，它在视觉传达的诉求效果上最容易让学生产生深刻印象。

9.2.2 海报的制作

制作海报的关键在于各种对比关系，特别是如下六种对比关系。

1. 构图技巧的粗细对比

所谓粗细对比，是指在构图的过程中所使用的色彩以及由色彩组成图案而形成的一种风格，在书画作品中我们知道有工笔和写意之说，或工笔与写意共同出现在一个画面中，这种风格在包装构图中是一种常用的表现手法。这种粗细对比有些是主体图案与陪衬图案的对比，有些是中心图案与背景图案的对比。

2. 构图技巧的远近对比

在国画山水的构图中讲究近景、中景、远景，而在包装图案的设计中，以同样的原理，也应分别为近、中、远几种画面的构图分层。所谓近，就是一个画面中最抢眼的那部分图案，也叫第一视觉冲击力，这是最抢眼的也是该包装图案中要表达的最重要的内容，如双汇最早使用过的方便面包装，首先闯进人们视线中的是空白背景中的双汇商标和深红色方块背景中托出的白色双汇二字(即近景)，依次才是小一点的“红烧牛肉面”行书几个主体字(应该说第二视线，也叫中景)，其次是表述包装内容物的产品照片(也叫第三视线，界于中景)，最后便是辅助性的企业吉祥物广告语、性能说明、企业标志等，这种明显的层次感也叫视觉的三步法则。它在兼顾人们审视一个静物画面习惯的同时，凸显出了其中最想表达的主题部分。作为设计人在创作画面之始，就应该先弄明白所诉求的主题，营造一个众星捧月的氛围，从而使设计的画面像强大的磁力紧紧地把受众的视线拉过来。

3. 构图技巧的疏密对比

构图技巧的疏密对比与色彩使用的繁简对比很相似。笔者见到不少包装图案的设计中，整个画面密密麻麻，花花绿绿，从背景图案到主题图案全是很沉重的颜色，让人感到压抑和透不过气来，这样不仅起不到美化产品，反而会让人产生厌倦感。这就是没把握住疏密对比造成的结果。

4. 构图技巧中的静动对比

在一种图案中，我们往往会发现这种现象，也就是在一种包装主题名称处的背景或周边表现出的爆炸性图案或是看上去漫不经心，实则是故意涂抹的几笔粗线条，或飘带形的英文或图案等，无不都是表现出一种“动态”的感觉，但其主题名称则端庄大气而背景则恬淡平静，这种场面便是静和动的对比。这种对比，既不花哨也不死板，视觉效果十分舒服，符合人们的正常审美心理。

5. 构图技巧中的中西对比

这种对比往往利用西洋画的卡通手法和中国传统手法的结合，并且直接以写实的手法把西方人的照片或某个画面突出表现在包装图案上，这在儿童用品、化妆品的包装中常常出现。

6. 构图技巧的古今对比

既有洋为中用就有古为今用，特别是人们为了体现一种文化品位，常常在包装设计构图中使用古代经典的纹饰、书法、人物、图案等元素，这在酒的包装上体现得最为明显。

9.2.3 海报与报告主题及其他材料的契合

1. 海报与报告主题的契合

海报必须要与报告主题相契合，这是由海报的作用所决定的。在房地产策划竞赛的决赛现场，海报是表达房地产开发项目策划报告主题的载体，如果它不能准确表达房地产开发项目策划报告的主题，无论它制作得多么精美，多么吸引人，都只能是失败的海报。

2. 海报与其他展示材料的契合

在PPT已经成为最主要展示载体的条件下，海报依然有着难以完全替代的作用。如果在PPT展示的同时，在现场摆上几幅制作精美的海报，就可以让海报、Word版打印的报告，以及通过电子仪器播放的PPT共同构成一个立体化的展示网，这会使展示效果大幅度增强。而要做到这一点，关键就在于PPT、海报、报告是相互契合的，不能相互拆台。

9.2.4 海报范例简介

本书所选择的海报范例是北京交通大学的首开·翼翔之都项目的海报，该项目是2010年下半年举办的第四届“首开杯”北京市大学生房地产策划大赛一等奖作品。

首开·翼翔之都项目共设计了三幅海报。

1. 首开·翼翔之都项目第一幅海报

首开·翼翔之都项目设计的第一幅海报包含其意象与楼盘形象的核心，见图9.35。

图 9.35 首开·翼翔之都项目第一幅海报

2. 首开·翼翔之都项目第二幅海报

首开·翼翔之都项目设计的第二幅海报全面展示了其形象与设计理念，见图 9.36。

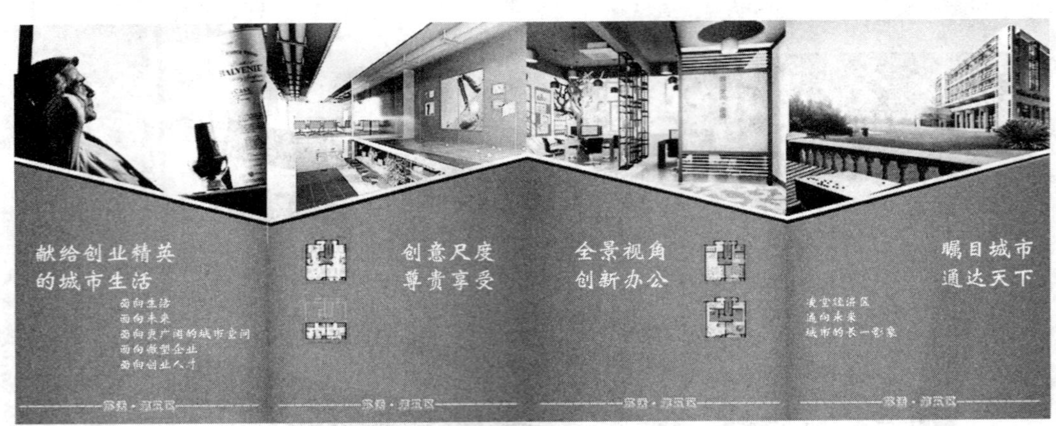

图 9.36　首开·翼翔之都项目第二幅海报

3. 首开·翼翔之都项目第三幅海报

首开·翼翔之都项目设计的第三幅海报隐含其地理位置与主要客户，见图 9.37。

图 9.37　首开·翼翔之都项目第三幅海报

9.2.5　房地产策划项目海报范例评析

设计海报是一项极为艰巨的工作，而首开·翼翔之都项目共设计了三幅海报，充分体现了该房地产策划竞赛参赛队同学的工作态度和创造能力。首开·翼翔之都项目为自己的项目设定了如下三个品质。

1. 低调简约

现代主义凝练的建筑风格成为简约而不简单的品质保证，减少不必要的装饰，可以使建筑在严肃中不失活力。

2. 生态自然

接近自然是每一个深居都市人的梦想。依托场地靠近优质绿化公园的优势，让人们更加近距离的接触自然，体验生态环境之美。

3. 疏密有致

商业金融区、商务办公区、居住区 3 个区域所需空间属性不同，在规划中以道路作为主要划分依据，将场地内的 3 个功能区划分为 4 个区域：北侧复合商务办公区，西南侧核心商业金融区，南侧高端商务区，以及中段居住区。居住区内由北至南以清新自然的水系形成景观带，直通场地东半部，积极营造舒适宜人且有效的休憩空间。

这三幅海报能够清楚表现出其所希望呈现的品质。

特别是，首开・翼翔之都项目在楼盘布局平面图中形成的 SK（首开字样），可以在第一幅海报下方的楼盘整体设计图中清晰呈现。

当然，首开・翼翔之都项目海报设计还谈不上完美，如第一幅海报下方楼盘整体设计图中的 SK 还体现得不够鲜明。

总之，首开・翼翔之都项目的海报设计可以作为范例，供拟在全国高校房地产创新创业方案策划竞赛中绘制项目海报的参赛队借鉴。

本章小结

本章在知识上，讲解了两部分内容，分别是房地产策划成果展示中的 PPT 应用和房地产策划成果展示中的海报。

关于房地产策划成果展示中的 PPT 应用，讲解了 PPT 优劣势分析、PPT 的制作、PPT 与讲解材料（Word 版）和其他材料的配合三项基本知识。

本章推荐了一份房地产开发项目策划报告 PPT 的优秀范例，先对其进行了简要介绍，然后对这份范例中所体现出来的优点进行了简要评析。

关于房地产策划成果展示中的海报，讲解了海报的独特作用、海报的制作、海报与报告主题和其他材料的契合三项基本知识。

本章进一步学习建议

在这一阶段，实践学习的重要性远大于理论学习的重要性。

1. 理论学习建议

（1）基本学习内容建议。拟参加全国高校房地产创新创业方案策划竞赛的同学，特别是组长和担任展示任务的同学，必须把本章的理论知识充分掌握，而且能够完整地应用。

（2）学习深度建议。除了本科教材外，鼓励同学们阅读期刊论文、硕士学位论文，以增加对房地产开发项目策划多媒体展示相关理论、知识、方法、技巧的学习深度。

（3）专项理论学习建议。建议拟参加全国高校房地产创新创业方案策划竞赛的同学，共同学习所能搜集到的本校或其他高校优秀的房地产开发项目策划报告配套的多媒体素材，提高相关工作的知识储备与写作技巧。

2. 实践学习建议

（1）专项实践学习建议。拟参加全国高校房地产创新创业方案策划竞赛的同学，特别是组长和担任展示任务的同学，应拜访本校以往各届的竞赛参赛队的组长和负责展示任务的学长，听取他们对本组所撰写的房地产开发项目策划报告配套多媒体素材的评价与修改建议。

（2）基本实践学习建议。选择一个知名的房地产开发企业或房地产策划企业，在网上搜集其房地产策划报告配套的多媒体素材，认真学习与揣摩，撰写学习笔记。通过与已经毕业且在房地产开发企业或策划企业工作的学长联系一家企业进行实习，实际锻炼制作房地产开发项目策划报告配套多媒体素材的能力和水平。

10 房地产策划竞赛中的讲解与回答

本章知识体系

本章知识体系见图 10.1。

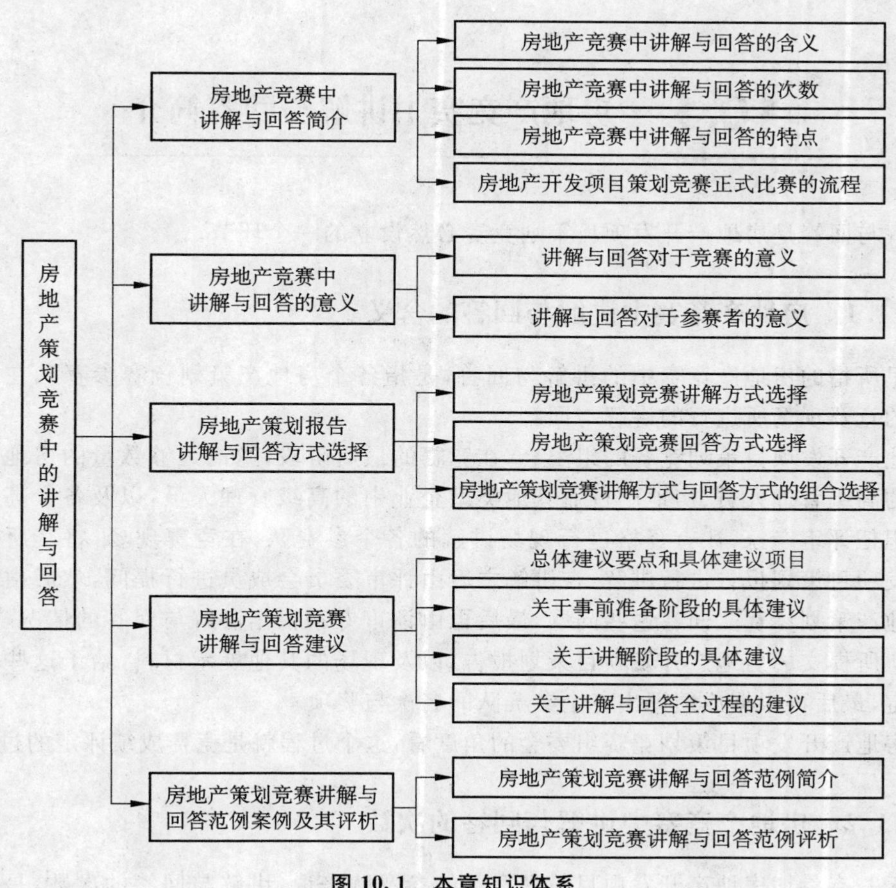

图 10.1 本章知识体系

本章导读

本章主要是房地产策划竞赛中的讲解与回答所应掌握的必备知识。

本章内容分成两个部分，前一部分是相关知识讲解；后一部分是范例介绍及其评析。

关于知识讲解内容，建议同学们系统学习并积极应用到全国高校房地产创新创业方案策划竞赛的实践中。

在知识讲解中，本章首先对全国高校房地产创新创业竞赛比赛现场的讲解与回答进行了一个全面的介绍，然后解读了房地产竞赛中讲解与回答的意义，建议拟参加的各个参赛队对此进行深刻分析。本章还包括房地产策划报告讲解与回答方式选择的相关内容，并且给出了一些建议，包括总体建议和具体建议。

本章推荐了一份房地产策划竞赛团队现场展示的优秀范例，先对其进行了简要介绍，然后对这份范例的优点与不足进行了简要评析。同学们可以把这个优秀范例作为学习的范本，学习其在房地产策划竞赛决赛中进行展示模式创新的相关经验。

在范例学习过程中，最好要与前面的知识学习相对应，这既是巩固知识学习的过程，也是体会范例优秀之处的过程。

10.1 房地产竞赛中讲解与回答简介

讲解与回答是房地产开发项目策划竞赛必然设立的一个环节。

10.1.1 房地产竞赛中讲解与回答的含义

这里所指的房地产竞赛中的讲解与回答，是指各个房地产策划竞赛参赛队在组委会所安排的竞赛现场所进行的讲解与回答。

房地产开发项目策划竞赛的组委会，在竞赛的最后阶段，邀请足够数量的房地产开发企业中的高级管理人员、房地产行业其他类型企业中的高级管理人员，以及各个高校的指导教师担任评审专家，让有资格进行现场讲解的各个参赛队，在竞赛现场，将其所作的房地产开发项目策划报告进行讲解，在讲解之后由评审委员会成员进行提问，然后由进行讲解的房地产策划参赛队回答这些问题，最后再由评审专家根据讲解与回答的情况，结合这些参赛队所提交的房地产开发项目策划报告，以及现场的其他展示材料，给予这些参赛队成绩评定，最后再根据成绩评出各个参赛队的名次与奖项。

从房地产开发项目策划竞赛组委会的角度看，这个过程就是竞赛成绩评定的过程。

10.1.2 房地产竞赛中讲解与回答的次数

对于一支参加房地产开发项目策划竞赛的参赛队来说，讲解与回答的次数，是由这一届竞赛的赛制所决定。

如果真正意义上全国高校房地产创新创业竞赛创办起来，即此项赛事得到了教育部和财政部的联合承认与资助，则一支参赛队，最多可能要参加三次讲解与回答。

1. 校内选拔赛的讲解与回答

一旦全国高校房地产创新创业竞赛成为真正意义的全国学科竞赛，则中国各个开设房地产本科课程的高校必然积极参赛。

一门房地产课程的选课人数至少在 30 人，即使只有一半的学生选择参赛，就必然组建不止一支房地产策划竞赛的参赛队。如果再考虑房地产策划竞赛参赛队的多专业组合情况，只要组队，就必然会有多支参赛队。

在这种情况下，校内选拔赛就不可避免。而且根据多年的经验，只要一项赛事是全国学科竞赛，各个参赛学校都必然设立校内选拔赛，并对校内选拔赛进行奖项设置。这就是说，即使无法参加下一阶段的赛事，也可以在校内选拔赛中获得一定的名次和奖项。

各个参赛高校之所以要设置校内选拔赛奖项，其目的是动员尽可能多的学生组队参赛，因为，往往是参赛队越多，参赛队的水平就越高，为参赛学校赢得荣誉的概率就越大。

一般来说，如果正式举行校内选拔赛，也会采用以现场比赛的方式来选拔学校代表队。这时就需要各校内参赛队进行第一次讲解与回答。

2. 分区选拔赛的讲解与回答

本书前文已经分析过，如果全国高校房地产创新创业竞赛成为真正意义的全国学科竞赛，中国各个开设房地产本科课程的高校积极参赛的话，就有必要实施分区制。这样，每一分区内各个高校选拔出来的参赛队，还需要参加分区选拔赛，才有资格进入最后的全国高校房地产创新创业竞赛的决赛。

如果实施分区制，分区选拔赛必然会采用现场比赛的方式来选拔出线队。这时就需要各个分区选拔赛的参赛队进行第二次讲解与回答。

3. 决赛的讲解与回答

经过两轮的选拔，最终进入总决赛的各支参赛队就要进行第三次讲解与回答，这也是其最主要的一次讲解与回答。

10.1.3 房地产竞赛中讲解与回答的特点

1. 评委人数众多

以首届全国高校房地产创新创业邀请赛的决赛为例，竞赛组委会共邀请了 23 名评审专家。这个数量肯定要比学位论文答辩委员会的答辩评委人数多得多。

2. 评委构成复杂

学士学位论文答辩委员会的答辩评委基本上都是来自高校，都是大学教师。而全国高校房地产创新创业竞赛决赛的评审专家团的23名成员，其中13名来自参赛的各个高校，而另外10名成员则来自企业界，有房地产开发企业的中高级管理人员，也有房地产行业其他企业的中高级管理人员。

3. 讲解者与评审者地位的不平等

在房地产策划竞赛正式比赛赛场，讲解者与评审者的地位并不是平等的，这表现在如下三个方面。

(1) 人数不对等。以首届全国高校房地产创新创业邀请赛为例，每一支决赛参赛队限8人，而评审专家团的成员多达23人。

(2) 能力不对等。讲解者通常是没有实际工作经验的本科生以及少部分研究生，而评审专家都是房地产行业的实干者以及高校房地产本科课程的教师，双方在知识、阅历、资历、经验等方面都相差悬殊。

(3) 现场的主动权不平等。一般地说，评审专家团及其评审专家始终是握有主动权的，而讲解者则始终处在被动的、被审查的状态。

4. 某些评审专家的双重身份

以首届全国高校房地产创新创业邀请赛的评审专家团为例，23位评审专家中，有13位同时也是参赛队的指导教师。

5. 极强的现场对抗性

学位论文答辩或求职面试，只是一种水平的验证，只有两种结果，通过或不通过，并不需要答辩者或面试者彼此间进行对抗。而中国大学生学科竞赛的性质就决定了现场的讲解与回答，并不是讲解者与评审专家的博弈，而是各个作为讲解者的参赛队之间的对抗。

6. 潜在的冲突

由于来自大学的评审专家，同时也是其他参赛队的指导教师，就可能出现这些评审专家在评审时，并不是客观公正地评审，而是打压其他参赛队，以确保自己所指导的参赛队获得佳绩。

7. 评审成绩得出机制的复杂性

求职面试时，面试官可能也会打分，其打分就是最后的成绩。甚至并不打分，只给出合格或不合格两个评价。学士学位论文答辩时，答辩评审专家也会给出成绩，其成绩的平均值就是最后的成绩。当然，也可能由所有的答辩专家经过协商，一致决定该答辩者是通过答辩还是不能通过答辩。

但是，对于房地产开发项目策划竞赛，成绩评定就复杂得多。

以首届全国高校房地产创新创业邀请赛的决赛为例，其评审成绩得出机制就具有如下两个特点。

（1）本校指导教师回避。虽然首届全国高校房地产创新创业邀请赛决赛有 23 名评审专家，但组委会实施回避原则，评审专家不能对本校参赛队评分。这样，每个参赛队只有 22 名评审专家有权给出评分。

（2）去掉一个最高分和一个最低分。为了减少评审专家的个人倾向对参赛队的影响，考虑到房地产策划竞赛评审专家团专家数量众多，本届赛事组委会实施去掉一个最高分和一个最低分的做法。这样，每个参赛队的有效成绩就只有 20 个。最终成绩就是这 20 个有效成绩的平均值。

10.1.4 房地产开发项目策划竞赛正式比赛的流程

房地产开发项目策划竞赛正式比赛的完整流程通常要分成如下九个环节。

1. 各个参赛队抽签

由于不同出场顺序对讲解与回答的效果影响巨大，因此，决定各个参赛队讲解与回答的顺序，就是一项很重要的工作。这项工作只能在正式比赛开始前由各个参赛队抽签决定。

2. 各支参赛队进行讲解与回答准备

为了节省各个参赛队讲解与回答的转换时间，房地产开发项目策划竞赛的组委会通常会要求各个参赛队提前把各种电子讲解材料拷贝到现场用于展示的计算机上。这段时间，客观上也给抽签到第一个讲解与回答的参赛队提供了宝贵的准备时间。

3. 各支参赛队进行准备

实际上，只有第一支参赛队需要短暂的准备时间，因为它之后的参赛队，都有充足的时间进行准备。

4. 各支参赛队进行讲解

以首届全国高校房地产创新创业邀请赛为例，组委会限定每一支决赛参赛队有 20 分钟的讲解时间，截止时间一到就不允许再讲解。

5. 评审专家提问

在一支参赛队讲解完毕之后，则进入评审专家提问环节，从理论上讲，所有评审专家，除了指导教师回避外，都可以进行提问。不过，组委会对提问的总时长是有规定的。

以首届全国高校房地产创新创业邀请赛为例，组委会限定每一支决赛参赛队讲解后的评审专家提问与参赛队回答的时间合计限定在10分钟以内，截止时间一到就由下一支参赛队进行讲解。

6. 各支参赛队进行评审专家问题的回答

针对评审专家所提的问题，参赛队需要逐一进行回答。

7. 评审专家评分

在一支参赛队回答完所有评审专家的问题之后，各位评审专家就要给这支参赛队进行打分。评审专家给各支房地产策划竞赛参赛队的打分按照组委会给定的评分标准进行。

8. 成绩核算

在所有参赛队讲解与回答完毕后，评审专家就应给出所有参赛队的成绩。不过，赛事组委会负责成绩计算的工作人员还需要一小段时间进行成绩的计算和复核。

9. 公布成绩和各个奖项

在所有成绩都经过复核准确无误之后，组委会将公布各支参赛队的成绩，并根据成绩颁发各个奖项。

10.2 房地产竞赛中讲解与回答的意义

在任何学科竞赛的决赛中，讲解与回答都是最重要的环节，任何一支全国高校房地产创新创业竞赛的参赛队，都要对决赛中讲解与回答的重要性有深刻的理解。

10.2.1 讲解与回答对于竞赛的意义

对于房地产策划竞赛组委会来说，讲解与回答的根本意义就在于通过现场讲解与回答的方式，进一步审查各支参赛队的房地产策划报告，验证各支参赛队对其报告的把握程度和当场展示的能力，进一步考察各支参赛队对房地产策划相关专业知识掌握的深度和广度，实际上，也是审查各支参赛队是否独立完成其房地产开发项目策划报告等情况。

1. 进一步考察和验证各支参赛队对其报告的认识程度和现场展示能力

一般说来，从各个参赛队所提交的房地产开发项目策划报告中，已能大致反映出各个参赛队对其报告的认识程度和策划能力。但由于种种原因，有些问题没有充分展示，有的可能限于全局结构而不便展开，有的可能受篇幅所限而不能展开。通过对这些问题的讲解与回答，房地产开发项目策划竞赛评审专家团就可以进一步弄清这些参赛队的具体情况，从而了解这些参赛队对自己所写的房地产开发项目策划报告的认识程度、理解深度和当场展示的能力。

2. 进一步考察参赛队对专业知识掌握的深度和广度

虽然从其所提交的房地产开发项目策划报告中也可以看出各支参赛队已掌握的专业知识的深度和广度。但各支参赛队在撰写房地产开发项目策划报告时，所运用的知识有的已确实掌握，能融会贯通地运用，有的则可能是一知半解，并没有转化为自己的知识。在房地产策划竞赛的现场讲解与回答过程中，评审专家团就可以把这些在报告中阐述不清楚、不详细、不完善之处提出来，让各支参赛队当场进行回答，从而就可以检查出各支参赛队对所设计的房地产开发项目策划报告是否有深广的知识基础、创造性的见解。

3. 审查报告是否由参赛队独立完成即检验报告的真实性

撰写房地产开发项目策划报告，虽然也有指导教师，但它毕竟不像考试那样，是在老师严格监视下完成，而是在一个较长的时期(通常是 4 个月)内完成，难免会有少数不自觉的参赛队会投机取巧，采取各种手段抄袭他人撰写的房地产开发项目策划报告。房地产策划竞赛评审专家团，通过现场的听取讲解与提问，能在很大程度上判断出该报告的真实性，从而确保房地产开发项目策划竞赛作品的原创性。

10.2.2 讲解与回答对于参赛者的意义

讲解与回答对于参赛者意义深远。

1. 增长知识、交流信息的意义

对于一支房地产开发项目策划竞赛的参赛队来说，现场比赛的讲解与回答，是一个增长知识、交流信息的过程。

为了参加现场比赛的讲解与回答，各支参赛队学员在事前就要积极准备，对自己所写房地产开发项目策划报告的所有部分，尤其是本论部分和结论部分做进一步的推敲，仔细审查报告对基本观点的论证是否充分、有无疑点、谬误或模糊不清的地方。如果发现一些问题，就要继续收集与此有关的各种资料，做好弥补和解说的准备。这个准备的过程本身就是积累知识、增长知识的过程。

在现场比赛的讲解与回答过程中，评审专家也会就其报告中的某些问题阐述自己的观点，或者提供有价值的信息。这样，各支参赛队又可以从评审专家那里获得新的知识。

2. 全面展示自身风采的意义

房地产开发项目策划竞赛的比赛现场，是各支参赛队全面展示自己的勇气、才能、智慧、风度和口才的最佳时机。

参加房地产开发项目策划竞赛的高校在校生，绝大多数都没有经历过这种场面，因此，对于这些即将跨出校门、走向社会的在校学生，这是极其难得的可以在关键时刻全面展示自己的素质和才能的良好时机。

3. 向专家学习、请求指导的意义

房地产开发项目竞赛现场比赛评审专家团的成员，一般是有较丰富实践经验和较高专业水平的教师和专家，他们在比赛现场提出的问题一般是各支参赛队所提交的报告或展示的材料中涉及的最重要的问题，是各支参赛队应具备的基础知识，却又是报告或展示材料中没有阐述周全、论述清楚、分析详尽的问题。通过评审专家的提问和指点，各支参赛队就可以了解自己撰写房地产开发项目策划报告中存在的问题，作为今后研究其他问题时的参考。对于自己还没有搞清楚的问题，还可以直接请求指点。总之，房地产开发项目竞赛比赛现场评审专家提出的问题，不论各支参赛队是否能当场做出正确、系统的回答，都是对这些参赛队一次很好的帮助和指导。

4. 训练应变能力的意义

房地产开发项目策划竞赛的比赛现场，是各支参赛队学习、锻炼自身应变能力的一次良机。

对于每一支房地产开发项目策划竞赛正式比赛现场的参赛队来说，评审专家会提什么问题都是未知，而要流利回答这些评审专家的问题，就必然需要这些参赛队具有良好的应变能力。

在当今社会，人们越来越认识到，应变能力是现代人必须具备的重要素质。一个人如果掌握了高超的应变能力，具有良好的素质，他们在事业与人际交往中就会如鱼得水。

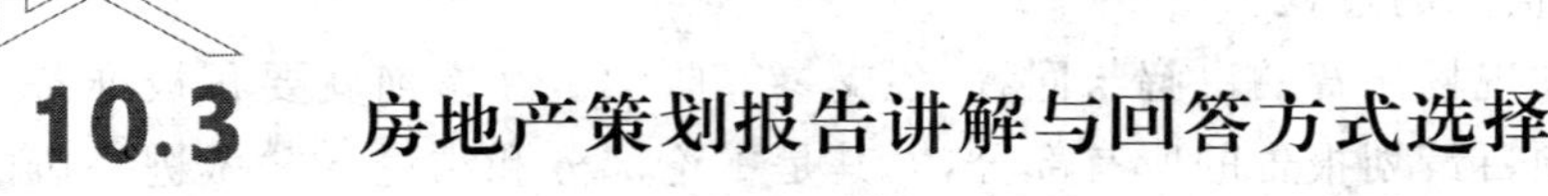

10.3 房地产策划报告讲解与回答方式选择

根据多年经验，一支全国高校房地产创新创业竞赛的参赛队，在正式比赛现场的讲解与回答过程中，需要做好方式选择。

10.3.1 房地产策划竞赛讲解方式选择

关于房地产开发项目策划报告的讲解，可以有如下四种方式供同学们选择。

1. 单人讲解方式

这种方式就是进行讲解的参赛队，只由一位讲解者全程进行讲解。

(1) 单人讲解方式的条件。如果一支房地产开发项目策划竞赛参赛队的报告是采用统筹撰写方式撰写出来的，则采用这种讲解方式是合适的。这是因为汇报者，通常就是组长本人，对报告的内容能够全面了解。

如果一支参赛队的房地产开发项目策划报告是采用分工撰写方式完成的，但若有足够的时间安排专门的讲解人，而他或她又能够在讲解前将报告的内容，特别是PPT的内容充分消化，也可以采取这种方式。

(2) 单人讲解方式的优势。在具备上述条件时，单人讲解方式的最大优势就是可控性强，讲解人对内容全面了解，在讲解时不会出现因对报告内容不了解而讲不下去的现象。

(3) 单人讲解方式的风险。如果讲解者过于紧张，则即使他或她在事前对报告和PPT的内容了如指掌，依然难以避免因紧张而导致忘词或难以正常讲解情况的发生。此外，由于房地产开发项目策划报告讲解的全过程只有一个人，其没有替换者，也就没有时间温习讲解内容，即使不紧张，也会因为需要记忆的内容过多而导致忘词现象的出现。

(4) 单人讲解方式的不足。单人讲解方式也存在着严重的不足，主要是难以体现团队的综合实力。房地产开发项目策划竞赛，比较强调团队的整体实力，单人讲解方式无法向评审专家展示参赛队的团队实力。

此外，这种方式也会导致参赛队中非讲解人员的懈怠，如果这种懈怠在现场表现了出来，也会给评审专家带来不良的印象，从而影响其对这支参赛队的评分。

2. 双人讲解方式

这种方式就是进行讲解的参赛队，由两位讲解者全程进行讲解。

根据多年的观察，如果一支参赛队采用这种方式，通常会安排一名男生和一名女生，形成男女生两人讲解组合。

(1) 双人讲解方式的优势。与单人讲解方式相比，双人讲解方式具有如下三项优势。

① 具有缓冲性。两个人不可能同时讲解，必然是在一个人讲解一段内容后，再由另一个人接着讲解，循环进行。

在一个讲解者讲解时，另一个讲解者就有了缓冲的机会，他或她可以借机温习台词。这就使得双人讲解方式的潜在风险比单人讲解方式要小，可控性更强。

② 现场展示效果好。双人讲解，特别是一个男生和一个女生，如果配合默契，效果就如同男女声二重唱一样，具有极强的现场展示效果。

③ 能够在一定程度上展示团队实力。双人讲解方式最大的优势就是可控性强。两个

人比一个人更能体现一支参赛队的整体实力。

(2) 双人讲解方式的劣势。如果与下面的两种方式相比，在展示团队实力方面，其还是有些逊色的。

3. 全体讲解方式

这种方式就是参赛者全体登台，进行讲解。

(1) 全体讲解方式的优势。与上面两种讲解方式相比，全体讲解方式最大的优势如下。

① 充分展示了全体的团队实力。若全体登台讲解，并且有条不紊，可以充分展示这支房地产开发项目策划竞赛参赛队的团队实力和默契程度。

② 充分调动所有参赛队员的积极性。由于每个参赛队员都要登台，所以每个人都不能懈怠，必然高度聚精会神，全力展示。不过，与情景剧讲解方式相比，这种讲解模式的现场效果就会差很多。

(2) 全体讲解方式的风险。多年来，之所以绝大部分房地产开发项目策划竞赛参赛队都不采用这种讲解方式，是因为这种讲解方式风险极大，可控性极差。

4. 情景剧讲解方式

情景剧讲解方式实际上是全体讲解方式的一个变体，它依然是全体参赛队员都登台，不过，不是常规意义的讲解，而是以情景剧的方式进行讲解。

(1) 情景剧讲解方式的优势。

① 现场效果最佳。与单纯的讲解相比，情景剧还带有情节，其现场的舞台效果极佳，可以以最生动形象的方式传达所要其观点。

② 最大限度地体现了团队的默契。这种方式比全体讲解方式更能体现出一支全国高校房地产创新创业竞赛参赛队的默契程度。

③ 最大程度地展示了每个成员的风采。这种方式给每个成员都安排了角色，这就要求每个成员都要将自己的独特风采展示出来。

(2) 情景剧讲解方式的风险。在四种讲解方式中，情景剧方式毫无疑问是潜在风险最大的一种。情景剧讲解方式的潜在风险体现在如下四个方面。

① 忘词风险。情景剧的台词虽然依托于房地产开发项目策划报告，但必须要体现情景剧的要求，因此，对于准备情景剧的参赛队员来说，无异于背诵新的台词，这比让他们牢记原有的房地产开发项目策划报告的内容还要难得多。

② 舞台走位风险。情景剧要求进行表演的每个演员都要在舞台上找准自己的位置。由于正式比赛的场地很难允许所有参赛队进行彩排，因此，进行情景剧展示的参赛队，必然要面临其彩排场地与正式比赛场地差异的问题，这就可能导致最后正式表演时出现问题。

③ 表演效果风险。虽然理论上讲，如果一支全国高校房地产创新创业竞赛参赛队采用情景剧方式进行讲解，其讲解的舞台效果最佳，但这是以能够表演出预期效果为前提

的。如果表演得不好，或者由于紧张、舞台限制等因素，导致预期的表演效果难以达到预期，则可能存在冷场的风险。毕竟以情景剧的方式进行讲解，无论是表演者还是观看者，都会以一种不同于前三种方式的心态来评价。

④ 冲淡主题风险。采用情景剧方式进行房地产开发项目策划报告内容的展示，还潜藏着一个独特的风险，那就是冲淡展示主题的风险。这是因为，戏剧表演有自己独特的要求，如果这种要求与展示主题的要求不能形成一致，表演者就可能在不知不觉中走向过于强调表演，而忽略了所要展示的房地产开发项目策划报告的主题。

如果冲淡了房地产开发项目策划报告所展示的主题，即使舞台表演效果特别吸引人，从房地产开发项目策划报告主题展示的视角看，这也是一次失败的讲解。

(3) 情景剧讲解方式的条件。要想采用情景剧方式进行讲解，需要如下三个条件。

① 全体成员都有参与意愿。从理论上讲，情景剧也可以是一个人表演或两个人表演。但如果不能安排全体参赛队员登台表演，表演的那一个人或两个人就要承担非常巨大的压力，除非是专业演员或准专业演员才能完成这种表演任务。但在房地产开发项目策划竞赛的比赛现场，情景剧只是展示形式，即使可以邀请专业演员或准专业演员，他们也无法保证专业知识的展示效果。况且，房地产开发项目策划竞赛组委会，也不会允许有专业演员或准专业演员参赛。

② 全体成员都有参与时间。表演是一项需要较多投入的工作，既然全体成员都要参与，那就必须保证所有成员都要投入足够的时间与精力。

③ 能够写出合适的剧本。剧本是一种文学形式，是戏剧艺术创作的文本基础，编导与演员根据剧本进行演出。剧本是舞台表演或拍戏的必要工具之一，是剧中人物进行对话的参考语言。剧本，是一门为舞台表演服务的艺术样式，区别于戏剧和其他文学样式。没有合适的剧本，就不可能进行情景剧表演。而创作一部合适的情景剧剧本是一项极富挑战性的工作。

当然，可以考虑外包，但如果找不到既有剧本创作才能，又懂得所要展示的房地产开发项目策划报告内容的创作者，则这种房地产开发项目策划竞赛的展示方式，就难以付诸实施。

5. 四种讲解方式的对比

上述四种房地产开发项目竞赛现场讲解方式的对比见表 10.1。

表 10.1 四种房地产开发项目竞赛现场讲解方式的对比

讲解方式	现实难度	现场可控性	潜在风险	团队实力展示	现场效果
单人讲解	最小	次高	次小	没有	一般
双人讲解	次小	最高	最小	正常	正常
全体讲解	次大	次低	次大	次佳	次佳
情景剧	最大	最低	最大	最佳	最佳

根据多年的经验，双人讲解是各个房地产开发项目策划竞赛比赛现场采用最多的一种讲解方式，而且基本上是采用一个男生与一个女生搭配进行。

10.3.2 房地产策划竞赛回答方式选择

相比讲解而言，回答问题的难度更大。这是因为，讲解对于房地产策划参赛队还是一种可以事先控制的工作，而回答环节则根本不知道比赛现场的评审专家会提什么问题。因此，选择合适的回答问题方式更为重要。

一般来说，回答方式与讲解方式大体对应。只是，情景剧方式只能用于房地产开发项目策划竞赛的现场讲解，而不能用于回答房地产开发项目策划竞赛现场评审专家的提问。因此，在房地产开发项目策划竞赛比赛现场中，回答问题的方式有如下三种。

1. 单人回答方式

单人回答方式，就是针对所有评审专家的提问，均由一个人来回答。一般来说，如果采用单人回答方式，则这个回答者就是单人讲解者，通常就是组长本人。

2. 双人回答方式

双人回答方式，就是针对所有评审专家的提问，均由两个人来回答。一般来说，如果采用双人回答方式，则这个回答者就是双人讲解者。

3. 全体回答方式

全体回答方式，就是所有房地产开发项目策划竞赛参赛队员都有回答评审专家问题的义务，谁能回答，谁就回答，不限定于只能由谁回答。采用这种回答方式，需要所有参赛队员都能登上舞台。

4. 三种回答方式的对比

上述三种回答方式也各自有优劣势，见表10.2。

表10.2 三种房地产开发项目竞赛现场讲解方式的对比

讲解方式	现实难度	现场可控性	潜在风险	团队实力展示	现场效果
单人讲解	最大	最高	最大	没有	一般
双人讲解	居中	次高	居中	正常	正常
全体讲解	最小	最低	最小	最佳	最佳

10.3.3 房地产策划竞赛讲解方式与回答方式的组合选择

由于房地产开发项目策划竞赛组委会不会硬性规定一支参赛队的讲解方式和回答方

式,因此,讲解方式和回答方式可以是任意组合的。因此,可供选择的讲解方式与回答方式的组合共有 12 种,见表 10.3。

表 10.3 讲解方式与回答方式的 12 种组合

序号	组合方式	
1	单人讲解	单人回答
2	单人讲解	双人回答
3	单人讲解	全体回答
4	双人讲解	单人回答
5	双人讲解	双人回答
6	双人讲解	全体回答
7	全体讲解	单人回答
8	全体讲解	双人回答
9	全体讲解	全体回答
10	情景剧	单人回答
11	情景剧	双人回答
12	情景剧	全体回答

10.4 房地产策划竞赛讲解与回答建议

根据多年经验,对于房地产开发项目策划竞赛比赛现场的讲解,本书给出了一些建议。首先是总体建议;其次是各项具体建议。

10.4.1 总体建议要点和具体建议项目

1. 总体建议

在总体上,一支房地产开发项目策划竞赛参赛队,在比赛现场应努力做到如下关键五点:

① 脱稿讲解;

② 突出亮点;

③ 激发兴趣;

④ 严控时间;

⑤ 留有余地。

2. 具体建议项目

给房地产策划竞赛参赛队讲解与回答的14项具体建议，见表10.4。

表10.4 给房地产策划竞赛参赛队讲解与回答的14项具体建议

建议序号	建议内容	阶段
建议1	必须熟悉内容	事前准备阶段
建议2	做好开场白	讲解开头阶段
建议3	力争生动展示	讲解阶段
建议4	有效控制时间	讲解阶段
建议5	紧扣讲解主题	讲解阶段
建议6	不忘致谢、结束讲解	讲解结束阶段
建议7	做到不卑不亢	讲解与回答全过程
建议8	力争声音响亮	讲解与回答全过程
建议9	保持语速适中	讲解与回答全过程
建议10	调节目光移动	讲解与回答全过程
建议11	体态辅助讲解与回答	讲解与回答全过程
建议12	巧妙的人称使用	讲解与回答全过程
建议13	注意文明礼貌	讲解与回答全过程
建议14	杜绝各种禁忌	讲解与回答全过程

10.4.2 关于事前准备阶段的具体建议

关于事前准备阶段的具体建议只有一条，就是房地产开发项目策划竞赛的参赛队必须熟悉内容。熟悉内容通常有如下三个层次的含义。

1. 理解的深度

参加现场比赛的各支房地产开发项目策划参赛队，首先必须对自己所撰写的房地产开发项目策划报告的内容有比较深刻的理解和全面的认识。这是为回答房地产开发项目策划竞赛现场各位评审专家提出的问题所做的准备。

所谓"深刻的理解"，就是参赛队必须要对房地产开发项目策划报告有横向的把握，因为评审专家可能要提出这方面的问题。例如，某房地产策划报告提出要充分利用房地产开发企业的品牌优势，评审专家就可能对品牌的相关知识进行不断地提问，这就要求参加房地产策划现场比赛的参赛队必须对自己的报告内容深入了解，对各个关键词汇及其相关知识有比较深刻的理解。否则，讲解者就会在房地产开发项目策划竞赛的正式比赛现场中出现非常尴尬的局面。

2. 脱稿讲解

熟悉内容不仅体现在讲解者对自己所写的报告内容在深度和广度上的熟悉,更体现在讲解过程中的脱稿讲解。

在房地产开发项目策划竞赛比赛现场,能够全程脱稿讲解的讲解者,会给现场的评审专家留下极为深刻的良好印象,他们会认为讲解者已经将自己报告的核心内容了然于胸。要做到这一点,讲解者必须在讲解前做充分的准备。仅凭这一点,就会让评审专家认为讲解者的工作态度是极为认真的。

3. 解决报告内在的问题

讲解者要熟悉自己所撰写的房地产开发项目策划报告的基本观点和依据,弄懂弄通报告中所使用主要概念的确切含义,所运用基本原理的主要内容,同时还要仔细审查、反复推敲报告中有无自相矛盾、谬误、片面等问题。如发现有上述问题,就要做好充分准备——补充、修正、解说等。只有认真设防,堵死一切漏洞,才能在讲解中做到心中有数、临阵不慌、沉着应战。

10.4.3 关于讲解阶段的具体建议

关于讲解阶段的具体建议共有如下五条。

1. 做好开场白

好的开始往往可以说是成功的一半,因此,做好开场白对于房地产开发项目策划竞赛现场讲解非常重要。要做好开场白,讲解者需要做到如下两点。

(1) 向评审专家问好。向评审专家问好,不仅仅是一种礼貌,也能反映讲解者的从容。实际上,在往届房地产开发项目策划竞赛的比赛现场,总会有一些讲解者由于紧张,忘了向专家问好。而且,向评审专家问好也是一种自我调整,给讲解者正式讲解留下了一个缓冲的机会。

(2) 力争开门见山。鉴于讲解时间十分短暂,且竞争非常激烈,建议各个房地产策划竞赛的参赛队,采用开门见山的方式,在开场就将本组的主题鲜明地介绍出来,让评审专家一开始就能抓住报告最核心的内容,特别是创意与亮点。

2. 力争生动展示

生动是引起关注的重要因素。要想在全国高校房地产创新创业竞赛的比赛现场取得佳绩,生动的展示十分关键。在条件允许的情况下,各支参赛队还可以充分利用各种多媒体方式进行策划报告核心内容的展示。

当然,生动并不仅仅指借助电子设备及其对应的电子软件,任何能够吸引观看者关注的要素都可以采用。前文所提的情景剧展示方式,即使不采用任何多媒体,也是一种生动的展示。

对于一支参加全国高校房地产创新创业竞赛的参赛队来说，也不能过于迷信高科技或新奇的展示方式。生动可以体现在各个方面，即使不采用电子设备与软件，也不采用情景剧讲解方式，仅凭单人讲解，如果沉着冷静、语言优美、抑扬顿挫，表达淋漓尽致，也可以获得最佳的效果。

3. 有效控制时间

每一届房地产开发项目策划竞赛，都对比赛现场的讲解与回答时间进行了严格控制。以首届全国高校房地产创新创业邀请赛为例，讲解时间不允许超过 20 分钟，评审专家提问与参赛队回答问题合计不允许超过 10 分钟。在这种情况下，每一支房地产开发项目策划竞赛的参赛队，都必须严格地进行时间控制，把握讲解时间。

如果一支房地产开发项目策划竞赛参赛队能够在截止时间自然而然地结束，表明该参赛队事先的准备很充分，对自身所展现的房地产开发项目策划报告内容的理解、掌握和控制到位，所有这些都会给现场评审专家留下一个非常良好的印象。

要做到这一点，房地产开发项目策划竞赛参赛队事前应该对将要讲解的内容进行时间上的估计。

当然，参赛队如果能够在比赛现场灵活地减少或增加内容，也是对所撰写的房地产开发项目策划报告内容实施有效时间控制的一种表现。

此外，为了提高时间效率，除非房地产开发项目策划竞赛组委会明确规定，否则，参赛队在讲解过程中，应直奔主题，切中要害。

4. 紧扣讲解主题

在全国高校房地产创新创业竞赛的比赛现场，往往有十支以上的参赛队，对于竞赛的评审专家来说，他们不可能对每一支房地产开发项目策划竞赛参赛队的报告都会有非常全面的了解。因此，在整个比赛过程中能否围绕主题进行讲解，就显得非常重要了，同时，这也是时间控制的重要手段。

要想紧扣主题，讲解者就必须深刻理解自己所撰写的房地产开发项目策划报告的主题。

从理论上讲，如果真是讲解者自己独立完成的房地产开发项目策划报告，其必然对报告主题有着清晰的认识。不过，如果报告主要是东拼西凑而撰写出来的，报告本身就是一个大杂烩，那就根本不可能有一个鲜明的主题。因此，是否能够紧扣主题，也是房地产开发项目竞赛现场评审专家判断该报告是否由讲解者独立完成的主要依据。

5. 不忘致谢、结束讲解

对于每一支房地产开发项目策划竞赛参赛队在其讲解的结束语中，一定要进行致谢。这不仅体现了这支参赛队的文明礼貌，更体现了讲解者的一种从容。许多参赛队讲解时，会越来越紧张，而且往往是被迫停止讲解的，在这种情况下，他们就很难从容致谢。

10.4.4 关于讲解与回答全过程的建议

关于讲解阶段的具体建议共有如下八条。

1. 努力做到不卑不亢

不卑不亢是指,既不过于谦卑,也不过于亢奋。

房地产开发项目竞赛参赛队在整个讲解的过程中,都应努力做到不卑不亢。

(1) 努力做到不谦卑。虽然谦虚谨慎是中国的传统美德,但是谦虚并不是谦卑,也不是不自信。在开场白中,不要采取负面的开场白,如"本组最近找工作压力太大,准备不充分……"。这种类型的开场白,既不能体现对房地产开发项目策竞赛比赛现场各位评审专家的尊重,也是讲解者自信不足的表现。

(2) 努力做到不自傲。自信不应不合时宜地表现为自傲。因此,也不要采取类似这样的开场白"经过这 4 个月的充分努力,本组所做的房地产开发项目策划报告已经达到很完善的水平……"。这种过度的自我表现以及寻求赞赏的态度,会引起比赛现场各位评审专家的反感。

(3) 全过程努力做到不卑不亢。对现场评审专家的提问,不管妥当与否,都要耐心倾听,不要随便打断评审专家的问话。对专家提出的问题,当回答完整、自我感觉良好时,不要流露出骄傲情绪。如果确实不知如何回答时,应直接向专家说明,不要答非所问。对没有把握的问题,不要强词夺理,实事求是表明自己对这个问题还没搞清楚,今后一定要认真研究这个问题。总之,答辩中应实事求是、不卑不亢、有礼有节,时刻表现出对专家的尊重和感谢。

有时房地产开发项目策划竞赛的现场评审专家对讲解人所作的回答不太满意,还会进一步提出问题,以了解讲解者是否切实掌握了这个问题。遇到这种情况时,房地产策划竞赛参赛队如果有把握将问题讲清楚,就可以果断进行回答;如果不太有把握,就应该审慎地回答,能回答多少就回答多少,即使讲得不确切也不要紧,只要是同问题有所关联即可。如果确实是自己没有搞清的问题,就应该实事求是地讲明自己对这个问题还没有搞清楚,表示今后一定认真对其进行研究。

各支房地产开发项目策划竞赛的参赛队还要努力做到听明白题意,抓住问题的主旨,弄清答辩教师出题的目的和意图,充分理解问题的根本所在再作答,以免出现答非所问的现象。

(4) 避免不良情绪影响。克服紧张、不安、焦躁的情绪,相信自己一定可以顺利通过答辩。对没有把握的观点和看法,不要在答辩中提及。不论是自述,还是回答问题,都要注意掌握分寸。强调重点,略述枝节。对研究深入的地方多讲,研究不够深入的地方最好避开不讲或少讲。

2. 力争声音响亮

建议讲解者的声音要响亮,富于感染力,可使用适当的手势,以取得答辩的最佳效果。

许多参赛队的讲解者，在讲解时存在声音过小的问题，评审专家很难听得清楚。

声音响亮有如下三个益处。

(1) 给自己壮胆。在比赛现场，讲解者可以在自己响亮的声音鼓舞下很快稳住阵脚，减少怯场。

(2) 引起注意。响亮的声音更能吸引房地产开发项目策划竞赛比赛现场各位评审专家的注意力。

(3) 富于激情。响亮的声音更富有感染力，能够感染评审专家与现场的其他听众。

3. 保持语速适中

一般来说，参加房地产开发项目策划竞赛的各支参赛队的学生，都是第一次参加如此真实的讲解与回答，紧张是难免的。语速也体现这种紧张的情绪。相当多的参赛队，在讲解时，说话速度往往会变得越来越快，以至于房地产开发项目策划竞赛比赛现场的评审专家都难以听清楚讲解者说了什么。如果评审专家听不清楚讲解内容，比赛成绩就不可能达到预想效果。

而且，说话速度过快，就会给评审专家一种越来越紧张的感受，这无形之中也让评审专家认为讲解者并不自信，从而影响了评审专家对讲解者的评价。

如果，讲解者自始至终保持平和的语速，有急有缓，有轻有重，就能显示出自己的从容和自信，这就会使比赛现场的评审对讲解者产生良好的印象，这就可能使评审专家对讲解者给出较高评价。

4. 调节目光移动

房地产开发项目策划竞赛的比赛现场，讲解者不管是脱稿、半脱稿，还是完全不脱稿，都应注意自己的目光移动，使目光时常地转向比赛现场的评审专家以及比赛现场的其他听众，特别是本校的同学。这是讲解者在用目光与比赛现场的广大听众进行心灵和情感的交流，会使听众对讲解者所讲主题产生积极的兴趣。

5. 体态辅助讲解与回答

虽然全国高校房地产创新创业竞赛比赛现场的讲解与回答以口述为主，但适当的体态语言会辅助各个参赛队的讲解与回答，使讲解与回答达到更佳的效果。

在辅助的体态语言中，手势语言具有特殊的重要性。如果手势语言能够恰当运用，会使讲解者显得自信、有力、不容辩驳。相反，如果在比赛现场的讲解与回答过程中，始终只有一个姿势，或者只是始终直挺挺地站着，即使参赛队报告结构再合理、主题再新颖，结论再正确，讲解与回答的效果也会大受影响。这是因为，如果讲解者始终保持一种姿势，只能表明其始终处于紧张的状态下，一个放松的人，身体姿势必然是不断变换的。

所以在房地产开发项目策划竞赛的比赛现场，各个参赛队在讲解与回答时，可以适当注意使用一些有益的体态语言。

6. 巧妙的人称使用

在比赛现场的讲解过程中，必然涉及人称使用问题，建议尽量多地使用第一人称，如“我”“我们”。即使报告引用了一些他人的材料，也用“我们引用了哪些数据或材料”。这样做，会使评审专家认为，这支参赛队做了不少工作。

7. 注意文明礼貌

在比赛现场的讲解过程中，文明礼貌非常重要，可以给评审专家留下一个好的印象，在各支参赛队实力势均力敌的情况下，注意文明礼貌的参赛队，将会是最后的赢家。

各支房地产开发项目策划竞赛的参赛队，要高度注意自身修养、有礼有节。无论是听取评审专家提出的问题，还是回答评审专家的问题都要做到礼貌应对。

若对某一个问题确实没有搞清楚，要谦虚地向评审专家再次请教。尽量争取评审专家的提示，巧妙应对。

8. 杜绝各种禁忌

根据多年经验，罗列了如下 14 项禁忌，见表 10.5。需要每一支参赛队在现场讲解时努力避免。

表 10.5 房地产策划竞赛现场讲解的 14 项禁忌

<table>
<tr><th>禁忌编号</th><th>表现</th><th>根源</th><th>后果</th></tr>
<tr><td>禁忌 1</td><td>过于自信，目中无人</td><td>自傲</td><td>引起评审专家极大反感</td></tr>
<tr><td>禁忌 2</td><td>惊慌失措，语无伦次</td><td rowspan="6">自卑</td><td rowspan="6">给评审专家不自信的感觉，且评审专家听不清讲解</td></tr>
<tr><td>禁忌 3</td><td>彷徨犹豫，心中无数</td></tr>
<tr><td>禁忌 4</td><td>沉默不语，呆若木鸡</td></tr>
<tr><td>禁忌 5</td><td>言辞过短，表述不清</td></tr>
<tr><td>禁忌 6</td><td>声音偏低，无法听清</td></tr>
<tr><td>禁忌 7</td><td>语速过快，难以跟上</td></tr>
<tr><td>禁忌 8</td><td>多言失语，授人以柄</td><td rowspan="3">准备不充分</td><td rowspan="3">给评审专家不良感觉</td></tr>
<tr><td>禁忌 9</td><td>疏忽大意，丢三落四</td></tr>
<tr><td>禁忌 10</td><td>轻重不分，虚实莫辨</td></tr>
<tr><td>禁忌 11</td><td>执迷不悟，越陷越深</td><td rowspan="4">应变能力差</td><td rowspan="4">容易引起评审专家的持续提问</td></tr>
<tr><td>禁忌 12</td><td>负隅顽抗，顽固到底</td></tr>
<tr><td>禁忌 13</td><td>纠缠不清，短兵相接</td></tr>
<tr><td>禁忌 14</td><td>自投罗网，自找麻烦</td></tr>
</table>

10.5 房地产策划竞赛讲解与回答范例及其评析

一般来说，房地产策划竞赛的讲解与回答，讲解是居于主导地位的。讲解得越到位，评委提出的问题就通常只是针对房地产策划作品本身的不足，而不是针对讲解中的破绽而提问。对于由本科生为主而构成的房地产策划竞赛参赛队来说，在回答问题中，应该本着实事求是的态度，对于能够回答的问题就清清楚楚地回答，对于自身作品设计存在的不足，的确没有办法解决，就应该坦然承认。

讲解是房地产策划竞赛参赛队可以出彩的地方，而回答问题只要中规中矩即可。从这个意义上讲，本书所选择的房地产策划竞赛讲解与回答范例，基本上就是房地产策划竞赛讲解范例。

本书所选择的范例是北京交通大学的中砥项目的现场展示，该项目是 2016 年的全国高校房地产创新创业邀请赛的综合二等奖及最佳表达能力单项奖作品。

10.5.1 房地产策划竞赛讲解与回答范例简介

北京交通大学的中砥项目采用了情景剧方式进行首届全国高校房地产创新创业邀请赛决赛的讲解。

1. 中砥项目讲解模式选择

北京交通大学中砥项目参赛队的各位参赛成员都是非常活泼的年轻人，他们经过反复研究，决定采用难度最高的一种讲解模式，即情景剧的模式进行讲解。他们这么选择的理由有以下几点。

(1) 全员表演。最初北京交通大学中砥项目参赛队决定采用全体登台进行讲解的模式，这种模式既可以充分调动所有参赛队员的积极性，更可以向评委展示团队的默契配合程度。由于组员中有一位是北京交通大学话剧团的成员，他建议全体登台，就干脆玩个更难的模式，增加剧情，将全体登台展示向情景剧方式转化。

(2) 讲解生动。情景剧方式与全员登台模式，虽然都是所有组员都登台，但情景剧方式显然更为生动，且更能够展示出所有成员的密切配合水平。

(3) 契合主题。本届全国高校房地产创新创业大赛的主题就是文化产业，而情景剧恰恰就是一种文化产品，通过情景剧方式展示项目，既生动，又契合了本届赛事的主题。

2. 中砥项目角色分工

中砥项目共有八位成员，分成了两组，一组作为房地产开发企业人士，另一组则化身需求者。房地产开发企业人士包括 3 人，分别是该企业的营销经理、技术经理和财务经理。需求者则包括 5 人，2 人是大型文化投资机构老总及其助理；另外 3 人则是想购买适宜住宅的年轻人和想租用或购买店铺进行文化产业创业的年轻人。为了增加剧情的吸引力，在3位年轻人中，还设计了一对情侣和情侣中女孩闺蜜的角色。

3. 中砥项目情景剧排练

中砥项目启动情景剧方式是2016年10月25日，距离正式决赛仅有10天时间。在这10天时间里，他们还需要先确定剧本、背诵台词、确定走位等一系列工作。他们用了4天时间，将剧本、台词与走位等事项确定了下来，然后又用了5天时间进行排练。

4. 中砥项目情景剧现场展示效果

在决赛前，北京交通大学中砥项目参赛队一度担心会产生如下三个问题。

(1) 遗忘台词。这是各位队员最担心的问题。

(2) 走位不准确。由于没有机会在决赛现场彩排，对决赛现场的位置感难以准确把握。

(3) 开场反响一般。情景剧本质上是一种表演，如果在开场没有体现出表演的效果，会给表演者带来很大的压力。

或许是现场的气氛更有助于调动表演者的情绪。北京交通大学中砥项目参赛队上述担心的3个问题均未出现，现场表演水平比此前5天的排练水平都要高。每位同学都表演得自然得体，每位同学都以平和的语气将所有台词准确地说了出来，而且绝大部分观众，特别是坐在第一排的各位评委都是微笑着观看同学们的展示。表演结束时，全场爆发了热烈的掌声。最终，北京交通大学中砥项目获得了本届赛事的最佳表达能力单项奖。

5. 中砥项目对评委问题的回答情况

在展示过后，进入了评委提问与学生回答的阶段。在这个阶段，显然不可能再采用情景剧方式，只能中规中矩地针对评委提出的每个问题进行回答。但在回答阶段，北京交通大学中砥项目几乎每个同学都参与了问题的回答，而且回答得基本上得体。

10.5.2 房地产策划竞赛讲解与回答范例评析

1. 中砥项目讲解与回答的成功之处

中砥项目讲解与回答的成功之处体现在如下两个方面。

(1) 剧情设计基本上将其房地产创新创业报告的亮点都生动地反映了出来。采用情景剧方式进行讲解，有助于将房地产创新创业报告的亮点生动地反映出来。在北京交通大学中砥项目情景剧中，其核心客户及其行为的分析就通过情景剧方式生动地反映了出来，这对于实际房地产开发项目对其核心客户的把握能够起到直观生动的说明。此外，在其剧情中，通过房地产开发项目供求双方的博弈，生动地再现了房地产开发项目市场交易的场景，巧妙地将其房地产创新创业报告中产品定位的内容生动地展示了出来，也将其客户的诉求逼真地再现。实际上，也把一些评委关注的要点表现了出来。

(2) 在决赛中表演得自然得体。所有团队成员，都在表演中做到了节奏自然、走位准确、语气平和、配合得体。这需要多次的认真赛前排练。

2. 中砥项目讲解与回答的不足之处

中砥项目讲解与回答的不足之处体现在如下两个方面。

(1) 剧情还不够严密。采用情景剧方式进行展示，剧情设计是第一项挑战，如果过于戏剧化，容易冲淡所要展示的内容；而如果戏剧化不足，则起不到应有的效果。北京交通大学中砥项目确定剧情只用了 3 天时间，如此匆忙之下，的确难以构思出一部好的剧本。

(2) 一些报告亮点未能展示出来。北京交通大学中砥项目房地产创新创业报告中，其设计是重要的亮点，但限于剧情，难以将其全面展示出来。此外，北京交通大学中砥项目房地产创新创业报告中的财务分析，也难以生动说明。

本章小结

本章在知识上，讲解了四部分内容，分别是房地产竞赛中的讲解与回答简介、房地产竞赛中讲解与回答的意义、房地产策划报告讲解方式选择、房地产策划竞赛讲解与回答建议。

在房地产竞赛讲解与回答的简介中，对房地产竞赛中讲解与回答的含义、次数、特点以及正式比赛的流程四项基本知识进行了简要说明。

关于房地产策划报告讲解与回答方式选择，包括了房地产策划竞赛讲解方式选择、房地产策划竞赛回答方式选择、房地产策划竞赛讲解方式与回答方式的组合选择三项相关知识。

本章推荐了一份房地产策划竞赛团队现场展示的优秀范例，对其进行了简要介绍，然后对这份范例的优点与不足进行了简要评析。

本章进一步学习建议

在这一阶段，实践学习的重要性远大于理论学习的重要性。

1. 理论学习建议

(1)基本学习内容建议。拟参加全国高校房地产创新创业方案策划竞赛的同学，特别是组长和负责讲解的同学，必须要把本书涉及的理论知识充分掌握，而且能够在决赛评委提问时完整地应用。

(2) 学习深度建议。除了本科教材外，鼓励同学们阅读期刊论文、硕士学位论文，以增加对房地产开发项目策划相关理论、知识、方法、技巧的学习深度。

2. 实践学习建议

(1) 专项实践学习建议。对于拟参加全国高校房地产创新创业方案策划竞赛的同学来说,特别是组长,应拜访本校以往各届的竞赛参赛队的学长以及在房地产开发企业或房地产策划企业工作的同专业学长,听取他们对本组展示的评价与修改建议。及时观摩正在举办的全国高校房地产创新创业方案策划竞赛的决赛,现场旁听决赛展示,不仅要学习展示者的各种方法与技巧,同时也要记录评委所提问的各种问题,并进行事后总结。如果拟采用情景剧方式进行展示,还需要向在学校话剧团、表演社等经常进行情景剧表演的同学进行请教。

(2) 基本实践学习建议。选择一个知名的房地产开发企业或房地产策划企业,在网上搜集其房地产开发项目营销的各种展示材料,并撰写学习笔记。通过与已经毕业且在房地产开发企业或策划企业工作的学长联系一家企业进行实习。

11 房地产策划竞赛工作总结

本章知识体系

本章知识体系见图 11.1。

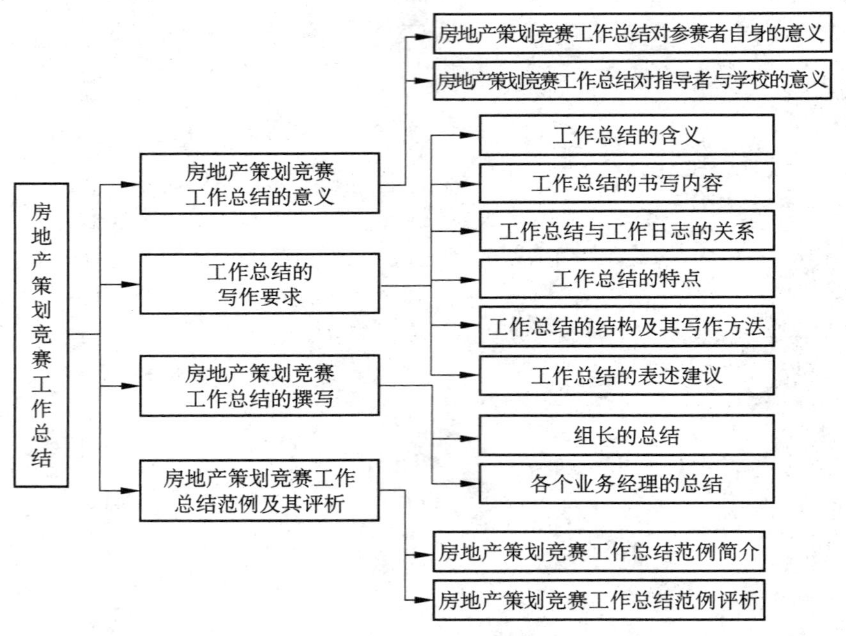

图 11.1　本章知识体系

本章导读

本章讲解的是房地产策划竞赛工作总结的相关知识。

本章内容分成两个部分，前一部分是相关知识讲解，后一部分是范例介绍及其评析。

关于知识讲解的内容，建议同学们系统学习并积极应用到实践中。

在知识讲解中，本章将房地产策划竞赛参赛队分成组长和组员两个层次，分别对其与其他成员的工作总结问题进行了全面的讲解。

本章推荐了一份房地产策划竞赛团队工作总结的优秀范例，先对其进行了简要介绍，然后对这份范例的优点进行了简要评析。同学们可以把这个优秀范例作为学习的范本，学习其进行房地产策划竞赛工作总结的相关经验。

在范例学习过程中，最好要与前面的知识学习相对应，这既是巩固知识学习的过程，也是体会范例优秀之处的过程。

从完整的项目管理视角看，决赛还不是全部工作的结束，在决赛之后，还应该进行工作总结。许多全国高校房地产策划竞赛参赛队，无论在决赛中名次如何，只要决赛结束，就不再继续总结，这在很大程度上是没有真正认识到进行工作总结的重要性。

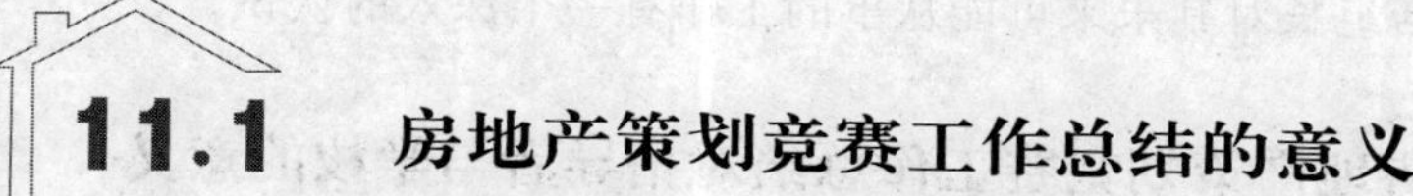

11.1 房地产策划竞赛工作总结的意义

11.1.1 房地产策划竞赛工作总结对参赛者自身的意义

总结对参赛者自身具有深远的意义。

1. 找到成功的根源与失败的原因

对于许多参加过房地产策划竞赛的参赛队员来说，这都是一段难忘的经历。在经历过一段高强度的竞技之后，放松是必然的。不过，在放松之余，也要进行总结。

以一种客观的心态来全面而深入地回顾自己在房地产策划竞赛全过程的经历，可找到成功的根源与失败的原因。

找到成功的根源，就可以不断前进，争取创造新的成功。而发现失败的原因，就可以避免继续失败，真正做到“吃一堑，长一智”。

2. 全面提升自身能力

失败的原因中，既有客观原因，也有主观原因。如果能够在总结中分析导致自身失败的主观原因，总结者就必然会想方设法地解决问题，从而不断提升自身能力。

3. 做好相应的工作

虽然后续工作可能与参加全国高校房地产创新创业竞赛不同，但它们有一些共性，如需要进行事先充分的准备，而在准备工作中，进行实地调研或网络调研又是极为重要的一步。通过总结，发现自己在这些基本环节的成功与不足，在做其他重要工作时，就能做得更好。

4. 深入认识房地产行业

通过对全国高校房地产创新创业竞赛全过程的总结，可以使参赛队员对房地产行业有一个更为深刻的认识。也许，参赛队认为自己的某些创意与亮点极具价值，结果在决赛中并没有得到决赛评审专家的认可。如果参赛队能够对此进行深入总结，包括后续的研究，就必然会加深对房地产行业的认识。

5. 认识未来所做的工作

对于参赛的各个专业的同学来说，比赛就是一次岗位模拟训练。通过总结，可以使各个业务经理，包括组长对其未来可能从事的工作有一个深入的认识。

11.1.2 房地产策划竞赛工作总结对指导者与学校的意义

总结对于指导教师与参赛学校同样具有极为重要的意义。

1. 做好后续竞赛的意义

对于绝大多数全国高校房地产创新创业竞赛的参赛学生来说，虽然参加此项赛事对其锻炼很大，但毕竟此项赛事耗时过长，通常需要 4 个月的时间，时间成本过高，因此，再次参赛的可能性极小。

对于指导教师与参赛学校来说，总结的首要作用就是做好后续工作。

随着全国高校房地产创新创业竞赛影响力的持续提升，中国开设房地产相关课程的高校必然会对此越来越关注。对于指导教师及参赛学校来说，这是一件需要长期耕耘的工作。因此，对于指导教师及参赛学校来说，总结是必须的，必须要通过总结发现本届赛事成绩不满意的原因，以便为下一届赛事取得更大成绩做好准备。

2. 做好绩效评价的意义

对于指导教师及参赛学校来说，总结还具有很现实的意义，即绩效评价的意义。对于全国高校房地产创新创业竞赛的指导教师来说，这是其一项重要的工作内容，可以参加绩效评价。而绩效评价通常是既关注结果，也关注过程。结果很简单，所指导的参赛队获得的名次，包括综合奖和单项奖，但参赛过程，如果指导教师不能给出一份完整的总结，其绩效的评价机构就不可能给出合理的过程评价。

11.2 工作总结的写作要求

11.2.1 工作总结的含义

工作总结，既可以作为动词(英文翻译为“to summarize a job”或者是“to summarize a work”)，也可以作为名词(英文翻译是“job summary”或“work summary”)。

做动词的工作总结，就是把一个时间段的工作，或者是一项重要的工作，进行一次全面系统的总检查、总评价、总分析、总研究，并分析成绩的不足，从而得出相应的经验。

做名词的工作总结，实际上是工作总结报告，是对已经做过的工作进行理性思考的一种总结。

当一项连续性的工作进行到一定阶段或告一段落时，或者是一项重要的特定性工作全部完成或部分完成时，需要回过头来对所做的工作认真地分析研究，肯定成绩，找出问题，归纳出经验教训，提高认识，明确方向，以便进一步做好下一阶段的工作，并把这些用文字表述出来，这称为工作总结。

核心总结的写作过程，既是对自身社会实践活动的回顾，又是思想认识进一步提高的过程。通过总结，人们可以把零散的、肤浅的感性认识上升为系统、深刻的理性认识，从而得出科学的结论，以便改正缺点，吸取经验教训，使今后的工作少走弯路，多出成果。

11.2.2 工作总结的书写内容

书写工作总结要用第一人称，即要从本单位、本部门的角度来撰写。表达方式以叙述、议论为主，说明为辅，可以夹叙夹议。总结要写得有理论价值。一方面，要抓主要矛盾，无论谈成绩或是谈存在的问题，都不需要面面俱到。另一方面，对主要矛盾要进行深入细致的分析，如谈成绩要写清怎么做的，为什么这样做，效果如何，经验是什么；谈存在问题，要写清是什么问题，为什么会出现这种问题，其性质是什么，教训是什么。这样的总结，才能对前一段的工作有所反思，并由感性认识上升到理性认识。工作总结的内容分为以下四部分。

1. 工作基本情况说明

这通常是工作总结的第一步。这一部分是对自身工作情况和形势背景的简略介绍。自身情况包括单位名称、工作性质、基本建制、人员数量、主要工作任务等；形势背景则包括国内外形势、有关政策、指导思想等。

2. 工作所取得的成绩及其做法

在工作总结中，成绩及其做法是重点内容之一。在工作总结中，必须清清楚楚地说明工作取得了哪些主要成绩，采取了哪些方法、措施，收到了什么效果等，这些都是工作的主要内容，需要较多事实和数据。

3. 工作中的经验和教训

在工作总结中，成绩及其做法是另一项重点内容。通过对实践过程进行认真的分析、总结经验、吸取教训，发现规律性的东西，使感性认识上升到理性认识。

4. 今后打算

这通常是工作总结的最后一部分内容。通过前面的分析，就可以为今后的工作积累经验，包括下一步将怎样纠正错误、发扬成绩，准备取得什么样的新成就等。

11.2.3 工作总结与工作日志的关系

工作总结和工作日志（或工作周志）这两者的关系，很多人都分不清楚，认为两者是一样的，所以在实际的应用场景中会造成很多不必要的麻烦。其实，工作总结和工作日志既有着密切联系，又在本质上有很大的区别。

1. 工作总结和工作日志的区别

虽然两者都存在着记录的成分，但记录的内容和目的完全不一样。

工作总结和工作日志的区别体现在如下两点。

(1) 写作目的的区别。工作总结主要是为了能够加深自己对工作的理解，起到的是自省的作用。工作日志则主要是为了能记录工作中的细节，起到辅助记忆、提醒的作用。

(2) 写作时间的区别。工作总结往往是在工作完成后，来进行撰写。而工作日志往往是和工作进程同步进行的。

2. 工作总结和工作日志的联系

工作总结和工作日志的联系主要体现在工作总结以工作日志为基础。

如果没有完整的工作日志（或工作周志），进行工作总结基本上就只能凭着总结者的大脑记忆，而这种记忆必然是零散的、不完整的。只有以完整的工作日志（或工作周志）为基础的工作总结，才是真实的、全面的。

11.2.4 工作总结的特点

一般来说，工作总结应具有如下四个特点。

1. 自我性

工作总结是对自身社会实践进行回顾的产物，它以工作总结的总结者自身工作实践为材料。因此，工作总结通常采用第一人称的写法，其中的成绩、做法、经验、教训等，都有自我性特征。

2. 回顾性

关于这一点，工作总结与工作计划正好相反。工作计划是设想未来，对将要开展的工作进行安排。而工作总结是回顾过去，对前一段时间里的工作进行反思，但目的还是做好下一阶段的工作。所以工作总结和工作计划这两种文体的关系是十分密切的，一方面，工作总结是工作计划的标准和依据；另一方面，工作总结也是制订下一步工作计划的重要参考。

3. 客观性

工作总结是对前段社会实践活动进行全面回顾、检查的文体，这决定了工作总结有很强的客观性特征。它是以总结自身的实践活动为依据的，所列举的事例和数据都必须完全可靠、确凿无误，任何夸大、缩小、随意杜撰、歪曲事实的做法都会使工作总结失去应有的价值。

4. 提炼性

工作总结还必须从理论的高度提炼经验教训。凡是正确的实践活动，总会产生物质和精神两个方面的成果。作为精神成果的经验教训，从某种意义上说，比物质成果更宝贵，因为它对今后的工作实践有着重要的指导作用。这一特性要求工作总结必须正确地反映工作情况，找出正反两方面的经验，提炼出规律性认识，这样才能达到工作总结的目的。

11.2.5 工作总结的结构及其写作方法

要写好工作总结，需要了解其结构。

1. 工作总结的整体结构

从结构看，工作总结通常包括如下三个部分：

① 工作总结的标题；

② 工作总结的正文；

③ 工作总结的落款。

2. 工作总结的标题

工作总结的标题也存在着内部结构。

(1) 工作总结标题的结构。总结的标题分为单标题和双标题两种。

① 单标题。单标题又可分为公文式标题和文章式标题。

a. 公文式标题。公文式标题的格式通常是“单位名称”+“时限”+“总结内容”+“文称”。如标题下文或末尾有单位署名，标题可省略单位名称等。

b. 文章式标题。文章式标题一般是直接标明总结的基本观点，常用于专题总结。

② 双标题。双标题是同时使用上述两种标题，一般正题用文章式标题；副题采用公文式标题，补充说明单位、时限、内容等。

(2) 工作总结标题的形式。工作总结标题的形式通常有如下几类。

① 常见形式。工作总结标题最常见的形式，是由单位名称、时间、主要内容、文种组成，如《××市财政局1999年工作总结》《××厂2000年上半年工作总结》。

② 省略单位名称的形式。有的工作总结标题中不出现单位名称，如《创先争优活动总结》《1999年教学工作总结》。这种工作总结一般是在工作单位内部传发，不出现单位名称并不影响其工作总结的适用范围。

③ 省略总结字样的形式。有的工作总结标题只是内容的概括，并不标明“总结”字样，但一看内容就知道是总结，如《一年来的谈判及前途》等。

④ 双标题形式。还有的工作总结采用双标题。正标题点明文章的主旨或中心，副标题具体说明文章的内容和文种，如《构建农民进入市场的新机制——运城麦棉产区发展农村经济的实践与总结》《加强医德修养　树立医疗新风——南方医院惠侨科精神文明建设的经验》。

3. 工作总结正文的内容结构

和其他应用文体一样，总结的正文也分为如下三部分：

① 工作总结的开头；

② 工作总结的主体；

③ 工作总结的结尾。

工作总结正文的开头、主体、结尾这三部分，各部分均有其特定的内容。

4. 工作总结正文的开头

工作总结正文部分的开头，主要用来概述基本情况，包括单位名称、工作性质、主要任务、时代背景、指导思想，以及总结目的、主要内容提示等。作为开头部分，应以简明扼要的文字写明在本总结所包括的期限内的工作根据、指导思想以及对工作成绩的评价等内容。它是工作总结的引言，便于把下面的内容引出来，只要很短的一段文字就行了。

5. 工作总结正文主体内容的结构

正文是总结的主要部分，内容包括成绩和做法、经验和教训、今后打算等方面。这部分篇幅大、内容多，要特别注意层次分明、条理清楚。

工作总结正文的主体部分常见的结构形态有如下三种。总结者要根据其工作实际需要进行正确的选择。

(1) 纵式结构。这种工作总结正文的主体结构，就是按照事物或实践活动的过程安排内容。写作时，把总结所包括的时间划分为几个阶段，按时间顺序分别叙述每个阶段的成绩、做法、经验、体会。

这种写法主要以工作回顾来谈及经验教训。基本上是按工作展开的程序和步骤，分段说明每个步骤和阶段的工作情况，夹叙夹议地引出相应的经验教训。这样写，主要着眼于工作过程的回顾。这种写法的好处是使事物发展或社会活动的全过程展现得清楚明白。

(2) 横式结构。这种工作总结正文的主体结构，就是按事实性质和规律的不同分门别类地依次展开内容，使各层之间呈现相互并列的态势。这种写法的优点是各层次的内容鲜明集中。

(3) 纵横式结构。安排内容时，既考虑到时间的先后顺序，体现事物的发展过程，又注意内容的逻辑联系，从几个方面总结出经验教训。这种写法，多数是先采用纵式结构，来写明事物发展的各个阶段的情况或问题，然后用横式结构总结经验或教训。

一般是先归纳和提炼出几条经验或教训，分别展开论述，把工作过程、工作办法、取得的成效等穿插在里面，使经验和教训看起来更加充实。但是这样写，整个工作回顾会被拆开来，分别为阐明观点服务，显得零散。为了弥补这一不足，可以在第一部分基本情况中适当加以详述，使人们对工作概貌有一个总的了解。

6. 工作总结正文主体内容的形式

工作总结正文主体内容的形式通常有如下三种形式。

(1) 贯通式。贯通式适用于篇幅短小、内容单纯的总结。它像一篇短文，全文之中不用外部标志来显示层次。

(2) 小标题式。小标题式将主体部分分为若干层次，每层加一个概括核心内容的小标题，重心突出、条理清楚。

(3) 序数式。序数式也将主体分为若干层次，各层用“一、二、三……”的序号排列，层次一目了然。

7. 工作总结正文主体内容的组成部分

工作总结正文主体内容通常包括如下两个组成部分

(1) 工作回顾。在这一部分里，工作总结要详细地叙述工作任务、完成的步骤、采取的措施和取得的成效、存在的问题。特别是对步骤和措施，要写得详细、具体，对取得的成效要表达得形象、生动。在写工作回顾的过程中，还要有意识地照应下一部分的经验教训，使之顺理成章地被引出来，不至于造成前后不一。

(2) 经验教训。工作总结应从工作回顾中很自然地被归纳提炼出来。一定要写得丰富、充实，并选用具体事例适当地展开议论。使总结出来的经验和教训，有论点、有论据、有血有肉，鲜明生动，能给人以启发。

8. 工作总结正文的结尾

结尾时应在总结经验教训的基础上，提出今后的方向、任务和措施，表明决心、展望前景。这段内容要与开头相照应，篇幅不应过长。如果有些总结在主体部分已将这些内容表达过了，就不必再写结尾。

结语部分，主要应写明打算，只需写很短的一段话，若写得长了，反而会冲淡主题。

9. 工作总结的落款

总结正文写完以后，应该在正文的右下方(指横行文字)，写上总结单位的名称和总结的年、月、日。

11.2.6 工作总结的表述建议

做好工作总结的表述，可以注重如下五点。

1. 要善于抓重点

总结涉及本单位工作的方方面面，但不能不分主次、轻重、面面俱到，而必须抓住重点。什么是重点？其是指工作中取得的主要经验，或发现的主要问题，或探索出来的客观规律。不要分散笔墨，兼收并蓄。有些总结越写越长，造成总结内容庞杂，中心不突出。

2. 要写得有特色

特色，是区别其他事物的属性。单位不同，成绩各异。同一个单位的总结与往年也应该有所不同。一些总结读后总觉有雷同感。有些单位的总结几年不变，内容差不多，只是换了某些数字。这样的总结，缺少实用价值。

3. 观点与材料统一

总结中的经验体会来自于实际工作中，也就是从大量事实材料中提炼出来的。经验体会一旦形成，就要选择必要的材料予以说明，经验体会才能“立”起来，具有实用价值。这就是观点与材料的统一。但常见一些经验总结往往不注意这一点，如，把材料和观点割断，讲材料的时候没有观点，讲观点的时候没有材料，材料和观点互不联系，这就不好。

4. 语言要准确、简明

总结的文字要做到判断明确，就必须用词准确，用例确凿，评断不含糊。简明则是要求在阐述观点时，做到概括与具体相结合，要言不烦，切忌笼统、累赘，做到文字朴实、简洁明了。

5. 坚持实事求是

实事求是、一切从实际出发，这是总结写作的基本原则，但在总结写作实践中，违反这一原则的情况却屡见不鲜。有人认为“三分工作七分吹”，在总结中夸大成绩，隐瞒缺点，报喜不报忧。这种弄虚作假、浮夸邀功的坏作风，对单位、国家、事业、个人都没有任何益处，必须坚决杜绝。

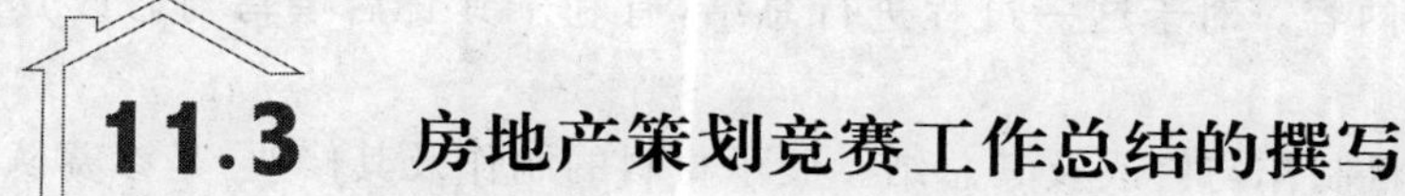

11.3 房地产策划竞赛工作总结的撰写

全国高校房地产创新创业竞赛的总结，应该包括参赛队的总结，也包括指导教师的总结。鉴于本书是针对参赛队学生的教科书，因此，不涉及指导教师的总结，而只针对参赛队学生。

11.3.1 组长的总结

作为组长，进行工作总结，需要站在全队的高度进行总结。当然，组长也可能承担具体工作，此时，也应站在具体工作角度进行总结。

1. 基于团队高度的组长总结

如果基于团队的高度进行工作总结，一支全国高校房地产创新创业竞赛参赛队的组长可以按以下流程来撰写。从完整的流程看，组长需要关注如下八个环节：

① 组队；
② 团队磨合；
③ 化解争议；
④ 调研；
⑤ 创意与亮点的形成与确定；
⑥ 报告的撰写与修改；
⑦ 展示材料的制作与修改；
⑧ 决赛。

(1) 组队过程及其总结。组队可能是组长第一个艰巨的挑战。对这一过程进行总结，对其日后在组建其他的工作团队时意义十分深远。

(2) 团队磨合及其总结。由个性、专业完全不同的一群人组成一支有战斗力的房地产策划竞赛参赛队，团队磨合至关重要。对这一过程进行总结，对其日后在组建其他工作团队之后进行团队磨合时意义重大。

（3）争议解决及其总结。化解争议是一个组织持续发展的关键。对这一过程进行总结，对其日后在化解团队内部争议意义深远。

（4）调研及其总结。调研是开展房地产开发项目策划的第一步。对这一过程进行总结，对其日后进行个人调研或组织团队进行调研都具有宝贵的借鉴价值。

（5）创意与亮点形成与确定及其总结。创意与亮点的形成与确定，是一支房地产开发项目策划竞赛参赛队取得佳绩的重要保证。对于这一过程进行总结，有利于其日后形成创意与亮点。

（6）报告撰写与修改及其总结。报告的撰写及其修改，是参赛队整个房地产开发项目策划的主要工作内容。对于这一过程进行总结，有利于其日后撰写与修改其他重大的工作报告。

（7）展示材料制作与修改及其总结。展示材料的制作及其修改，是参赛队撰写完策划报告后最重要的任务。对于这一过程进行总结，有利于其日后制作与修改其他重大的工作报告的展示材料。

（8）决赛及其总结。决赛是整个房地产开发项目策划竞赛活动的高潮，一支参赛队是否能赢得佳绩，决赛是最终的舞台。对于组长，类似重大项目的竞争，必然会影响其一生，因此，对于这一过程进行总结，对于其日后参加的重大竞争项目，都是一次很好的训练。

2. 作为具体业务工作负责人的总结

如果组长负责了具体工作，则其这一部分的总结，与团队中其他业务经理的总结结构完全一致，详见下文说明。

11.3.2 各个业务经理的总结

虽然，各个业务经理个性与专业不同，负责的具体工作不同，但在工作总结的版式上，却是大同小异的。根据多年的经验，本书作者设计了业务经理工作总结的版式，见表11.1。

表11.1 业务经理工作总结各项基本内容

一级内容	二级内容	三级内容
个人工作情况总结	工作职责说明	各项具体工作职责
	工作情况说明	工作前期工作说明
		工作中期工作说明
		工作后期工作说明
	工作成果	各项具体工作成果
	工作成果的做法或经验	各项工作成果的具体做法或经验
	工作失误	各项工作失误
	工作失误原因分析	各项工作失误原因

续表

一级内容	二级内容	三级内容
团队配合情况总结	与组长的配合	工作前期与组长的配合
		工作中期与组长的配合
		工作后期与组长的配合
	与其他业务经理的配合	工作前期与业务经理的配合（可以再细分到不同业务经理）
		工作中期与业务经理的配合（可以再细分到不同业务经理）
		工作后期与业务经理的配合（可以再细分到不同业务经理）
个人收获情况总结	专业知识方面的收获	具体的专业知识收获
	工作技能方面的收获	具体的工作技能收获
	团队意识方面的收获	具体的团队意识收获
	协作能力方面的收获	具体的协作能力收获
	表达能力方面的收获	具体的表达能力收获
	自信心方面的收获	具体的自信心收获

1. 个人工作情况总结

在这一部分里，又分为如下六个部分。

（1）工作职责说明。如果承担不止一项具体工作，应排序列举出来。

（2）工作过程。一般建议学生按如下三个阶段来撰写工作过程。

① 工作前期。对于房地产开发项目策划竞赛参赛队来说，工作前期是指从组队到完成调研的这一段时间。

② 工作中期。对于房地产开发项目策划竞赛参赛队来说，工作中期是指从完成调研到完成房地产开发项目策划报告的这一段时间。

③ 工作后期。对于房地产开发项目策划竞赛参赛队来说，工作后期是指从完成房地产开发项目策划报告到决赛结束的这一段时间。

（3）工作成果。对所取得的工作成果进行说明。

（4）工作成果的做法或经验。对于所确定的工作成果，要对其做法或经验进行提炼。

（5）工作失误。对工作的失误，特别是事后发现的工作失误要进行详细的说明。

（6）工作失误原因分析。对工作的失误要进行深入的分析。

2. 团队配合情况总结

这一部分内容可以先按层级写，再按流程写，也可以先按流程写，再按层级写。这里只介绍第一种写作模式，另一种类似。

（1）与组长的配合。按照流程，整个比赛可分成三个阶段，则应分阶段撰写与组长的配合情况。

① 工作前期与组长的配合；

② 工作中期与组长的配合；

③ 工作后期与组长的配合。

（2）与其他业务经理的配合，同样按照流程分三个阶段来写：

① 工作前期与其他业务经理的配合；

② 工作中期与其他业务经理的配合；

③ 工作后期与其他业务经理的配合。

当然，还可以再细分，写出与每一个不同业务经理的配合情况。

3. 个人收获情况总结

本书作者通常建议按如下六方面来撰写：

① 专业知识方面的收获；

② 工作技能方面的收获；

③ 团队意识方面的收获；

④ 协作能力方面的收获；

⑤ 表达能力方面的收获；

⑥ 自信心方面的收获。

这六个方面的收获，通常都不会仅有一项，如果是多项收获的话，就应该编排序号，分项来写。

当然，收获并不会只有这六项，其他方面的收获，各个业务经理可以自行补充。

11.4 房地产策划竞赛工作总结范例及其评析

本书所选择的工作总结范例是北京交通大学竹邻筱居项目的房地产策划竞赛小组工作总结。竹邻筱居项目是2011年下半年举办的第五届“中房信克而瑞杯”北京市大学生房地产策划大赛二等奖作品。

11.4.1 房地产策划竞赛工作总结范例简介

竹邻筱居项目工作总结包括三个部分，分别是预期目标完成情况、工作总体总结、个人分项工作总结。

1. 预期目标完成情况

竹邻筱居项目预期目标：进入决赛。

竹邻筱居项目完成情况：进入决赛并拿到较好名次。

2. 工作总体总结(由组长撰写)

第五届房地产策划大赛终于圆满结束，我们“竹邻筱居”小组取得了意料之外却也是情理之中的较好成绩，这和唐老师的大力指导以及各位组员的通力合作是密切相关的。参加此次比赛的过程也是“竹邻筱居”小组成长的过程，作为组长的我更是受益良多。下面就比赛过程中做的主要工作及收获作简要总结，不妥之处请批评指正。

(1) 团队的形成过程。最初团队共有物流专业两人、工商管理专业两人、土建专业三人、传播专业一人、工管专业一人，经过第一次小组讨论并对策划大赛进行了初步分析之后，我们发现了团队结构的不合理，没有建筑艺术专业的成员而土建专业成员过多，这极不利于完成后期策划中的设计任务。经过调整，竹邻筱居团队最终形成物流专业两人、工商管理专业两人、建筑艺术专业两人、土建专业一人、传播专业一人、工管专业一人的较强组合。这为前期讨论听取多方面意见和后期形成较为专业的报告内容打下了基础。

(2) 前期的主题讨论。讨论中关于主题的理解分歧较大，但最终形成了统一意见。关于“经济型绿色住宅”的主题，小组进行了多次讨论后形成了两种意见，一种意见是设计针对中等收入人群的住宅并增加绿色功能，营销宣传侧重于“经济”；另一种意见是设计针对中上等甚至上等收入人群的具备较强绿色功能的中高端住宅，营销宣传侧重于“绿色”。最终在唐老师的指导下，我们更好地理解了“经济型绿色住宅”的主题并结合小区具体地理位置，决定设计分层次的中端绿色住宅并寻找属于我们的特色设计理念。多次的讨论耗费了较长的时间，却令每一个成员都对主题有了更深入的理解，这为中期调研的进行和有针对性的搜集相关资料打下了坚实的基础。

(3) 中期的调研准备和搜集资料工作。巧妇难为无米之炊，我们却要无中生有写出一份策划报告，但是再大的困难也阻挡不了我们前进的步伐。我们在网上搜集了大量房地产市场调研的相关资料后又到西三旗进行了为期一天的调研，了解了周边地区楼盘的信息和潜在客户的需求，这为最终策划报告的形成提供了真实准确的数据支持。

(4) 后期的策划报告与答辩。最终报告的整合需要将各部分之间的逻辑理顺并进行必要的润色，这强化了我们对报告内容的总体把握和对报告的细致审查。答辩部分则需要另做一份简版报告和 PPT，这更有利于我们对报告重点部分逻辑关系的理解。

(5) 收获。经过这次策划大赛，我们加深了对专业知识的理解，增强了团队意识，锻炼了团队协作能力和表达能力，更加深入地了解了北京市房地产市场的情况和绿色住宅的前景。

(6) 不足。作为组长在小组讨论过程中无法有效引导讨论方向，导致时间浪费和效率低下并且无法得到有效的结论。

3. 张嘉乐同学的分项工作总结

张嘉乐同学既是竹邻筱居项目参赛队的组长，也具体负责项目的市场分析工作。

北京市房地产市场分析工作中，对2011年北京市房地产市场进行了供给、需求、投资、价格和市场分析，并从经济、政治、法律、社会、生态方面分析了影响北京市房地产市场的因素，最终对北京市未来三年房地产市场和绿色房地产市场进行了预测。这项工作增加了我对北京市房地产市场的理解和对市场影响因素的把握，为以后进行房地产市场分析工作奠定了基础。

开发计划工作则让我熟悉了施工组织的程序和作图方法，了解了在施工过程中进行投资、质量、进度控制的方法，加深了对本专业知识的理解。

4. 高亚奇同学的分项工作总结

(1) 工作职责。

① 提出策划方案整体意向。

② 根据地域分析、环境分析和功能分析等，提出了设计经济型住宅的定位，同时提出营造温馨舒适的具有“幸福感”的小区。

③ 完成建筑设计部分(包括三个户型平面图，制作总平面图，小区Sketch模型制作，小区LOGO制作，海报收集，效果图渲染，动画制作等)。

④ 参赛期间在唐永忠老师的指导下，多次经过修改整合，完成方案设计。

⑤ 为组员展示提意见、做准备。丰富整个策划项目的外延与内涵。

(2) 工作过程。在开展工作之前学习关于房地产的知识，跟工商管理专业的同学交流学习管理的一些原理，积累知识。对北京地区房地产市场进行分析，同时考虑市场表现和对房地产产生影响的其他因素。在西三旗地区进行具体定位，并且去调研周边情况等，同时跟进行财务分析的同学学习大概的流程。

(3) 工作成果。起初，小组成员对地块小区做经济型定位还是较高端定位产生了分歧，在我和谷跃华同学对北京房地产现状进行阐述后(包括当地楼盘供求关系、小区档次分析、周边地域环境品质、交通状况等)说服了小组成员选择经济型的小区定位。在后续讨论中提出了现代居民对居住的心理需求，进一步提出了温馨舒适的生活体验才是现代人对家的追求，故提出“幸福感”的客户心理定位。最终结合参赛要求，提出了“绿色、经济、温馨”的设计口号。

在建筑设计部分，根据对小区的期许进行对应的设计，营造温馨幸福的感觉，提供更多的室外活动与公共交流的空间等；制作小区户型图，规划小区整体，对绿化和健身活动以及交流空间等进行细节设计；为了体现整个小区给人的经济节能、温馨舒适之感，还制作了小区LOGO；完成电脑模型制作；完成效果图制作；完成最终展示动画以及配乐等。

最后和小组成员配合，对项目可行性分析、客户定位、财务分析、风险分析和项目营销方案等都进行完善。

(4) 专业知识方面的收获。在建筑学专业中，大三是一个比较关键的学年。这次参赛历时六周，时间并不算短，使得我有了一个很好的机会去学习房地产开发以及策划的很多知识，当然在设计手法以及软件学习等方面也有了非常实际意义的提升。

(5) 相关知识方面的收获。了解到了一个小区设计过程中从房地产开发商到建筑师是怎么发生联系的，并且了解到了整个房地产开发与策划项目是怎么运行的，这其中包括具体的工作是如何执行的，比如市场分析、地域分析、区域分析、地块分析、项目定位、风险分析等问题。同时很重要的一点是了解到了这些相关专业之间是怎么进行协同合作的。

(6) 工作技能方面的收获。有了更强的与人沟通的能力，锻炼了思维，开阔了视野，了解到在经理下达了工作任务之后如果在保证工作进度的前提下发现问题并解决问题。

(7) 团队意识方面的收获。团队，是一个整体，在我们合作的过程中杨浩博(营销策划部分的成员)提出“零风”的概念，“零风十二度”享受生活每一天，我们的整个设计和策划都是在这样一种比较融洽的气氛中进行的。并且我现在依然和其中的一些队员保持着比较好的联系，通过参赛认识了很多朋友。团队的意识加强了，更重要的是我结识了新的朋友。

(8) 协作能力方面的收获。团队中的重要工作除了做好自己外，还要对自己的工作进行合适的阐释，在合作过程中充分表达自己的意见，在有不同意见时要善于倾听，充分尊重每一个人的观点。

(9) 表达能力方面的收获。表达能力可以说是团队合作必备的一项能力，在合作过程中不仅要充分的表达自己的意见，而且在存在意见分歧时，学会高效的沟通。

(10) 自信心方面的收获。经过这次竞赛我们也取得了北京市二等奖的成绩，这对我的自信心无疑是有帮助的，不过这并不是最主要的，我在参加了这次比赛之后，对我的设计能力、沟通能力、应变能力等都有了一个比较重要的提升。

参加这次比赛让我自己收获很大，当然这和所有的队友和指导老师都有很大关系。

5. 谷跃华同学的分项工作总结

(1) 工作职责。参与讨论市场分析、地块分析、项目定位和市场策划，主要负责项目设计、PPT 制作和现场讲解。所承担工作在整个房地产策划中的作用：前期对项目贡献自己的思路和想法，后期贡献自己的技术专业知识，形成最终的成果并表达出来。

(2) 工作过程。工作准备情况：前期参与小组讨论，确定想法后进行具体的内容制作。

工作过程概述：在前几次开会的时候大家集思广益，对项目进行整体分析。在大致确定思路后，在后几次的开会中，提交分阶段的成果来进行讨论并继续完善。

(3) 工作成果。工作成果概述：具体工作成果主要包括项目的总平面设计、建筑设计，细节设计、户型设计、绿色设计、海报设计，以及最后的 PPT 制作和现场讲解。

工作成果对整个房地产策划报告的价值：将项目理念具象化，使人能够清晰理解，带给人视觉冲击，加深人的印象。主要是对成果的表达起到重要作用。

(4) 专业知识方面的收获。专业知识收获一：由于当时还没有学习过居住区的设计，所以可以说是边学习边实践，在参与比赛的同时加深了对设计专业课的学习。

专业知识收获二：更加充分熟练地运用软件实现自己的设计意图，也渐渐让设计有了更好的表达。

(5) 相关知识方面的收获。专业知识收获一：了解了相关市场分析的知识，包括客户定位、SWOT分析等，还学习了一些思维方式。

专业知识收获二：了解了财务方面的一些基本术语与必要知识。

专业知识收获三：对营销理念也有了更多的学习。

(6) 工作技能方面的收获。工作技能收获一：学会了如何将现学的知识立即投入实践，并设计出相对完善的东西。

工作技能收获二：对软件的利用又有了新的进步。

(7) 团队意识方面的收获。团队意识收获一：学习了如何与其他专业人员进行沟通并取得进展。

团队意识收获二：学习了如何完成总经理交付的任务并能够及时反馈。

(8) 表达能力方面的收获。表达能力收获：通过对PPT的汇报，不仅学习了汇报技巧，也训练了自己的表达能力与快速反应能力。

(9) 自信心方面的收获。自信心收获：参与本次竞赛并取得二等奖的优秀成绩，说明了评委对我们工作的认可，也相信自己能够在这方面可以做得更好。

6. 范芙蓉同学的分项工作总结

(1) 工作职责。我的专业是会计学，在团队中主要负责项目的融资计划、工程预算和盈利预测，进而做出全面的财务可行性分析。

在策划初期，由于相关决算参数暂时没有确定，因此我还做了针对西三旗的项目地块分析，主要分析了我们的目标开发地周边的公共设施、交通状况，由此提出相关地块适合的住宅类型——中低端经济型住房。初步的分析为后期更准确的项目定位做了基础性工作。

在后期初赛答辩环节，我担任了项目讲解的任务，向评委阐述我们的设计理念，协同全体组员共同突围，进入策划大赛的复赛环节。

(2) 工作过程。由于是第一次做关于房地产的策划方案，为了后期工作的顺利开展，我们小组首先利用头脑风暴法，针对西三旗地块的相关资料进行了较为全面的分析，然后研读往届获奖的优秀作品。

我主要负责地块分析和财务分析，因此着重研读往届优秀作品中这两部分，在明确撰写模式与标准后，进行初步构思。

① 明确项目定位。我们小组首先到目标地块——西三旗进行调研分析，同时结合网上的市场调研，搜集到足够的样本并统计出了潜在业主购房面积、潜在业主欲购户型、潜在业主偏好的建筑风格、潜在业主购房优先考虑因素等数据，为最终的项目定位、产品设计提供了依据并构成房地产策划报告的重要部分。

② 地块分析。搜集目标地块的周边交通路线信息，亲自前往当地感受基础设施建设和交通状况；对比周围楼盘的价格、定位和区域整体文化背景；从地块位置、周边配套设施、项目现状、建筑规划指标等多方面进行系统分析。

③ 财务分析。根据项目进度做好融资筹资计划；结合建筑设计的同学提供的建筑技术指标，进行财务预算；结合项目定位进行收入、利润预测，并计算相关盈利指标，进行财务可行性和项目可行性分析。

(3) 工作成果。经过前期的准备工作和调研，完成了房地产策划报告中的地块分析和财务分析两个模块的文字撰写和排版工作。

通过细化的地块初步分析，明确了我们所面临的目标地块的实际状况，为项目定位提供了支持，为此我们经过讨论一致认为本项目可以建造中低端的经济型绿色住宅，而经济性就是通过具体的地块分析得到的。

财务分析报告是任何策划方案都必不可少的模块，它体现了项目定位，如高成本的绿色住宅和低价格的经济型住房；同时，经过财务决算，确定了项目的可行性。

(4) 专业知识方面的收获。专业知识收获一：通过撰写融资计划、财务计划和财务指标，加深了对专业知识的理解和应用。第一次真正将课堂上学的知识加以实际应用，虽然也遇到了很多难题，但是通过翻阅相关书籍，温习学过的知识，在实际应用中使自己对知识达到了真正的理解，由此也提高了自身的专业素养。

专业知识收获二：学习到房地产行业的财务预算方法和盈利预测方法。

(5) 相关知识方面的收获。专业知识收获一：通过与其他专业同学的交流，扩宽了自己的知识面，不再局限于本专业的知识，用更广阔的视野看待问题。

专业知识收获二：学习到建筑行业相关的技术指标规范，了解了一个工程策划需要考虑的内容。

(6) 工作技能方面的收获。工作技能收获一：制作 PPT 的技巧，尤其是相关动画、画面配色等方面的技巧。

工作技能收获二：讲解 PPT 时的要点，语速平缓，讲解要直击要点，最好领着评委去了解项目理念，答辩时落落大方，切忌紧张。通过房地产策划大赛这个平台，拓展了自己的视野，为今后走向更高、更广阔的舞台打好了基础。

(7) 团队意识方面的收获。团队意识收获一：通过这次房地产策划大赛，我认识到，任何一个方案，尤其是大型的策划方案都离不开团队的合作，要充分利用“1＋1＞2”的团体力量。在集体讨论，尤其是头脑风暴时，要积极阐述自己的观点，同时认真倾听组员的看法，相互给予补充。

团队意识收获二：团队比赛中最重要的是组员间的协调与分工，要让每位组员充分发挥最大的创造力，让他们的能力得到最大的施展。这次房地产大赛，策划方案我们几易其稿，都是每位组员和整个团队共同的心血。

(8) 协作能力方面的收获。通过这次比赛，我学会了和他人合作，抛弃以自我为中心的观念，认识到团队的力量才是最大的。在具体的协作过程中，保质保量完成自己的工作，同时加大和组员的沟通，随时准确掌握团队对项目共同理念的理解和认知。

(9) 表达能力方面的收获。光有创意不够，策划大赛还需要我们善于准确表达出自己的想法。在小组讨论中，通过与组员的交流讨论，我可以更加准确地表达自己的想法，也能给其他组员提出中肯的建议和意见。这是一个逐步改变提高的过程，在不知不觉间提高了自己的表达能力。

(10) 自信心方面的收获。在第五届房地产策划大赛中，我们小组获得了综合二等奖。从最开始组队到最终的决赛答辩，这个结果是我一开始不敢想象的。在准备的每个日日夜夜中，我没有去想最终的结果，只是希望我们的策划方案能够更加完善、优化。更多的时候，我看到的是我们方案不合理、不完美的地方。

我自知这是缺乏自信的表现。但是，决赛最终的优异成绩给了我们最好的肯定，我认识到我们是优秀的，只有努力，很多你认为不可能的事情才可以做到。通过这个比赛，我的自信心得到了明显的提高，激励着我向更广阔的天空不断奋斗！

7. 王希榕同学的分项工作总结

(1) 工作职责。在"竹邻筱居"小组中我主要是撰写项目风险分析的部分，同时也对小组财务工作部分进行了一定协助。

风险分析是项目进行过程中不可或缺的一部分，在分析过程中，可以看到项目策划中存在的各方面问题，如现金流是否周转正常，会不会出现现金流断裂的问题，针对这样的潜在风险，小组应该采取什么样的方法进行规避，这些在小组报告中都有提到。

(2) 工作过程。工作准备情况：研读上届优秀报告，构思风险分析框架。搜集地域相关资料和项目相关资料，如社会治安报告、自然环境报告等。

工作过程概述：从自然环境、经济环境、社会环境以及政策导向等方面对本项目进行全方位的分析。在分析过程中我需要不断搜取和筛选各方面资料，以求对该项目的风险有一个较为客观的认识和分析。同时，还与组长及其他组员进行沟通，通过风险分析，不断修改项目策划，并对潜在风险提出规避方案。

(3) 工作成果。工作成果概述：主要是完成了项目的全部风险分析，并协助财务部分进行财务规划。

工作成果对整个房地产策划报告的价值：风险分析是项目进行过程中十分重要的一部分，在分析过程中，可以看到项目策划中存在的问题，并对这些问题及时进行纠正。对于潜在的风险，及时在报告中披露并针对其采取一定的规避方法。

(4) 专业知识方面的收获。专业知识收获一：对项目管理和项目风险管理有了深入的了解，懂得对项目风险分析如何进行切入以及分散不同风险的相关方法。

专业知识收获二：我来自财务管理专业，通过帮助财务经理对项目财务进行分析，加深了对专业知识的理解和应用，了解了房地产行业的财务预算方法和盈利预测方法。

(5) 相关知识方面的收获。专业知识收获一：与物流和工商管理专业的同学进行合作，了解了工程管理的相关知识，扩展了自己的知识面，工程估价及管理方面的知识对我本身财务管理专业的学习也有很大帮助。

专业知识收获二：学习到建筑行业相关的技术指标规范，了解了建筑设计的基本概念和方法。

(6) 工作技能方面的收获。工作技能收获一：学会了如何合理分配时间，有条理、有逻辑的安排自己的工作，做到不做无用功，也绝不漏掉任何信息。

工作技能收获二：跟着组员学习了PPT的制作，以及Word文档的编排。在协助财务计算时，提高了自己使用Excel进行计算和编表的能力。

(7) 团队意识方面的收获。通过这次房地产策划大赛，使我认识到了团队合作的重要性。俗话说"三个臭皮匠顶一个诸葛亮"，更何况，与我合作的同学都是相当优秀的，在专业领域都有深入的研究。在集体讨论，尤其是头脑风暴时，要积极阐述自己的观点，但也要认真倾听组员的看法，扩展自己的视野，相互给予补充。

(8) 协作能力方面的收获。通过这次比赛，我认识到团队的力量才是最大的，不要总是执着于自己的想法，要顾全大局学会妥协。在具体的协作过程中，保质保量完成组长布置给自己的工作，同时加大和组员的沟通，在分工的情况下，保持理念的一致和策划的整体性。

(9) 表达能力方面的收获。虽然我没有参与最后的答辩，但是在比赛过程中与组员以及组长的不断沟通锻炼了我叙述问题的表达能力和交换意见的沟通能力。虽然有的时候会为了一个问题争执很久，但我们会互相妥协，互相权衡，最后将意见达成一致。这是一个逐步改变提高的过程，在不知不觉间提高了自己的表达能力。

(10) 自信心方面的收获。在第五届房地产策划大赛中，我们小组获得了综合二等奖。在我所有参加的大学比赛中，尤其是小组参赛，几乎没有获过奖。我曾经觉得自己的大学生活很失败，觉得没有一个认可自身能力的机会。而通过这次比赛，在一个凝聚力如此强的小组里，我们每个人都发挥了自己的实力，运用专业的知识，去不断完善我们的项目策划。一路走来，我们都怀着忐忑的心理，总觉得自己不如别人。但是付出多少努力就一定会有多少回报。听到评委在念获奖名单时念到我们的名字时，我终于相信，我们是可以的，我是可以的。

11.4.2 房地产策划竞赛工作总结范例评析

竹邻筱居项目工作报告中的工作总结是其很大的亮点。在我指导过的多届参赛队中，这是极少几份能够提供其大部分参赛队员工作总结的参赛队。这些同学能够撰写房地产策划竞赛总结，表明他们有着很高的职业素养，而且也的确从本次房地产策划竞赛获得了令其自身比较满意的收获。

从这些工作总结中，不仅可以清楚地看到北京交通大学竹邻筱居项目参赛队这些同学如何根据分工完成自己的工作，也可以看到不同专业同学之间的配合与争议。

竹邻筱居项目工作报告的工作总结，其版式可以作为其他拟参加全国高校房地产策划(创新创业)竞赛参赛队撰写工作总结时的模板。

本章小结

本章在知识上，讲解了两部分内容，分别是房地产策划竞赛工作总结的意义、房地产策划竞赛工作总结的撰写。

关于房地产策划竞赛工作总结的意义，讲解了总结对参赛者自身的意义、总结对指导者与学校的意义两项内容。

关于房地产策划竞赛工作总结的撰写，讲解了总经理与各业务经理的总结等相关知识。

本章推荐了一份房地产策划竞赛团队工作总结的优秀范例，先对其进行了简要介绍，然后对这一范例的优点都进行了简要评析。

本章进一步学习建议

在这一阶段，无论是理论学习，还是实践学习，都非常重要。

1. 理论学习建议

（1）基本学习内容建议。拟参加全国高校房地产创新创业方案策划竞赛的同学，可以利用总结的机会，再把本书知识进行一次全面而系统的梳理。

（2）学习深度建议。除了本科教材外，鼓励同学们阅读期刊论文、硕士学位论文，以增加对房地产开发项目策划相关理论、知识、方法、技巧的学习深度，并借总结之机，分析哪些内容对自己有直接借鉴作用，哪些有间接借鉴作用。

（3）专项理论学习建议。如果有条件，建议拟参加全国高校房地产创新创业方案策划竞赛的同学，提高房地产开发项目策划报告讲解与回答的水平与技巧。

2. 实践学习建议

（1）专项实践学习建议。对于拟参加全国高校房地产创新创业方案策划竞赛的同学来说，包括组长与负责各项具体工作的同学，应认真撰写工作总结，并与本校或其他学校参加同届比赛的同学进行交流。

（2）基本实践学习建议。对于拟参加全国高校房地产创新创业方案策划竞赛的同学来说，自组建参赛队之日起，就应该养成随时对已完成工作总结的习惯，以此来提高自己进行总结的能力和水平。

附　　录

本书附录包括四部分内容：第一部分是一份完整的范例；第二部分是对其的评析；第三部分是首届全国高校房地产创新创业邀请赛资料；第四部分是对其的评析。第一部分的范例可以作为同学们参加全国高校房地产策划竞赛的学习范例；第二部分的评析有助于同学们更好理解范例的优点并找到可借鉴之处；第三部分的资料可以增加同学们对全国高校房地产策划竞赛各项资料和相关要求的了解；第四部分的评析有助于同学们把握决赛中取胜的策略。

附录1　完整范例（工作报告）梗概

本范例是本书作者指导过最优秀房地产策划大赛作品的全过程工作记录，其参加竞赛全过程的各方面工作记录都比较优秀，可以整体作为范例供同学们学习。

一、领袖三旗项目工作报告内容梗概

本项房地产策划作品是2011年下半年参加由北京交通大学承办，北京建筑工程学院（2013年经教育部批准更名为北京建筑大学）协办的第五届“中房信克而瑞杯”北京市房地产策划大赛的冠军作品。该团队不仅留下了房地产策划报告，还留下了完整的竞赛全过程记录。

建议其他全国高校房地产创新创业大赛参赛队也及时撰写本组的工作报告。

领袖三旗项目工作报告包括如下五个部分。

1. 小组组建报告

小组组建报告是在房地产策划竞赛小组成立之初，确立小组内部工作机制的报告，通常是团队工作报告的第一部分。

2. 小组研讨与交流会议纪要

房地产策划竞赛小组成立之后，对每次小组研讨与交流都需要进行记录，既便于自己进行工作总结，也有助于经验交流。

3. 小组调研报告

参加房地产策划竞赛，各种形式的调研是必不可少的。对每次调研，都需要撰写调研报告。

4. 小组工作周志

在参加房地产策划竞赛的整个工作阶段，以周为单位撰写工作周志，可以对每周工作情况进行总结。

5. 工作总结

在竞赛结束之后，需要对整个房地产策划竞赛的全过程的工作情况进行总结。

二、领袖三旗项目房地产策划小组组建报告

领袖三旗项目房地产策划小组组建报告包括：工作分工、工作机制、争议调解机制。

1. 领袖三旗项目房地产策划小组工作分工

领袖三旗项目房地产策划小组工作分工情况如下所述。

√ 组长（总协调）：宫宇翔
√ 市场调研：无实地调研，组员都参与了网络调研
√ 市场分析：宫宇翔
√ 地块分析：赵丹晨　卫衔珏
√ 项目定位：宫宇翔
√ 产品策划：全体
√ SWOT 分析：卫衔珏　孙慧杰
√ 项目设计：常磊　穆楠
√ 开发计划：赵丹晨　王雪芹
√ 财务分析：孙慧杰　王雪莹

√ 营销策划:汪岳瑜　赵丹晨

√ 风险分析:赵丹晨

√ 摘要撰写:赵丹晨

√ PPT 制作:宫宇翔

√ 现场讲解:宫宇翔　赵丹晨

2. 领袖三旗项目房地产策划小组工作机制

组长与组员分工机制:组长负责与主办方以及指导老师之间的信息沟通,并且负责前期工作的基础调研以及分析。

组员之间的工作机制:组员之间采取专长负责的方式进行分工。

3. 领袖三旗项目房地产策划小组争议调解机制

如果出现争议,依照如下两种机制进行调解。

争议解决方案一:询问指导教师,是否有相应的建议和指导意见。

争议解决方案二:在沟通达不成一致的情况下,由组长权衡后确定最终方案。

三、领袖三旗项目小组研讨与交流会议纪要

领袖三旗项目房地产策划小组共召开九次会议,其研讨与交流会议纪要如下,见附表1.1、附表1.2、附表1.3、附表1.4、附表1.5、附表1.6、附表1.7、附表1.8、附表1.9。

附表 1.1　领袖三旗项目小组第1次研讨与交流会议纪要

开会时间	2011-10-24	开会地点	SD206
参加人员	全体成员		
记录人员	宫宇翔		
会议主题	策划团队的组建及相关任务分配		
1. 会议发起人及其发起会议理由 宫宇翔,队伍初步组建。 2. 会议过程记录 第一发言人及其发言主题:宫宇翔,欢迎+鼓励+比赛基本情况介绍; 第二发言人及其发言主题:王雪芹,比赛经验介绍+组员分工合作。 3. 会议中的争议及其解决 无 4. 会议成果 会议成果一及其在整个房地产策划报告形成过程中的作用:队伍组建成功; 会议成果二及其在整个房地产策划报告形成过程中的作用:任务分配完成,各自回去后开始相关知识储备工作。			

附表 1.2　领袖三旗项目小组第 2 次研讨与交流会议纪要

开会时间	2011-11-01	开会地点	SD720
参加人员	全体成员		
记录人员	宫宇翔		
会议主题	市场分析及项目分析阶段总结、案名思考		

1. 会议发起人及其发起会议理由
宫宇翔，前期进行市场分析及项目分析，帮助整个团队确立一个比较清晰的市场概念，为以后确立项目做准备。
2. 会议过程记录
第一发言人及其发言主题：宫宇翔，市场分析结论展示，北京市消费者行为分析展示；
第二发言人及其发言主题：赵丹晨，西三旗周边分析及项目竞争压力分析；
第三发言人及其发言主题：王雪芹，号召大家开动思路想案名，每个人要有准备，下一次会议拿出来一起讨论。
3. 会议中的争议及其解决
无
4. 会议成果
会议成果一及其在整个房地产策划报告形成过程中的作用：明确了现在的房地产市场情况，为项目设计奠定基础；
会议成果二及其在整个房地产策划报告形成过程中的作用：明确了地块周边情况，为项目的竞争分析奠定基础。

附表 1.3　领袖三旗项目小组第 3 次研讨与交流会议纪要

开会时间	2011-11-08	开会地点	SD820
参加人员	全体成员		
记录人员	宫宇翔		
会议主题	项目基本设计思路、案名确定		

1. 会议发起人及其发起会议理由
宫宇翔，项目基本设计思路、案名确定。
2. 会议过程记录
第一发言人及其发言主题：宫宇翔，项目设计思路主要重视满足人们购房需求以及房屋改善需求，同时注重沟通；
第二发言人及其发言主题：穆楠，四合院的设计风格，乐高积木衍生出的设计思路；
后续发言人及其发言主题：所有人，每个人提出自己设想的案名，大家共同讨论。
3. 会议中的争议及其解决
一方面，四合院的设计难度较大、成本高，基本被否决了；另一方面，对于案名大家的想法很多，但大家都比较倾向于常磊提出的“领袖三旗”，还有组员是存在异议的，讨论激烈。
4. 会议成果
会议成果一及其在整个房地产策划报告形成过程中的作用：确立了绿色、经济、沟通的三大主题；
会议成果二及其在整个房地产策划报告形成过程中的作用：确立了 N+N 的创意设计方案；
会议成果三及其在整个房地产策划报告形成过程中的作用：案名敲定，最终定为“领袖三旗”，建筑方面的设计以及其他的一系列工作都可以围绕案名相继开展。

附表 1.4 领袖三旗项目小组第 4 次研讨与交流会议纪要

开会时间	2011-11-15	开会地点	SD303
参加人员	全体成员		
记录人员	宫宇翔		
会议主题	户型制定以及小区规划		
1. 会议发起人及其发起会议理由 宫宇翔，制定户型并且完成小区规划。 2. 会议过程记录 第一发言人及其发言主题：常磊，小区初步规划，提出了“红飘带”的景观设计思路，大家一致认为很好； 第二发言人及其发言主题：王雪芹，户型制定上给出了建议，让我们有了新的认识； 第三发言人及其发言主题：宫宇翔，小区规划的改善方案。 3. 会议中的争议及其解决 关于小区规划和户型设计出现了不同的意见，最后由组长根据地段特点敲定最终方案 4. 会议成果 会议成果一及其在整个房地产策划报告形成过程中的作用：小区规划计划完成； 会议成果二及其在整个房地产策划报告形成过程中的作用：小区户型设定合理。			

附表 1.5 领袖三旗项目小组第 5 次研讨与交流会议纪要

开会时间	2011-11-22	开会地点	SD820
参加人员	全体成员		
记录人员	宫宇翔		
会议主题	小区效果图的确定、营销方案的确定，财务确定		
1. 会议发起人及其发起会议理由 宫宇翔，小区效果图的确定、营销方案的确定，财务确定。 2. 会议过程记录 第一发言人及其发言主题：孙慧杰、王雪莹，介绍财务预算方案； 第二发言人及其发言主题：汪岳瑜，介绍营销计划与方案； 第三发言人及其发言主题：王雪芹，指出财务方面的不足，讨论修改； 第四发言人及其发言主题：宫宇翔，指出营销方案的问题，共同讨论修改。 3. 会议中的争议及其解决 无 4. 会议成果 会议成果一及其在整个房地产策划报告形成过程中的作用：确立了初步的财务预算方案； 会议成果二及其在整个房地产策划报告形成过程中的作用：确立了初步的营销计划及营销方案。			

附表 1.6 领袖三旗项目小组第 6 次研讨与交流会议纪要

开会时间	2011-11-26	开会地点	SD820
参加人员	全体成员		
记录人员	宫宇翔		
会议主题	初赛策划报告准备		
1. 会议发起人及其发起会议理由 宫宇翔，敲定各个板块的最终版本，讨论初赛策划报告撰写的分工。 2. 会议过程记录 第一发言人及其发言主题：各板块负责人，介绍各板块情况； 第二发言人及其发言主题：宫宇翔，组织进行最后策划书编写的分工。 3. 会议中的争议及其解决 无 4. 会议成果 会议成果一及其在整个房地产策划报告形成过程中的作用：确立了策划书的各个板块； 会议成果二及其在整个房地产策划报告形成过程中的作用：确立了策划书的写作分工。			

附表 1.7 领袖三旗项目小组第 7 次研讨与交流会议纪要

开会时间	2011-11-29	开会地点	SD820
参加人员	全体成员		
记录人员	宫宇翔		
会议主题	半决赛答辩准备		
1. 会议发起人及其发起会议理由 宫宇翔，半决赛答辩准备 2. 会议过程记录 第一发言人及其发言主题：宫宇翔，介绍初赛结果，并简单分析竞争对手，进行答辩的分工 3. 会议中的争议及其解决 无 4. 会议成果 会议成果一及其在整个房地产策划报告形成过程中的作用：确立了半决赛答辩分工； 会议成果二及其在整个房地产策划报告形成过程中的作用：明确了目前工作成果的大致水平。			

附表 1.8 领袖三旗项目小组第 8 次研讨与交流会议纪要

开会时间	2011-12-09	开会地点	SD820
参加人员	全体成员		
记录人员	宫宇翔		
会议主题	决赛答辩准备		
1. 会议发起人及其发起会议理由 宫宇翔，决赛答辩分工 2. 会议过程记录 第一发言人及其发言主题：宫宇翔，对半决赛的结果进行简单的对手分析，半决赛不足的总结以及决赛分工 3. 会议中的争议及其解决 无 4. 会议成果 会议成果一及其在整个房地产策划报告形成过程中的作用：明确了半决赛中体现的不足之处； 会议成果二及其在整个房地产策划报告形成过程中的作用：确立了决赛的策划修改方向。			

附表 1.9 领袖三旗项目小组第 9 次研讨与交流会议纪要

开会时间	2011-12-16	开会地点	辣尚瘾
参加人员	全体成员		
记录人员	宫宇翔		
会议主题	决赛胜利		
1. 会议发起人及其发起会议理由 宫宇翔，庆祝决赛胜利 2. 会议过程记录 第一发言人及其发言主题：宫宇翔，感谢大家 3. 会议中的争议及其解决 无 4. 会议成果 会议成果一及其在整个房地产策划报告形成过程中的作用：饱餐一顿，排解了之前的紧张而有压力的心情； 会议成果二及其在整个房地产策划报告形成过程中的作用：增进了同学们之间的友情，为今后的其他合作奠定基础。			

关于会议地点的补充说明，九次会议记录中的SD是指北京交通大学思源东楼。

四、领袖三旗项目小组调研报告

领袖三旗项目小组调研报告见附表1.10。

附表 1.10 领袖三旗项目小组调研报告

调研时间	2011-10-22—2011-11-04	调研方式	网络调研
参加人员	宫宇翔　赵丹晨　卫衔珏　穆楠　汪岳瑜		
调研目的	尽可能全面地了解项目地块的各方面信息，每个人按照各自负责的内容，分头进行信息搜寻和阅读，积累知识和好的想法，为后面的比赛夯实基础。		
1. 调研准备工作 无 2. 调研过程记录 第一阶段调研：全面地搜寻信息，了解北京房地产的整体情况，了解项目地块周边的基本信息，对于市场营销、建筑设计等各方面都进行了一个基础的学习和了解； 第二阶段调研：项目的定位等确定后，有针对性地查找对我们项目策划有用的信息，尽可能地挖掘项目潜在的因素为我们所用。 3. 调研中的困难及其解决 网络上的信息不够直观和及时，有时会误导我们； 在这种情况下，我们选择咨询老师或者其他长辈，并且和其他组的成员进行一些沟通，尽可能地找到我们想要的答案。 4. 调研成果 调研成果一及其在整个房地产策划报告形成过程中的作用：经济分析的调研对于形成报告中的市场分析部分有很大的帮助； 调研成果二及其在整个房地产策划报告形成过程中的作用：项目整体信息的调研对于形成报告中的项目分析和项目定位部分有很大的帮助；其他部分的调研都在报告的点点滴滴中有所体现。			

五、领袖三旗项目小组工作周志

第一周（2011年10月24日—30日）

1. 本周工作目标

目标一：成功组建小组，组内人员相互认识和熟悉；

目标二：熟悉比赛概况和流程，进行初步的时间规划以及组内人员分工；

目标三：全组所有成员对于比赛地块进行基本了解，市场分析和项目分析开始启动准备工作。

2. 本周工作过程简述

目标一的完成过程简述：小组开会，进行自我介绍。

目标二和目标三的完成过程简述：王雪芹学姐进行介绍和指导，商量分工，负责各部分的组员开始分头进行工作。

3. 本周工作成果评价

所有人都能够很快进入比赛准备状态，并且对于比赛和项目都有了较快的了解，从而能让大家有更多的时间开拓思路，想出更多的好点子。

第二周（2011 年 10 月 31 日—11 月 6 日）

1. 本周工作目标

目标一：确定案名；
目标二：确定项目设计思路

2. 本周工作过程简述

目标一的完成过程简述：大家进行一周的思考，在会议上拿出各自的想法共同讨论商定；
目标二的完成过程简述：开会共同讨论项目的定位和主题，负责建筑设计的组员给大家一些建筑设计上的思路和想法。

3. 本周工作成果评价

项目定位和案名较早的确定保证了我们后续所有相关工作的开展，大家不会再因为一些基本理念上的不合导致其他策划不能进行的情况。

第三周（2011 年 11 月 7 日—13 日）

1. 本周工作目标

目标一：小区规划和户型定制基本确定；
目标二：市场分析和项目定位开始进入报告书的撰写初期。

2. 本周工作过程简述

目标一完成过程简述：负责建筑部分的组员进行调研和各方面涉猎，提出小区规划、房屋设计、户型等思路方案，最终由所有组员共同讨论决定敲定案；
目标二完成过程简述：宫宇翔、赵丹晨和卫衔珏进入报告书撰写阶段。

3. 本周工作成果评价

项目策划已经确定的部分提早开始撰写报告书，与设计的部分同步，使得整体进度有序，为后期的工作预留出时间。

第四周(2011 年 11 月 14 日—20 日)

1. 本周工作目标

目标一:建筑设计图和视频确定;

目标二:利用绿色技术和营销手段梳理基本思路和方案,使项目分析和定位部分进一步改进。

2. 本周工作过程简述

目标一完成过程简述:略;

目标二完成过程简述:开会共同讨论项目的定位和主题,负责建筑设计的组员给大家一些建筑设计上的思路和想法。

第五周(2011 年 11 月 21 日—27 日)

1. 本周工作目标

目标一:各个部分完成策划书的撰写工作;

目标二:初赛策划书整合和上交。

2. 本周工作过程简述

目标一完成过程简述:所有组员各自完成所负责部分策划书的撰写,保持相互沟通和更新;

目标二完成过程简述:所有人撰写的内容汇总到公共邮箱之后,由赵丹晨进行整合校对,最终打印上交。

3. 本周工作成果评价

此部分进行较为顺利,在策划书整合工作上建议今后由两个人来共同负责,一个人的话工作量相对比较大,质量不一定能保障。

第六周(2011 年 11 月 28 日—12 月 4 日)

1. 本周工作目标

目标一:全力准备半决赛。

2. 本周工作过程简述

目标一完成过程简述:进入半决赛后,由宫宇翔负责 PPT 制作,汪岳瑜和常磊负责现场展示,其他人协助准备所有需要的材料和道具。

3. 本周工作成果评价

半决赛的准备还是不够充分，发现了一些问题和能够改进的地方，为决赛的准备提供了很多好的经验和教训。

第七周和第八周(2011 年 12 月 5 日—16 日)

1. 本周工作目标

目标一：全力准备决赛。

2. 本周工作过程简述

目标一完成过程简述：在这一周多的时间里，全队每一个人都能打开思维，如果有了新的创意和思路都在想办法融入现在的设计中。每个人对于自己负责的部分，都能够做到非常熟悉，在准备现场答辩时也能对其中的一些漏洞和不足进行合理的解释。

3. 本周工作成果评价

决赛拿到第一名的好成绩也是对大家辛苦将近两个月的最好奖赏和肯定。

六、领袖三旗项目工作总结

领袖三旗项目工作总结包括三个部分，分别是预期目标完成情况、工作总体总结、个人分项工作总结。

1. 预期目标完成情况

预期目标完成良好，获得第一名、经济分析奖，以及市场营销奖。
比较遗憾的是，最终没有能够获得建筑设计奖。

2. 工作总体总结(由组长撰写)

整体的工作进展较为顺利，由于邀请了上届比赛二等奖王雪芹学姐进行指导，使得工作从一开始就步入正轨，随着比赛进程的推移，大家对于比赛的理解，对于房地产策划的理解也更深入，无论是前期的市场分析，还是中期的项目设计，以及后期的营销策划，都经过了不断地修改完善，最终成就了出色的房地产策划作品“领袖三旗”。

3. 宫宇翔同学工作总结

(1) 工作职责概述。

◇ 组长：负责协调组员之间的工作关系及工作进度，与主办方及指导老师进行沟通。

◇ 市场分析专员：市场分析策划，为后续的项目设计做出理论依据。

◇ PPT 制作及演讲:完成项目展示工作。

◇ 所承担工作在整个房地产策划中的作用。

◇ 组长:保证了策划团队工作的顺利有序进行。

◇ 市场分析专员:保障了项目设计的针对性和可行性。

◇ PPT 制作及演讲:保证了项目得到最充分的展示。

(2) 工作准备情况。前期并没有进行实地走访调研,但是阅读了大量关于经济分析以及预测的资料,尤其是房地产市场经济预测的论文,对经济形势有了比较充分的了解,尝试对未来的经济发展趋势进行预测。

(3) 工作过程概述。整个经济分析的工作过程持续了将近 15 天,从资料的广泛收集到初步整理,给出了详细的房地产市场现状描述,并对北京的房地产市场进行了预测。采用中国指数研究院的统计数据,进行消费者购房行为研究,有针对性和指导性的指出了消费者眼中的"好房子",在后续的工作中,也主要从这一点进行考虑,得出了最终的项目策划方案。

(4) 工作成果概述,主要分为三部分。

◇ 中国房地产市场分析。

◇ 北京市房地产市场分析。

◇ 北京市购房消费者行为分析。

(5)工作成果对整个房地产策划报告的价值。工作的阶段性成果不断向组员们进行反馈,使组员对于目前的房地产市场有了最新的认识,同时,最后得出了完整的市场分析,尤其是重点项目,购房消费者行为研究,奠定了整个项目策划的方向以及指导思想。所有的工作方案全部按照市场分析的结果和预测来进行。

4. 穆楠同学工作总结

在这次的房地产策划大赛中,作为建筑学专业的一名大二学生,我很有幸成为叶璞小组中的一员。这次的比赛给我留下了许多的感触:有喜有忧,有得有失。这段时间中老师和同学给予了我足够的宽容、支持以及帮助,让我充分感受到了集体的温暖,也使我在思想观念和个人能力等方面都有明显的提高。在此真诚地感谢老师和同学们的关心和帮助。与此同时,我将个人在此次比赛中的工作进行了如下总结。

◇ 协助各位同学做好项目的前期运作,并且认真记录。

◇ 从建筑学专业的角度,对地块特征、比赛的具体要求等方面进行分析。

◇ 积极参与组内关于项目名称、LOGO 等问题的讨论。

◇ 积极与房地产公司的领导进行交流并吸取经验。在交流过程中,受到启示,在查阅相关资料和具体施工规范要求后,提出了房子在时空内生长变化的理念。在组内同学的帮助下,归纳为"种房子"和"户型 N+N"的双重理念,并将其融入了营销文化。

◇ 在常磊学长的指导下,收集汤河红飘带公园的资料,最终共同确定了将红飘带意向作为景观设计主旨。

◇ 完善了最终汇报所需要的采光与通风分析图。

◇ 在媒体专业同学的帮助下完成了汇报视频的后期剪辑制作工作。

◇ 总结了各种绿色建筑基本指标和具体设施初步要求。

在这次比赛中，我学到，在任何工作中，都应团结一致，群策群力。要保持良好的心态和积极进取的工作态度，以主人翁的心态投入各项工作中去。

5. 孙慧杰同学工作总结

本次房地产营销策划大赛，在前期准备过程中我参与了项目定位及方案策划的讨论并提出了相关建议，在实际实施过程中我主要负责财务预算部分，并且参与了项目环境分析、SWOT 分析以及营销策划方案资料收集工作。

在比赛初始阶段，与团队成员一起了解房地产策划的背景及房产行业的发展现状及相关知识。

在对比赛有一定了解后，与团队成员共同商讨确定设计的主题与客户群体，最终将客户群体锁定为中关村的白领阶层，设计以中小户型为主，兼有大户型，并在主题中强调沟通与交流，凸显温馨与绿色环保的意识。

在确定了设计主题与内容后，对西三旗周边的房屋现状进行分析，包括价格，配套设施、交通等方面，对项目进行了 SWOT 分析。

在分析项目的利弊后，结合项目定位及周边地价，预计房屋、商铺及车位的销售价格，并且学习了房地产财务策划及房地产成本相关的内容，预测项目的成本支出，以最终确定期初投资资金额度。在此过程中，我与同时负责财务部分的王雪莹同学经过多次讨论调整预测模型，并且咨询了上届房地产大赛的优秀选手，为财务具体的策划工作做好充分准备。

在具体财务部分的实施过程中，我与王雪莹同学共同讨论制定了本次房地产项目的各项财务数据，包括贷款金额、成本预算、销售收入等。在合作中我们依然有分工，我主要负责房地产成本构成的研究，对成本的组成部分进行分别预测。

同时我们结合数据进行财务分析，根据分析结果调整相关成本及收入情况，使得项目成本、收入和各项财务指标处于一个合理、客观的水平，并与项目定位和销售理念相符。

在财务预测的过程我们同样也遇到了一些困难，比如数据比例的选取与测定其可信程度等，但这些困难都通过我们的共同努力得到了解决。这个过程锻炼了我的团队协作意识、丰富了知识领域，同时也扎实了财务计量知识，最终我和王雪莹同学共同合作完成了完整、可行、合理的财务相关报告及财务指标分析，包括现金来源与运用表、现金流量表、损益表、盈利能力分析、净现值预算、内部收益率、投资回收期与投资利润率等。

财务方面的工作使策划内容完整并具有可行性，同时控制了各项设计、营销等方面的成本，为策划的成功奠定了基础。基于良好的财务数据预测准备与答辩，本小组的财务策划得到了评委的一致认可，获得了财务分析单项奖。

6. 王雪莹同学工作总结

(1) 工作职责范围。在本次房地产策划大赛中，本人与孙慧杰共同负责财务部分，同时参与SWOT分析，并对前期的营销资料进行收集。在整个比赛的过程中，全程参与本次策划的讨论、各次答辩的准备等，并主要对策划方案做了详细的财务核算和财务分析，同时针对策划方案的不断改进对财务部分做了多次完善。

财务部分是房地产策划方案可行性的一个重要考核标准，一个策划方案在经济上是否可行，预期成本和收入状况如何，直接决定着该方案能否成立。财务估算和分析并不是整个策划中独立的一部分，它需要跟整个方案的定位、设计、营销等各个方面相结合，才能制定出一个合理的财务预算，才能把一份策划真正的落到实处。

与此同时，财务是房地产策划比赛中，评委们格外关注的一个部分，可以说，是每次答辩的必备环节，因为房地产策划商最关心的内容，一个是策划的创意，一个是这项方案需要其有多大的投入，同时又能带给其怎样的产出。因此，我们结合整个策划的定位和各个部分的方案，合理制订财务方案，合理编制财务预算，确保给出良好的财务分析结果。

(2) 具体工作内容。在进行财务部分的策划和估算前，认真协同团队成员一起对本次房地产策划大赛的地块进行分析，共同讨论制订我们的方案主题和策划方向。参与收集前期资料，充分了解地块状况，为策划主题提出自己的观点，并与小组成员共同讨论制订最终方案。

本人与孙慧杰共同讨论、协作制定了本次房地产项目的各项财务数据，并与项目的定位方向和其他要求相结合，合理制定财务战略；依据项目实际情况和开发定位，合理估计项目成本；科学制定项目销售分期和销售单价，合理估计项目收益；结合财务数据进行财务分析，依据财务分析结果对财务状况进行再调整，使得项目成本、收入和各项财务指标处于一个真实、合理、客观的水平，并与项目定位和销售理念相符。

认真分析房地产财务策划的思想和重点，在了解财务数据的服务对象的基础上，将财务预算调整在最能打动服务对象的水平上。注意与项目其他部分的策划内容相结合，为项目进行合理的预算分配。抓住财务分析的重点，梳理整合，在答辩的过程中予以合理展示。

认真配合每个过程的改进，调整完善财务数据。吸收每次答辩后评委的意见和建议，配合其他部分策划的改进及时作出相应调整，确保不断改进财务部分内容。

在答辩环节，财务部分是提问者必会涉及的重要项目。在此，要贯彻在进行宏观合理估计的基础上，将财务做到实处、做到细处。充分抓住每一个细节，落实具体的财务分配状况。例如，对项目的具体地下车库数目、项目的具体成本估算来源，都有清晰的估算，以做到在答辩时能够有完美充分的回答。

(3) 工作完成状况。认真完成每次财务数据的估算、分析、改进，及时配合策划方案的需要，提供完备的财务信息，使得财务部分的内容合理、充分、翔实。

认真做好每次答辩准备，在答辩过程中凭借充分的应答，共同完成了完美出色的答辩，认真听取评委问题和意见，积极主动应答沟通，并及时跟进改善财务部分内容，共同努力促进最后答辩的完美成功。

财务部分是整个房地产策划中不可或缺的一部分，凭借合理、完备的财务数据，给整个策划方案一个完美的落地点，使得这个策划方案不仅有一个绿色的理念、精彩的设计，更有一个切实可行的投资实施计划和可观的收益。财务部分或许不是整个策划方案的亮点，但它支撑着整个策划方案的可行性，正是财务部分做的完备、可行、合理，才赋予了整个策划方案成功的基础。

(4) 个人收获。每一次比赛都能带给人实实在在的磨砺和锻炼，本次比赛本人也有极大的收获。一方面，了解了房地产大赛的内涵，学习到很多与房地产、建筑设计等方面的知识；另一方面，对财务会计，特别是房地产财务会计有了更深刻的理解，学习到了其财务估算的很多专业性内容。在各个环节的不断改进和答辩的过程，也增强了本人的应答能力，丰富了实践经验。

7. 常磊同学工作总结

设计初期，通过学习住宅区规划相关书籍及以往比赛案例分析，对已给出的容积率、建筑面积等数据进行计算后，以手绘的形式，对基地做出了基本的规划分区与楼层排布。在对绿色建筑进行文献调研后，对规划进行了微调。

在多次讨论后，提出"领袖三旗"案名，由于基地分为三个部分，故提出"旗尚、旗朗、旗悦"三块地块小区对应名称，之后设计了本策划的 LOGO 与海报。

基本规划与楼层等协调确定后，对小区景观进行了设计，通过软件建模，绘制了小区的总平面图、平面图、鸟瞰图、内外交通分析图、配套设施分析图、小区结构分析图以及展示视频。

对"种房子"与"我形我塑"核心创意进行了具体说明与发散构思，编写了相关讲稿，绘制了对应的分析图。参与了讲稿的修订，在半决赛进行了现场讲解。

8. 赵丹晨同学工作总结

(1) 前期(调研阶段)。在小组成立之后，我们就进入了比赛最初的前期调研阶段。

在定期组织的几次小组会议和讨论中，我们确定了每个人员的具体分工、借鉴上几届获奖小组的经验学习了各部分需要掌握的方法和获取信息的途径，在调研过程中逐渐确定了我们的项目案名、项目定位和其他设计方案。

我负责的是项目分析、项目定位及项目风险分析撰写工作，在开始撰写之前，利用学校的中英文数据库，搜房网及其他网络资源，结合前几届获奖作品的格式进行了广泛的阅读和了解，在对此部分有了明晰的想法后才开始着手写作。

成果：完成项目定位和分析部分的策划书撰写。

(2) 中期(上交策划书至半决赛阶段)。在比赛中期阶段，主要工作就是策划书的完稿和上交，以及半决赛的一个展示。在大家完成了前期工作后，将每个人负责撰写的部分都集中在公共邮箱中。由于组长因事不在校内，不方便共同撰写策划书，又因合成策划书这一工作需要集中的人力和时间来完成，不方便分工。在此过程中，我负责策划书的整合工作。由于组委对于格式的要求较为严格，从头至尾校正策划书以及适当地添加删减确实耗费了不少时间和精力。最终赶在上交日期之前完成了 105 页的策划书，前前后后用时三十多个小时。

成果：完成105页的策划书整合校对工作，保证策划书没有错别字和其他格式上的错误，尽量做到尽善尽美。

(3) 后期(决赛准备阶段)。得知我们进入决赛后，大家就更加决心要尽全力来准备。为了使设计有更新颖的点子和创意，大家通过各个途径来获取灵感，每次有了新的想法就立刻共享。所以，在这一阶段内，我们为项目又添加了“N＋N种房子”、三色营销路线等好的思路，这些都成为我们后来获奖的亮点。

在距离决赛一周的时间内，我们将每一部分的内容都精简成了讲稿。确定决赛展示人员为我和组长宫宇翔后，我们再修改讲稿和PPT，最终经过反复练习，将决赛时期的展示讲稿恰好安排在所限时间内。

在决赛时，我们两人采用交替讲演的方式，和PPT良好配合，结合海报、相关道具，给评委留下了良好的印象。对于时间的合理把握，也是我们获奖的一个关键因素。

成果：顺利圆满完成了决赛的展示工作和答辩环节，最终以综合第一名和两个单项奖的好成绩给比赛画上了句号。

9. 卫衔珏同学工作总结

在编写项目分析和项目计划开发内容时，我主要从搜房网上获得项目竞争环境与压力分析资料；在进行客户主体分析时从网上获取相关资料，编写客户各年龄定位购房意向一览表；在进行客户需求支持分析时，从地段交通优势、性价比优势、良好的外部环境优势三方面进行了研究；在进行SWOT分析时，借鉴了网上相关模板和上届比赛的叶璞策划书中相关内容。

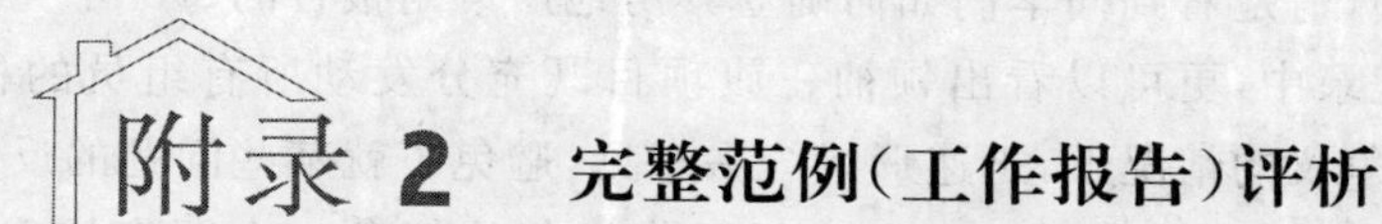

附录2 完整范例(工作报告)评析

领袖三旗项目工作报告在诸多方面都可以作为本书读者，特别是高校在校学生参加全国高校房地产策划竞赛的范本。对这一范例的评析，首先对其整体优点进行评析，其次分部分进行优点评析，最后对其不足之处进行评析。

一、领袖三旗项目工作报告整体评析

领袖三旗项目工作报告总篇幅达到24页，1.1万字，详细地记录其参加第五届“中房信克而瑞杯”北京市房地产策划大赛全过程工作情况。从这份工作报告中，可以清楚得知其形成的过程。

在繁重的竞赛过程中，能够抽出必要时间记录工作情况，表明领袖三旗项目参赛队同学良好的专业素养和高效的工作水平。这种专业素养和工作水平值得所有拟在全国高校房地产策划(创新创业)竞赛中取得佳绩的同学们学习。

从整体看,领袖三旗项目工作报告内容非常完整,包括最初的房地产策划小组组建报告、过程中的会议记录(9份)、调研报告、工作周志(8周)、最后的工作总结(不仅有总体总结,8位成员还都详细撰写了各章的工作总结)。领袖三旗项目这套工作报告的结构值得所有拟参加全国高校房地产策划(创新创业)竞赛的参赛队进行全过程工作记录与总结时借鉴。

二、领袖三旗项目工作报告组建报告评析

组建报告应该是在组建之初就应设计与撰写的一种报告。

领袖三旗项目工作报告的开篇是房地产策划小组组建报告,包括分工机制、工作机制和争议调解机制。这种团队组建报告的结构非常合理,基本上在房地产策划小组组建之初,就确定了各种必要的机制,最大限度地避免了后期因小组内部争议所造成的种种问题。

领袖三旗项目工作报告中的房地产策划小组组建报告,无论是整体结构,即分工机制、工作机制与争议调解机制的设计,还是每项内容的细化结构,都值得本书读者,特别是高校在校学生在组建参赛队时参考。

三、领袖三旗项目工作报告会议记录评析

在领袖三旗项目工作报告中,九份会议记录是其很大的亮点。从事项目管理的一项专业素养就是坚持做工作记录。这既锻炼记录者的记录水平,更锻炼记录者的职业意识。

在我指导过的多届参赛队中,这是极少几份完整记录其所有会议的参赛队,而且可以从这些会议记录中,清楚看到同学们如何确立其房地产策划报告的每一个亮点。

从这些会议记录中,更可以看出领袖三旗项目既充分发动所有组员的积极性和创造性,也能够在存有争议的情况下,迅速形成统一意见,避免了就某些问题的反复争议。

领袖三旗项目工作报告的会议记录也可以作为其他拟参加全国高校房地产策划(创新创业)竞赛参赛队进行会议记录时的模板。

四、领袖三旗项目工作报告调研报告评析

在领袖三旗项目工作报告中,调研报告只有一份,版式与会议记录大体相似。在这份调研报告里,对调研目的、调研过程、调研中遇到的困难及其解决方案、调研成果等事项都做了比较完整的记录。

五、领袖三旗项目工作报告工作周志评析

在领袖三旗项目工作报告,八份工作周志也是其很大的亮点。在我指导过的多届参赛队中,这是极少几份完整记录其所有工作周志的参赛队,而且可以从这些工作周志中,清楚看到同学们如何充分抓紧每一周的时间,有条不紊地开展工作。在一定意义上讲,工

作周志才是全过程工作记录的基本内容。会议记录、调研报告、其他专项工作记录都是工作周志的补充。

六、领袖三旗项目工作报告工作总结评析

在领袖三旗项目工作报告中，工作总结部分是其最大的亮点。在我指导过的多届参赛队中，这是极少几份完整提供其所有参赛队员工作总结的参赛队，而且可以从这些工作总结中，看到不同专业同学之间的配合与争议。

七、领袖三旗项目工作报告工作待改进之处

1. 领袖三旗项目工作报告整体待改进之处

第一，内容还显得单薄。一般来说，对工作的完整记录，其篇幅将远多于最终完成的正式报告。领袖三旗项目所提交的房地产开发项目策划报告篇幅达到 103 页，5.5 万字，所制作的 PPT 也达到了 85 页，而工作报告才 24 页，1.1 万字，仅相当于策划报告的 1/5。第二，项目还有所欠缺。比如，在这份工作报告中，看不出参赛队队员的选拔过程。

2. 领袖三旗项目工作报告各部分待改进之处

领袖三旗项目工作报告五个部分中，会议记录、工作周志、工作总结这三个部分是其亮点，这三部分的不足之处也是内容比较单薄，项目设置还可以再增加。

领袖三旗项目工作报告五个部分中，最薄弱一部分就是其调研报告。其调研报告存在两点严重不足：第一，没有进行充分的前期准备；第二，没有进行实地调研。因此，严格来说，领袖三旗项目工作报告的调研报告是不合格的调研报告。

附录 3 首届全国房地产创新创业邀请赛情况简介

2012 年，教育部在其修订的本科专业目录中，才将房地产开发与管理从原来的上级专业——工程管理中独立出来，房地产开发与管理作为一个独立的高等院校专业才得以独立发展。2013 年，房地产开发与管理才有了自己独立的专业指导委员会（以下简称房教委）。房教委成立后，开始致力于推动全国性房地产策划大赛的创办。由于全国开展房地产相关专业教育的高等院校众多，分布于中国各个省份，直接创办全国房地产策划大赛有一定难度，因此，在 2016 年，以邀请赛的模式为今后的全国大赛进行探路。

一、赛事简介

首届“全国高校房地产创新创业邀请赛”(以下简称“邀请赛”)是由中华人民共和国教育部委托中华人民共和国住房和城乡建设部成立的高等学校房地产开发与管理和物业管理学科专业指导委员会(以下简称“教指委”)主办的，清华大学土木水利学院房地产研究所联合清华大学建筑学院住宅与社区研究所(以下简称“清华团队”)和李德义麻省理工学院(MIT)地产创业实验室(以下简称“李德义实验室”)协办，本次大赛紧紧围绕创新、协调、绿色、开放、共享、企业责任全新理念，以旧城改造为主题，为中国高校学生提供参赛平台。

1. 组织机制

由主办方、承办方、赞助方、协办方组成邀请赛决策委员会，作为最高权力机构，下设专家评审委员会、专家指导委员会和执行委员会。

(1) 主办方：高等学校房地产开发与管理和物业管理学科专业指导委员会

(2) 协办方：

➢ 清华大学土木水利学院房地产研究所

➢ 清华大学建筑学院住宅与社区研究所

➢ 李德义麻省理工学院(MIT)地产创业实验室

(3) 赞助方：李德义麻省理工学院(MIT)地产创业实验室

(4) 承办方

➢ 清华大学土木水利学院房地产研究所

➢ 清华大学建筑学院住宅与社区研究所

(5) 决策委员会

主任：刘洪玉教授

➢ 清华大学土木水利学院副院长

➢ 清华大学土木水利学院建设管理系房地产研究所所长

➢ 高等学校房地产开发与管理和物业管理学科专业指导委员会主任委员

副主任：康宇雄教授：

➢ 李德义麻省理工学院(MIT)地产创业实验室主任

邵磊副教授：

➢ 清华大学建筑学院党委副书记

➢ 清华大学建筑学院住宅与社区研究所所长

(6) 评审委会

主任委员：刘洪玉教授

副主任委员：康宇雄教授

(7) 执行委员会

主任委员：杨赞副教授

➢ 清华大学土木水利学院建设管理系房地产研究所副所长

➢ 全国房地产开发与管理专业和物业管理专业教学指导委员会秘书

副主任委员：唐永忠副教授

➢ 北京交通大学经济管理学院工程管理系副教授

2. 竞赛赛制

对于首届大赛，采取全部直接邀请的参赛模式。邀请14支重点高校种子队直接进入总决赛。由大赛组委会在2016年5月1日—6月4日，邀请14所全国重点高校，每所高校在10月22日前，选送一支种子参赛团队直接进入全国总决赛。

3. 比赛安排

(1) 宣传报名培训阶段：

➢ 2016年5月至6月，各参赛高校组织大赛宣传与报名工作

➢ 2016年6月4日，高峰论坛研讨及启动仪式

➢ 2016年6月至8月，由组委会协助各高校根据各自的适当时间，组织房地产项目策划等相关内容的培训，并组织选手进行参赛地块实地考察。同时提供在线培训、VR赛题视频等线上内容供外地参赛团队分享学习

(2) 校内赛评审阶段：

➢ 2016年9—10月，各参赛高校组织报名学生进行方案撰写，各参赛小组完成参赛作品

➢ 2016年10月中旬，各参赛高校自行组织初赛作品评审，确定全国决赛队伍名单

➢ 2016年各参赛高校在选拔确定全国决赛团队后，组织学生在10月底(待定)前在大赛官方网站(http://www.fangzhiweicompetition.com/)上注册团队信息并提交校内赛作品

(3) 全国初赛评审阶段：

2016年10月29日—11月3日，组委会组织企业专家和高校教师对各参赛高校作品进行初评，并于11月4日，在大赛官方网站公布初评结果

(4) 全国决赛评审阶段：

决赛时间：2016年11月5日。地点：清华大学。采用作品PPT展示和现场答辩的形式，现场打分(占80%)和初评得分(占20%)相结合计算最终得分，赛后经组委会确认后，公布成绩并确定决赛名单。参赛队需要在11月4日提交电子版作品至大赛官方网站

4. 奖励机制

◇ 设立特等奖1名，颁发15 000元现金奖励

◇ 设立一等奖2名，颁发5 000元现金奖励

◇ 设立二等奖 3 名，颁发 2 000 元现金奖励

◇ 设立三等奖 8 名，颁发 1 000 元现金奖励

◇ 设立“最具创新能力奖”“最佳表达能力团队奖”“最佳设计奖”“最具社会价值奖”“最具环保精神奖”等各种单项奖，颁发 1 000 元现金奖励。

◇ 设立《全国高校房地产创新创业邀请赛赛最具创意奖》

◇ 所有获奖团队均颁发获奖证书

◇ 所有参赛团队均颁发参赛证书

◇ 所有参赛团队的指导老师都颁发指导证书

此外，获得本届全国高校房地产创新创业邀请赛冠军的参赛队，将被麻省理工学院(MIT)邀请参加第 2 年的暑期夏令营(2 周)。

5. 其他说明

(1) 创作团队对自己的作品享有著作权；组委会及各高校可以基于教学目的使用参赛作品。

(2) 大赛日程、评分标准及奖项设置详见附件。

(3) 大赛组委会对本章程和大赛相关事项有最终解释权，并通过组委会会议有修改、补充本章程的权利。

二、参赛要求

1. 参赛人员要求

(1) 凡邀请院校正式注册的在校本科生和研究生团队参加(不限专业)，可在本学校内跨年级、跨专业组建团队。一名学生只限参加一个参赛团队。

(2) 每个参赛团队人数应不少于 3 人，不超过 8 人。团队成员需以本科生为主，每个团队允许数名研究生参赛。团队组成人员以涵盖建筑学、城市规划、土木工程、建筑环境与设备工程、工程管理、市场营销和经济类专业等为佳。

(3) 参赛团队设负责人一名，作为大赛的通信联系人，负责转达通知，组织本队队员。

(4) 每个参赛队只能提交一份作品，必须由本组学生在规定时间内独立完成。参赛作品中一旦发现有剽窃、抄袭、侵权等弄虚作假现象，一经核实，将取消该组选手的参赛权利和已经获得的竞赛成绩与奖项，并记入诚信档案，同时取消选手下一年的参赛资格。

(5) 各参赛队必须在规定时间，以组委会通知的方式提交作品；必须在规定的时间和地点参加竞赛活动，否则将视为自动弃权。

2. 参赛作品要求

(1) 参赛作品应该包括但不限于以下内容：产品定位、产品设计、经济及融资分析，具

体项目可参见评分标准，作品应体现团队协作与创意。

(2) 报告上交完整 Word 电子版，内容要求在××页左右，并且使用分辨率较高的图片。所有参赛组的作品均按照任务书要求的统一排版格式编写，如不按规定编写不予以送评。决赛组在赛前提交演示文稿 PowerPoint 电子版，要求内容简洁明了，演讲时间控制在 20 分钟以内。

(3) 作品中的文字部分及设计图、效果图应为原创，如有引用须注明出处。

三、项目资料说明

1. 参赛地块信息

参赛地块的全称是全国文化产业创新实验区。

全国文化产业创新实验区批复前叫“传媒走廊”，位于北京中心城东部的朝阳区，东西长度约 16 公里、南北宽度 3～4 公里，“传媒走廊”不是预先规划的，是在此地区北京 CBD 与中国传媒大学的辐射带动下，在 62 平方公里的现状城市空间上遵循市场规律形成的产业经济群，包含 4 处国家级、3 处市级、8 处区级和 30 个重点项目，贡献了超过全市1/7的文化创意产值收入，2010 年就成为中国第一个实现年收入超过 1 000 亿元的传媒文化产业功能区。

2014 年文化部批复以北京市朝阳区“北京商务中心区(CBD)—定福庄”一带为核心区，采取部、市合作方式，共同规划建设全国首个、也是目前唯一一个国家文化产业创新实验区，纳入文化部和北京市签署的首都文化建设战略合作框架协议，作为部市战略合作的重要举措共同推动建设。

2. 地块建设状态

该地区近 90%的用地现状已有建设，属于建成区，面临如何在已有建设空间上，协调经济、社会、环境等诸多发展目标的统筹协同。该地区包含了北京中心城空间结构圈层的中心地区、边缘集团和绿化隔离地区，北京中心城更新面临的挑战大部分都能在这一区域体现，更新建设的经验对于北京中心城区也具有借鉴价值。

3. 规划情况

北京市城市规划设计研究院 2013 年完成这一地区整体规划研究工作；2015 年完成整体研究确定的重点地区控规和城市设计工作；2013—2014 年完成走廊范围内中两个有改造意向项目的规划设计并已开始实施。

4. 选址地段

建议选址范围位于定福庄边缘集团，现状类型多样，可自主选择立题角度。选址地段见附图 3.1、附图 3.2。选址范围特点如下所述。

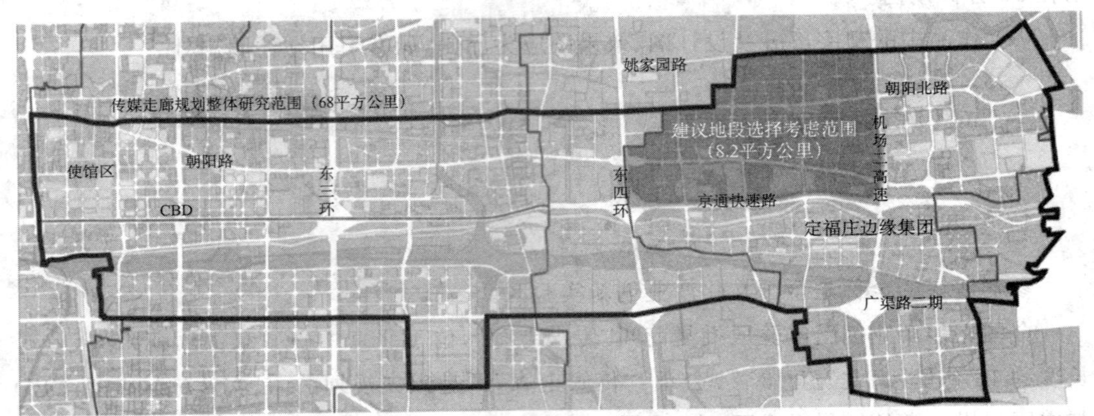

附图 3.1 全国房地产创新创业邀请赛建议地段选址

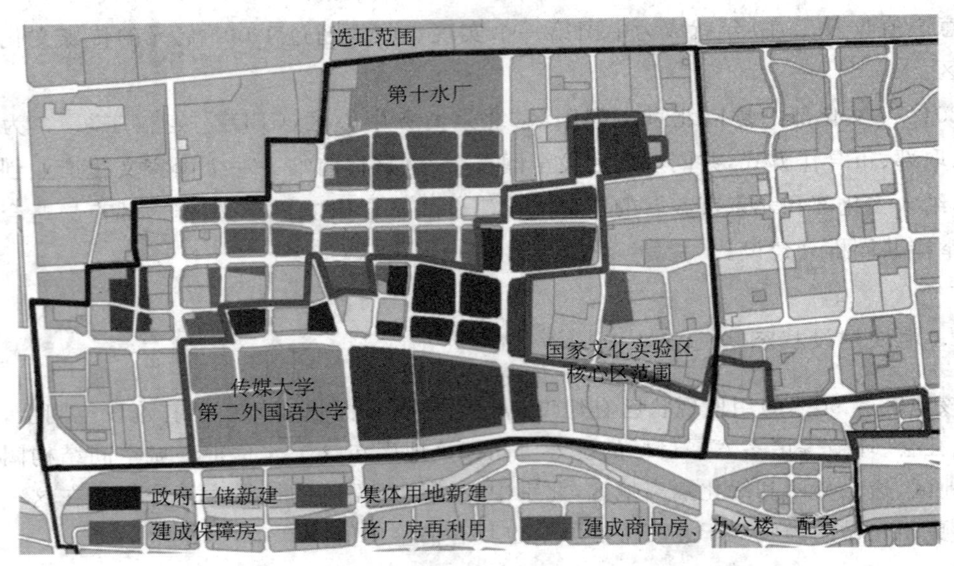

附图 3.2 全国房地产创新创业邀请赛建议地段选址示意图

(1) 产业：国家文化实验区规划计划建设的核心区位于其中，现状已有一定量创意企业利用老旧厂房改造办公，传媒大学与第二外国语大学是带动的增长极。

(2) 多类政策性住房：有大量回迁房、定向安置房等保障性住房，也有不同年代建成的商品房，住房社会融合及与产业发展关系整合是面临的重要挑战。

(3) 老旧厂房保留改造集中区域：这类用地规划中已明确要保护利用老旧厂房，大部分位于核心区中，是形成核心区文化吸引力和特色的关键所在。

(4) 有一定量可新建用地：核心区范围内主要是政府土地储备地块，核心区范围外主要是集体用地。新建用地面临产业发展与地区功能完善多重挑战。

5. 功能分区建议

已有规划设计根据不同产业业态对空间需求的不同，形成众多产业分区，见附图 3.3。

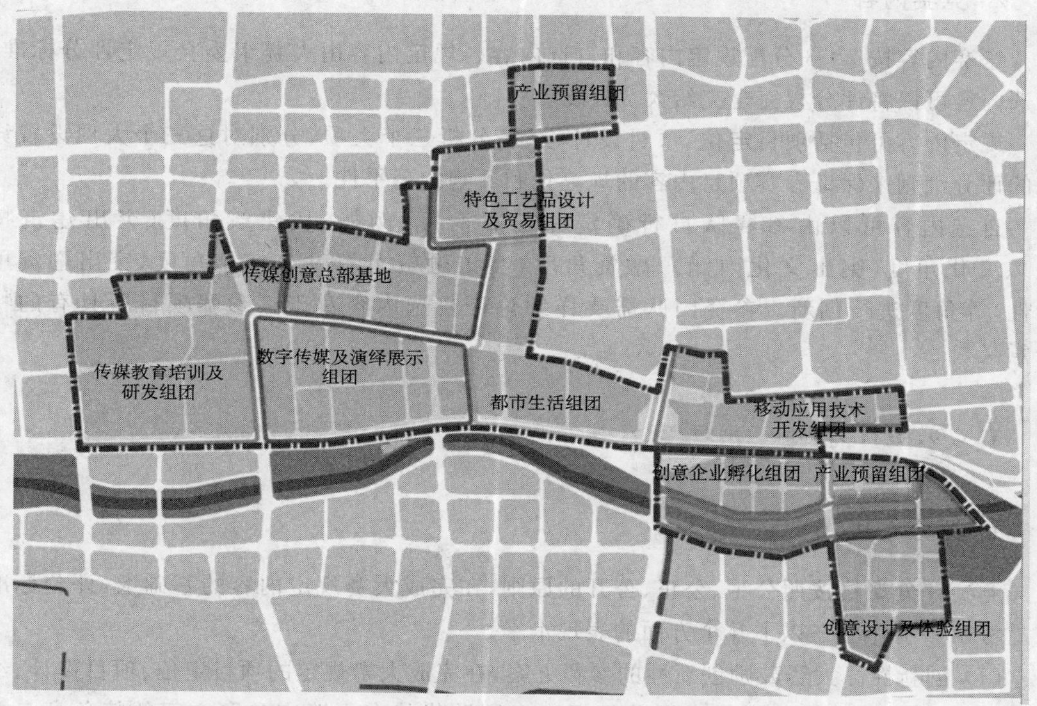

附图 3.3　全国房地产创新创业邀请赛建议地段功能分区建议图

- 传媒创意总部基地。
- 数字传媒及演绎展示组团。
- 传媒教育培训及研发组团。
- 特色工艺品设计及贸易组团。
- 移动应用技术开发组团。
- 创意企业孵化组团。
- 创意设计及体验组团。

该规划设计分区仅供参赛选手参考，并不作为刚性规划要求。

四、竞赛要求

1. 竞赛任务

参赛团队根据提供地段规划背景及地块情况，通过 VR 的帮助或者自行的调研活动，基于建设状态和规划现状，通过系列分析做出项目定位，并依据各自的定位确定项目改造方案，从而体现改造方案的社会效益，实现地段的可持续发展，最后对项目策划可行性做出分析。鼓励参赛团队勇于创新，发挥专业特点，从建设角度、文化角度、融资角度、实施角度等进行大胆创新。

2. 竞赛内容

竞赛内容按 7∶3 分配规定内容和自选内容。规定内容由大赛组委会规定评分标准，自选内容可以将评分权完全交给大赛评委。

规定内容可包括项目定位、项目设计、经济分析三个大项，分别对这三个大项设置详细的评分细则来保证参赛项目内容的规范化和评判的公平性。

自选内容可以由参赛队自行确定并任意发挥，例如，从建筑角度（突出建筑特色）、文化角度（突出文化内涵）、融资角度（突出融资可行性）、实施角度（突出融资可行性）等角度进行创新。参赛团队需要详细论证自选内容对于其参赛项目所具有的特殊意义。

五、赛事评分

1. 评分原则

竞赛评分严格按照公平、公正、公开的原则，在完成大赛规定内容的基础上，评分标准注重考察参赛作品在以下几个方面的表现水平。

(1) 创新性。大赛鼓励创新性的参赛方案，在完成大赛规定的项目定位、项目设计、经济分析内容的基础上，鼓励参赛团队根据自身团队优势自行确定参赛方案的特色亮点并任意发挥，例如，从建筑角度（突出建筑特色）、文化角度（突出文化内涵）、融资角度（突出融资可行性）、实施角度（突出融资可行性）等角度进行创新。参赛团队需要详细论证自选内容对于其参赛项目所具有的特殊意义。

(2) 多元化。大赛鼓励多元化的参赛方案，参赛作品不局限于整体规划，比如可以专注于老旧厂房改造，形成核心区文化吸引力和特色；也可以是着力于新建土储地块，解决产业发展与地区功能完善的多重挑战；还可以是对已建成保障房的环境进行改造，实现社会融合及与产业发展关系整合等。参赛作品无论侧重于哪个方面，都需要对整体区域的布局进行相应考虑。

(3) 社会性。大赛鼓励关注社会效益的参赛方案，鼓励参赛团队关注产业转型和城市更新过程中可能出现的社会问题，通过参赛方案分析和解决赛题地块区域当前可能存在的社会矛盾，实现地段的可持续发展。

2. 评分标准

本届赛事评分标准见附表 3.1。

附表 3.1 首届全国高校房地产创新创业邀请赛评分标准

评分大项(100分)	评分细项	分值
规定内容(70分)		
项目定位(25分)	市场和区域分析	5分
	竞争分析	5分
	用户分析	5分
	产品定位	10分
项目策划方案(25分)	方案逻辑性	5分
	方案创新性	10分
	方案社会效益	5分
	方案可持续性	5分
经济分析(20分)	成本分析	5分
	经济可行性	15分
自选内容(30分)		
由现场评委根据方案特色评分,包括现场展示		

六、成果文件要求

基本要求:项目策划报告一份,Word格式。

1. 注意事项

(1) 注意版权,凡引用的内容均需标明出处

(2) 列出参考文献

2. 格式要求

(1) 每个项目封面内容

题目(居中,二号黑体)

LOGO(每个项目自主策划的LOGO,居中)

组名:×××(左端对齐,五号宋体,1.0倍行距)

组长:×××、×××(左端对齐,五号宋体,1.0倍行距)

组员:×××、×××(左端对齐,五号宋体,1.0倍行距)

指导教师:×××、×××(左端对齐,五号宋体,1.0倍行距)

(2) 所有文章采用以下层次格式

第1章 ××××(标题居中,三号黑体,段前段后0.5行)

1.1　××××(标题顶格,标题后不接排,四号楷体,段后 0.5 行)

1.1.1　××××(标题顶格,标题后不接排,小四号黑体)

1.1.1.1　××××(同上,除大型图书外,一般不采用该层次,五号宋体)

1.××××(标题前空两格,能不接排尽量不接排,五号楷体)

(1) ××××××××××　(前空两格,无标题,接排,五号宋体)

1)××××××××××　(前空两格,无标题,接排,五号宋体)

正文部分用五号宋体,单倍行距。

(3) 图表名称的位置:表号在右上角,表名在正上方。图号、图名在正下方。图表号标注方式按章来标注,如第 1 章第一个图表示为“图 1.1”,以此顺排。文中与表图相呼应,如“见图 1.1”。

(4) 文中并列内容可用项目符号列出,如“●”“◆”“■”等,要做到全文统一。推荐用“●”,但尽量不用。

(5) 专业术语统一。在建设与房地产领域形成(或统一规定)了一批术语(或常用语),使用术语(或常用语)应严格做到标准化及全文一致、图文一致。

(6) 做好校对工作,表中图中字不全的、文章中句子不通顺的、标点符号有问题的请注意修改好。

3. 可选部分

(1) 项目设计图纸:PDF 格式,文件大小不超过 500M。

(2) 项目设计模型,比例自定,可提交模型照片一套。

(3) 欢迎其他多媒体形式,例如,视频等,视频展示时间不超过 3 分钟。

七、竞赛过程回顾

在完成了赛事准备后,本届全国高校房地产创新创业邀请赛分成三个阶段。

1. 选拔赛阶段

本次大赛于今年 6 月启动,经过 4 个多月的激烈角逐,最终来自清华大学、北京大学、北京交通大学、中国人民大学、中央财经大学、天津城建大学、哈尔滨工业大学、东北财经大学、沈阳建筑大学、上海财经大学、东南大学、华南理工大学、西安建筑科技大学 13 所高校的代表队,在经过各个受邀请参赛高校严格的校内选拔,最终代表各自高校进入到首届全国高校房地产创新创业邀请赛的决赛。

2. 决赛作品初审阶段

2016 年 10 月 29 日,入围决赛的 13 支参赛队向组委会提交了决赛作品。组委会组织了评委对入围作品进行初审。初审评分标准就是前文所列评分标准。初审成绩占总成绩的 20%。

2016 年 11 月 3 日，初审成绩公布。

3. 决赛阶段

2016 年 11 月 5 日上午 8 点半，首届全国高校房地产创新创业邀请赛决赛正式开始。在决赛正式开启前，13 支参赛队通过抽签确定了各自的出场顺序。

决赛中，13 支参赛高校各自推荐一名指导教师担任评委，此外，大赛组委会还邀请了 10 位企业界评委。高校评委在本校参赛队展示时，实行回避。这样，每一支决赛参赛队都将得到 22 位评委的评分，组委会将强调一个最高分和一个最低分，然后取其平均分。

决赛成绩乘以 80%与初审成绩乘以 20%的总和就是最终的总成绩。

每一支参赛队展示时间限定在 20 分钟，评委提问与参赛队回答时间限定在 10 分钟。

最终，清华大学的参赛队获得了综合特等奖，来自东北财经大学和北京大学的团队获得了综合一等奖，来自北京交通大学、华南理工大学和中央财经大学的团队获得了综合二等奖。最具创新能力奖、最佳表达能力奖、最佳方案设计奖、最具社会价值奖、最具可持续性奖和最佳经济分析奖分别由来自哈尔滨工业大学、北京交通大学、中央财经大学、西安建筑科技大学、上海财经大学和华南理工大学的团队获得。

附录 4 首届全国房地产创新创业邀请赛情况总结

本书关于首届全国房地产创新创业邀请赛情况的总结，分成作品情况总结、决赛现场表现情况总结和冠军作品评析。

一、各参赛队现场作品情况总结

首届全国房地产创新创业邀请赛向 14 所高校发出了邀请，最终收到 13 所高校提交的作品。提交了参赛作品的 13 支决赛参赛队的作品情况见附表 4.1。

附表 4.1 首届全国房地产创新创业邀请赛 13 支决赛参赛队作品情况

参赛高校	作品名称	页数	章数	表格数	图数	简版	目录	序言	按评分项排版	特色内容
清华大学	北京·拼贴	79	8	24	62	无	有	无	按	有
北京大学	RENAISSANCE——基于 PPP 模式的定福庄城市更新	107	8	31	73	有	有	无	未按	有

续表

参赛高校	作品名称	页数	章数	表格数	图数	简版	目录	序言	按评分项排版	特色内容
北京交通大学	中砥传媒产业创新园区	108	10	31	94	有	有	有	未按	有
中国人民大学	青庭文化创意产业园	61	7	25	37	无	有	无	未按	有
中央财经大学	“铎城·中国”旧城再造项目	65	12	32	51	无	有	有	未按	有
天津城建大学	三间房创艺体验园区	41	8	10	19	无	有	无	按	有
哈尔滨工业大学	朝阳区 IP 文化产业创意园区	67	13	26	43	无	无	无	未按	有
东北财经大学	“光影故里”创意影视产业园项目	180	9	37	169	有	有	有	按	有
沈阳建筑大学	定福文庄——文化创意产业园	69	10	26	50	无	有	有	未按	有
上海财经大学	CEE VIEW 国际动漫创意产业园	62	8	41	15	无	有	无	未按	有
东南大学	定福庄国际传媒走廊 PPP 改造项目	62	11	27	30	无	有	无	未按	有
华南理工大学	新玩 young. 创享源	55	7	18	51	无	有	无	未按	有
西安建筑科技大学	京华年轮·活力空间	65	8	32	63	无	有	有	未按	有

从附表 4.1 可以看出，所有本届邀请赛决赛的参赛队都完成了质量比较高的房地产创新创业策划报告，而且都在报告中附有大量的图表。

绝大部分参赛队的报告篇幅在 50～100 页，低于 50 页的报告有一份，超过 100 页的报告有三份。

在提交报告的参赛队中，全部配有特色内容，这充分体现了各个参赛队都有自己相对有特色的内容。

从报告格式看，只有一支参赛队没有配备报告目录，这肯定影响评委对报告整体的判断，自然也影响评委对其的评价。

在 13 支参赛队中，只有 3 支参赛队附有报告的简版，也只有 5 支参赛队配有序言，这表明绝大部分参赛队还缺乏这方面的认识。

在 13 支参赛队中，也只有 3 支参赛队的报告能够大体依据评分项合理调整自己的报告，使之既符合房地产开发项目策划报告的通常格式，又便于评委对照评分项审阅报告。这3支大体依据评分项合理调整自己房地产开发项目策划报告的参赛队，最后有2支成绩位列前两名。

如果不看各队的现场表现，单纯从所提交的报告来看，东北财经大学参赛队所提交的报告，篇幅达到180页，配有表格37个，图169幅，还配有简版、目录与序言（其序言还附有同学们从大连来到北京实地调研的图片）。在工作量上，远超其他参赛队，而且既有特色内容，又能够按照评分项合理设置报告内容。因此，在初审时，东北财经大学参赛队报告获得了最高分。

东北财经大学参赛队提交报告的版式和设置，值得其他拟参加全国高校房地产创新创业邀请赛的参赛队认真学习与借鉴。

二、各参赛队决赛现场表现情况总结

13支首届全国高校房地产创新创业邀请赛决赛参赛队，都能够在规定的时间内完成作品展示，显示各参赛队良好的时间控制能力。

在回答问题这一环节，各参赛队基本上能够很好地回答评委提出的各种问题。

可能与参赛经历有关，由于北京市已经在本地区举办过至少五届全市范围内高校的房地产策划比赛，本届比赛中，来自北京的5所高校的参赛队，在时间把控、讲解节奏等方面显得更游刃有余。

在讲解过程中，绝大部分参赛队是1～2人进行主讲，然后再回到评委提问环节，全体组员再登台。

展示过程中，绝大部分参赛队都基本上以PPT作为基本展示载体，附有图片。

在展示中，北京交通大学参赛队别出心裁地选择了以情景剧的模式进行展示，制作了精美的规划区景观漫步展示视频，紧抓评委和同学们的眼球，通过具体生活情节的再现展示了该项目的主要客户人群和选址地块进行房地产开发面临的机遇和问题，进而对开发设计和项目定位及经济可行性进行了介绍，以新颖的表达方式生动形象地体现了方案的特色。最终，北京交通大学参赛队获得了现场最佳展示奖。

三、首届全国房地产创新创业邀请赛冠军作品评析

本届全国高校房地产创新创业邀请赛的冠军队是清华大学参赛队。

其作品在初审时分数排列第二，在决赛时发挥良好，最终超越了初审排名第一的东北财经大学参赛队。

清华大学参赛队在现场展示时，充分利用了苹果笔记本电脑独有的一项技术——keynote技术，这项技术能够使PPT全过程动态展示，比通常的PPT展示更为生动与形象。这使其在决赛时，在现场展示这一环节，相比于东北财经大学参赛队就加分不少。

清华大学参赛队在展示时，充分将其独有的理念——城市拼贴理念展示了出来，使其作品显得特别有新意。

此外，无论从报告的规模、内容、设计理念上，清华大学参赛队所提交的报告和现场展示都达到了很高的水平。

清华大学参赛队最终获得冠军，与首届全国高校房地产创新创业邀请赛在清华大学举办，也有一定的联系。这通常被称为主场优势。

参考文献

[1] 唐永忠. 房地产开发与经营(住房和城乡建设领域职业能力证书系列教材)[M]. 北京:北京交通大学出版社,2016.

[2] 唐永忠,李清立. 房地产开发与经营(高等学校工程管理系列教材)[M]. 北京:清华大学出版社、北京交通大学出版社,2013.

[3] 刘伊生. 建设项目管理("十二五"普通高等教育本科国家级规划教材/高等学校工程管理系列教材)[M]. 北京:北京交通大学出版社,2014.

[4] 刘玉明. 工程经济学理(高等学校工程管理系列教材)[M]. 北京:北京交通大学出版社,2014.

[5] 郭婧娟. 工程造价管理(普通高等教育"十一五"国家级规划教材/高等学校工程管理系列教材)[M]. 北京:清华大学出版社、北京交通大学出版社,2012.

[6] 李清立. 建设工程监理(高等教育轨道交通"十二五"规划教材·土木工程类)[M]. 北京:北京交通大学出版社,2012.

[7] 任旭. 工程风险管理(高等学校工程管理系列教材)[M]. 北京:清华大学出版社、北京交通大学出版社,2010.

[8] 张家春. 项目计划与控制(成功项目管理丛书)[M]. 上海:上海交通大学出版社,2010.

[9] 中华人民共和国国家统计局. 国家统计局网站数据统计频道最新发布栏目[EB]. 中华人民共和国国家统计局官方网站,http://www.stats.gov.cn/tjsj/zxfb.

[10] 中华人民共和国教育部. 教育部关于印发《普通高等学校本科专业目录(2012年)》《普通高等学校本科专业设置管理规定》等文件的通知(教高〔2012〕9号)[EB]. 中华人民共和国教育部官方网站,http://www.moe.edu.cn/publicfiles/business/htmlfiles/moe/s3882/201210/143152.html.

[11] 中华人民共和国住房和城乡建设部. 高等学校房地产开发与管理和物业管理学科专业指导委员会成立[EB]. 清华大学建设管理系网站,http://www.tsinghua.edu.cn/publish/cm/2998/2013/20130626152632665377772/20130626152632665377772_.html.

[12] 国家教育委员会. 普通高等学校理科本科基本专业目录(〔1987〕教高二字023号)[EB]. 正保法律教育网,http://www.chinalawedu.com/falvfagui/fg22598/59842.

shtml.

[13] 国家教育委员会. 国家教委关于印发《普通高等学校本科专业目录》等文件的通知[EB]. 法律图书馆网，http://www.law-lib.com/law/law_view.asp? id=56483.

[14] 教育部. 普通高等学校本科专业目录新旧专业对照表(1998)[EB]. 中华人民共和国教育部官方网站，http://www.moe.edu.cn/publicfiles/business/htmlfiles/moe/s3882/201105/120352.html.

[15] 住房和城乡建设部. 新一届高等学校土地建学科教学指导委员会章程及组成人员名单[S]. 住房和城乡建设部资料.

[16] 清华大学恒隆房地产研究中心. 第三届清华大学房地产开发大赛暨首届北京高校房地产开发邀请赛[EB]. 清华大学恒隆房地产研究中心网站，http://www.cre.tsinghua.edu.cn/publish/cre/9537/2015/20150709224233142196592/20150709224233142196592_.html.

[17] 中华人民共和国国务院. 国务院关于大力推进大众创业万众创新若干政策措施的意见(国发〔2015〕32 号)[EB]. 中华人民共和国中央人民政府门户网站，http://www.gov.cn/zhengce/content/2015-06/16/content_9855.htm.

[18] 中华人民共和国教育部，中华人民共和国财政部. 教育部财政部关于批准 2010 年度大学生竞赛资助项目的通知(教高函〔2010〕13 号)[EB]. 中华人民共和国教育部官方网站，http://www.moe.edu.cn/publicfiles/business/htmlfiles/moe/s3848/201010/xxgk_109570.html.

[19] 清华大学建设管理系. 本科生教务教学[EB]. 清华大学建设管理系网站，http://www.tsinghua.edu.cn/publish/cm/6566/index.html.

[20] 北京大学城市与环境学院. 课程信息[EB]. 北京大学城市与环境学院本科生教学网，http://www.ues.pku.edu.cn/benkesheng/more.php? cid=152.

[21] 中国人民大学商学院. 财务管理专业[EB]. 中国人民大学商学院网站，http://www.rbs.org.cn/jxxm/bkdetail/28/51.

[22] 中国人民大学公共管理学院. 学士教育[EB]. 中国人民大学公共管理学院网站，http://www.rbs.org.cn/jxxm/bkdetail/28/51.

[23] 北京师范大学政府管理学院. 公共事业管理专业 2015 年本科培养方案[EB]. 北京师范大学政府管理学院网站，http://www.sg.bnu.edu.cn/news_view.jsp? NewsID=585.

[24] 北京师范大学地理学和遥感科学学院. 人文地理与城乡规划专业[EB]. 北京师范大学地理学和遥感科学学院网站，http://geog.bnu.edu.cn/rcpy/bks/jxjh/8144.html.

[25] 中华人民共和国国家统计局. 国民经济行业分类(GB/T 4754—2011)[S/EB]. 中华人民共和国国家统计局网站，http://www.stats.gov.cn/tjsj/tjbz/hyflbz/.

[26] 中华人民共和国国家统计局. 2015 年国民经济和社会发展统计公报[EB]. 中华人民共和国国家统计局网站，http://www.stats.gov.cn/tjsj/zxfb/201602/t20160229_1323991.html.